大卒程度

TAC公務員講座 編

公務員試験

ゼロから合格 基本過去問題集

社会学

JN001936

TAC出版
TAC PUBLISHING Group

はしがき

- 問題集を買ったのに、解けない問題ばかりで実力がついている気がしない…
- 難しい問題が多くて、途中で挫折してしまう…
- 公務員試験は科目が多いから、せめて１科目１冊の本で済ませたい…

『ゼロから合格 公務員基本過去問題集』（以下、『ゼロ過去』）は、このような読者の声に応えるために開発された公務員過去問題集です。問題集といっても、ただ過去問とその解説が並んでいるだけの本ではなく、「過去問」の前に、「その過去問に正解するために必要な知識やテクニック」が必ず載っています。この科目の学習を全くしたことない方も、本書で知識やテクニックを身につけながら、同時にそれらを使って問題を解く練習を積むことができる構成になっています。

『ゼロ過去』には、「しっかり読んでじっくり考えれば解ける問題」しか載っていません。それでいて、実際の試験で合格ラインを超えるのに十分な問題演習を積むこともできます。つまり、**「ゼロから始めて１冊で合格レベルにたどり着く」**ための問題集なのです。

せっかくやるのだから、最後までやり遂げてほしい。最後まで「つづく」ためには、問題が「解ける」という達成感もきっと必要。『ゼロ過去』は、きちんとがんばった読者にきちんと結果がついてくるように、どの問題も必ず解けるように工夫して配置しています。また、その名のとおり「知識ゼロ」の状態からいきなり取り組んでも支障がないよう、基本的な知識やテクニックのまとめが過去問より先に掲載されているので、「全く何も知らない」状態で、前から順番に取り組むだけで学習が進みます。

本書を十分に活用して、公務員試験の合格をぜひ勝ち取ってください。

TAC公務員講座

本書の利用方法

本書は、大卒程度・行政職の各種公務員試験の対策を、「知識ゼロから始められる問題集」です。何であれ、問題を解くには知識やテクニックが必要です。

- 知識・テクニックの**インプット**（新しい情報を入れる）
- 問題演習を通じた**アウトプット**（入れた情報を使って問題が解けるかどうか試してみる）

試験対策はこの反復で進めていくのが王道です。『ゼロ過去』は、この科目について全く学習したことのない方でも、知識とテクニックを身につけながら問題が解けるように作られています。

ここで説明する効果的な利用方法を参考にしながら学習を進めていきましょう。

1 まずは試験をよく知ることから！　出題傾向を知る

●国家一般

		2011	2012	2013	2014	2015	2016	2017	2018	2019	2020
社会学の歴史	社会学の誕生と成立	●		●			●			●	
	第２世代の社会学者の社会変動論	●		●	●	●	●	●	●	●	●
	機能主義パラダイムとその批判者たち	●	●	●	●	●	●	●	●	●	●
社会学理論	社会学原論			●	●	●	●	●	●		●
	パーソナリティ論と社会的性格論	●			●	●					
	文化論								●	●	●

巻頭には、出題分野ごと・受験先ごとに過去10年間の出題傾向がまとめられています。

多くの方は複数の試験を併願すると思われるため、網羅的に学習するのが望ましいですが、受験先ごとの出題の濃淡はあらかじめ頭に入れたうえで学習に着手するようにしましょう。

2 問題を解くのに必要なことはすべてここにある！　input編

一般的な公務員試験の問題集では、初めて取り組んだ時点では「解けない問題」がたくさんあるはずです。最初は解けないから解説を読んでしまい、そのことで理解し、何度も何度も同じ問題を周回することによってだんだん正答率が高まっていくような仕組みになっていることが多いです。

『ゼロ過去』では、このinput編をしっかり使いこなせば、最初から全問正解することもできるはず。そのくらい大事な部分ですから、しっかり学習しましょう。

学習のポイント
その単元の位置づけや学習に当たっての心構えです。
まずはここを確認しよう！

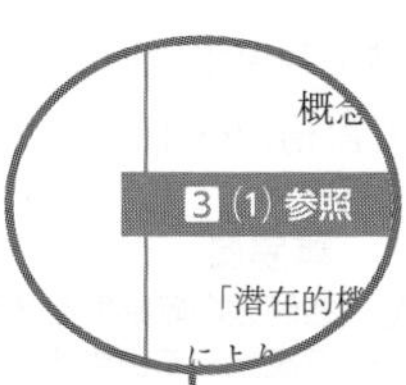

確認してみよう
すぐ前のところで扱った内容が、試験ではどのように問われるのかを確かめられます。
わからなかったら参照ポイントに戻ってみよう！

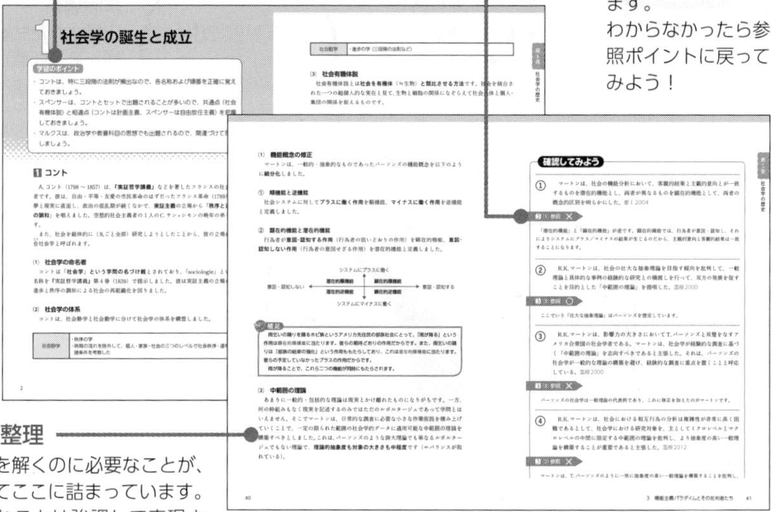

要点整理
問題を解くのに必要なことが、すべてここに詰まっています。
重要なことは強調して表現されているので、メリハリをつけて頭に入れていきましょう。

★その他のお役立ちアイテム

補足：少し発展的な知識を解説しています。

ヒント：問題を解くための助けになる情報や、情報を覚えやすくするためのポイントをまとめています。

3 知識を活用して問題演習！　過去問にチャレンジ

知識のインプットが終わったら、取り入れた知識を使って過去問が解けるかどうか、実際に試してみましょう。問題の直後に解説を掲載しているので、答え合わせもしやすいレイアウトです。

まずはやさしくひねりのない問題で学習事項をチェックします。ただ、実際の試験ではそれなりに手ごわい問題が出されることがあるのもまた事実。『ゼロ過去』は、やさしい問題（必ず正解したい問題）から、やや歯ごたえのある問題（試験で差がつく問題）までバランスよく収録しているので、１科目１冊で試験対策が完結します。場合によっては20科目以上に及ぶ公務員試験だからこそ、必要な問題のみを厳選し、これ１冊で合格レベルに届く本を意識しました。

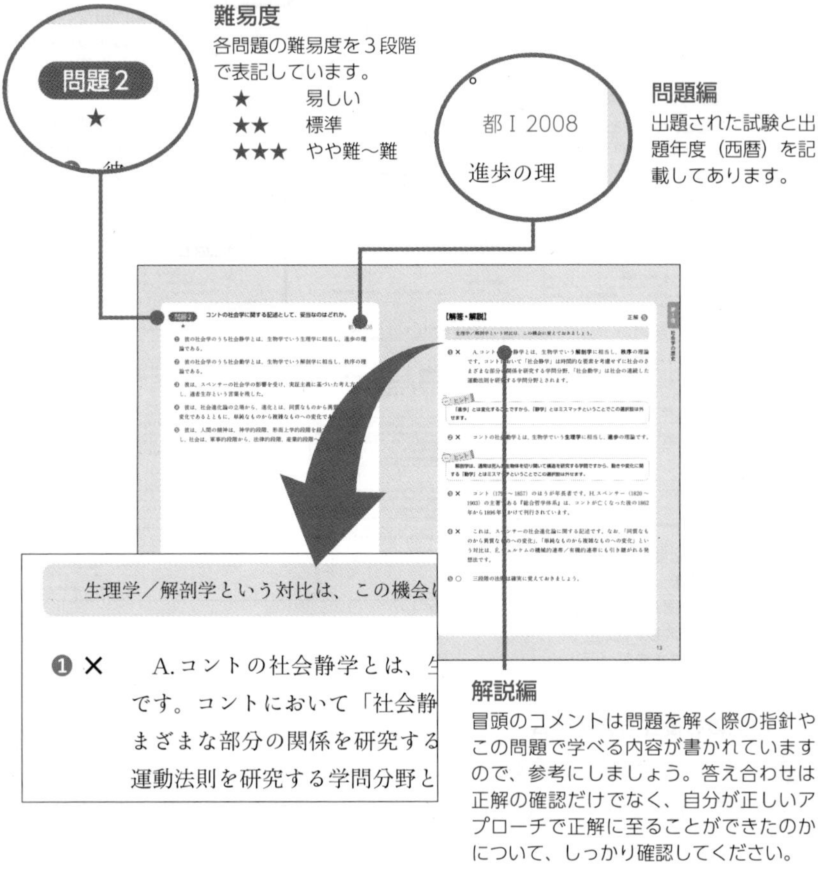

問題２
★
難易度
各問題の難易度を３段階で表記しています。
★　易しい
★★　標準
★★★　やや難～難
都Ⅰ 2008
進歩の理
問題編
出題された試験と出題年度（西暦）を記載してあります。
生理学／解剖学という対比は、この機会に
❶ ×　A.コントの社会静学とは、生
です。コントにおいて「社会静
まざまな部分の関係を研究する
運動法則を研究する学問分野と
解説編
冒頭のコメントは問題を解く際の指針やこの問題で学べる内容が書かれていますので、参考にしましょう。答え合わせは正解の確認だけでなく、自分が正しいアプローチで正解に至ることができたのかについて、しっかり確認してください。

●掲載した過去問題の表記について

表記	該当試験
国般	国家一般職 大卒程度 行政（旧・国家Ⅱ種を含む）
国税	国税専門官
労基	労働基準監督官
財務	財務専門官
都Ⅰ	東京都Ⅰ類
都Ⅱ	東京都Ⅱ類
区Ⅰ	特別区Ⅰ類

※末尾に「教」とあるものは、教養試験・基礎能力試験での出題であることを示します。

過去10年の出題傾向

●国家一般

		2011	2012	2013	2014	2015	2016	2017	2018	2019	2020
社会学の歴史	社会学の誕生と成立	●		●			●			●	
	第2世代の社会学者の社会変動論	●		●	●	●	●	●	●	●	●
	機能主義パラダイムとその批判者たち	●	●	●	●	●	●	●	●	●	●
社会学理論	社会学原論			●	●	●	●	●	●		●
	パーソナリティ論と社会的性格論	●			●	●					
	文化論								●	●	●
	イデオロギー論										
	逸脱行動論						●		●	●	●
資本主義と産業社会	階級と階層		●		●		●	●			
	産業社会論と消費社会論					●		●		●	
社会集団の社会学	社会集団論		●		●		●		●	●	
	組織・労働	●		●	●		●	●	●		
現代社会と都市の社会学	大衆社会と社会運動			●	●	●		●	●		●
	大衆社会におけるコミュニケーション				●	●	●			●	
	都市と地域の社会学	●			●				●	●	
家族とジェンダーの社会学	家族社会学			●				●			●
	フェミニズムとジェンダー					●					
社会調査法	社会調査法	●	●			●	●				●

●国家専門職

		2011	2012	2013	2014	2015	2016	2017	2018	2019	2020
社会学の歴史	社会学の誕生と成立				●	●			●		
	第２世代の社会学者の社会変動論				●	●	●	●	●	●	●
	機能主義パラダイムとその批判者たち	●	●		●		●	●		●	●
社会学理論	社会学原論	●	●				●	●		●	
	パーソナリティ論と社会的性格論	●		●	●		●	●		●	●
	文化論			●		●				●	●
	イデオロギー論			●							
	逸脱行動論				●					●	
資本主義と産業社会	階級と階層	●		●					●	●	●
	産業社会論と消費社会論	●				●			●		●
社会集団の社会学	社会集団論	●			●		●	●		●	
	組織・労働	●		●			●	●		●	●
現代社会と都市の社会学	大衆社会と社会運動		●		●	●					
	大衆社会におけるコミュニケーション							●		●	
	都市と地域の社会学	●		●		●		●	●		●
家族とジェンダーの社会学	家族社会学		●								
	フェミニズムとジェンダー		●							●	
社会調査法	社会調査法	●				●			●		

●特別区

		2011	2012	2013	2014	2015	2016	2017	2018	2019	2020
社会学の歴史	社会学の誕生と成立	●		●			●		●		
	第２世代の社会学者の社会変動論	●		●	●	●			●	●	
	機能主義パラダイムとその批判者たち		●		●	●			●		●
社会学理論	社会学原論					●					
	パーソナリティ論と社会的性格論	●				●		●	●	●	
	文化論		●	●		●	●		●		
	イデオロギー論		●								
	逸脱行動論	●		●			●	●			●
資本主義と産業社会	階級と階層				●	●	●	●			
	産業社会論と消費社会論	●	●	●			●				
社会集団の社会学	社会集団論	●			●		●	●	●		
	組織・労働		●		●	●			●	●	●
現代社会と都市の社会学	大衆社会と社会運動				●	●					●
	大衆社会におけるコミュニケーション				●					●	
	都市と地域の社会学	●	●			●	●			●	●
家族とジェンダーの社会学	家族社会学			●			●		●		●
	フェミニズムとジェンダー										
社会調査法	社会調査法			●				●		●	

目　次

第1章

社会学の歴史

社会学の誕生と成立
第２世代の社会学者の社会変動論
機能主義パラダイムとその批判者たち

1 社会学の誕生と成立

学習のポイント

・コントは、特に三段階の法則が頻出なので、各名称および順番を正確に覚えておきましょう。
・スペンサーは、コントとセットで出題されることが多いので、共通点（社会有機体説）と相違点（コントは計画主義、スペンサーは自由放任主義）を把握しておきましょう。
・マルクスは、政治学や教養科目の思想でも出題されるので、関連づけて理解しましょう。

1 コント

A. コント（1798～1857）は、『**実証哲学講義**』などを著したフランスの社会学者です。彼は、自由・平等・友愛の市民革命のはずだったフランス革命（1789）の夢と現実に直面し、政治の混乱期が続くなかで、**実証主義**の立場から「**秩序と進歩の調和**」を唱えました。空想的社会主義者の１人のC.サン＝シモンの晩年の弟子です。

また、社会を総体的に（丸ごと全部）研究しようとしたことから、彼の立場は**綜合社会学**と呼ばれます。

(1) 社会学の命名者

コントは「**社会学」という学問の名づけ親**とされており、「sociologie」という名称を『実証哲学講義』第４巻（1839）で提示しました。彼は実証主義の立場から進歩と秩序の調和による社会の再組織化を図りました。

(2) 社会学の体系

コントは、社会静学と社会動学に分けて社会学の体系を構想しました。

社会静学	・秩序の学 ・時間の流れを除外して、個人・家族・社会の三つのレベルで社会秩序・連帯の諸条件を考察した

社会動学	・進歩の学（三段階の法則など）

⑶ 社会有機体説

社会有機体説とは**社会を有機体**（≒生物）**と類比させる方法**です。社会を統合された一つの超個人的な実在と見て、生物と細胞の関係になぞらえて社会全体と個人・集団の関係を捉えるものです。

⑷ 三段階の法則

「**予見せんがために見る**」（＝将来を予測するために観察する）と宣言した**コント**は、**三段階**（状態）**の法則**により、過去からの大きな流れをつかむことでこれからの社会の変化方向を予測し、**社会秩序を計画的に作り上げる**ことを目指しました。

三段階の法則	知性・精神の段階	**神学的段階 ➡ 形而上学的段階 ➡ 実証的段階**
	社会の段階	**軍事的段階 ➡ 法律的段階 ➡ 産業的段階**

神学的段階では、**神を引き合いに出してものごとを説明**します。このような時代には小国家が乱立して互いに争い合っていたため、**社会の形態は「軍事的」**と表現されます。

しかし**形而上学的段階**に入ると、表面上は神を持ち出さなくなります。「形而上学」とは、**実際に存在する形あるものの背後に真の本質を発見しようとする学問**のことです。例えば、法哲学者が好んで議論する「自然法（人間本性に基づき成立する普遍的な法）」等は形而上学的な対象といえます。このように、形而上学は法律学を基礎としていることから、形而上学的段階の社会は**法律家が優位に立つ点で「法律的**」と表現されます。

これに対してコントは、**産業者が活躍する時代には実証が不可欠**だとしました。例えば、安全な椅子を製造するためには強度を確認することが必要ですが、それは実際に人を座らせてみればすぐに実証できます。一方、自然法の論証はできても、結局は神の存在証明と同じ水準にとどまるともいえます（経験的事実により証明する**実証的段階**と抽象的な証明による形而上学的段階では証明のレベルが違う）。このように、コントは「**実証**」を**科学的な時代の知の形式**と捉えました。

確認してみよう

① A.コントは、数学から社会学に至る諸科学のヒエラルヒーを想定し、社会についての実証哲学として社会学を構想した。ここで社会学とは、社会現象を扱う科学の総称であり、その役割は、純粋に批判的なもので、封建制度を解体することにあるとされた。国般2005

1 (1) 参照 ×

コントは、フランス革命に一定の評価を与えましたが、批判だけでは新しい秩序の形成には至らないとして、実証的精神により社会を有機的に再組織する学問として、社会学を構想しました。

② A.コントは社会学の創始者として社会学史に名を残している。彼は、自然法思想の直接的な影響の下に、社会のラディカルな批判の学として社会学を構想した。それは、彼が、フランス大革命の賛同者であったことと結び付いている。彼は、自己の創始した社会学を、新しい形而上学とも称している。国般2000

1 (1) 参照 ×

コントは、社会学を形而上学ではなく実証的精神の学問として構想し、自然法思想と対立する立場である法実証主義に影響を与えました。また、フランス革命に全面的には賛成していません。

③ A.コントは、人間の知識が形而上学的状態から、神学的状態を経て、実証的状態へと進歩するのに応じ、社会は軍事的社会から、産業的社会を経て、法律的社会へと進歩するとした三段階の法則を提起した。国税2005

1 (4) 参照 ×

「形而上学的」と「神学的」、「産業的」と「法律的」が逆です。「法律家の議論の形式は科学的ではない（古い）」とコントが考えていたことを理解していれば判別できます。

④ フランスの哲学者A.コントは「社会学」（sociologie）という言葉を創出した人物として、一般に社会学の創始者とみられている。彼は古典的な社会の発展段階説としての４段階の法則（社会は軍事的・法律的・産業的・情報

的という四つの段階を経るとする。）を提唱した。国般1998

1 (4) 参照 ×

コントが提唱したのは三段階の法則です。また、19世紀に活躍したコントに「情報的」というキーワードはミスマッチです。

2 スペンサー

H.スペンサー（1820～1903）は、**『社会学原理』**などを著したイギリスの社会学者で、コントと同様に**綜合社会学者**とされます。世界の工場といわれ七つの海を支配していた19世紀中盤のイギリスは、生物進化論全盛の時代でした。この考え方は、政府の役割を極力限定する**自由放任主義**1）と結びつきます。

1）自由放任主義は政府の介入を最小限にするという考え方なので、この立場からは政府が供給する福祉に頼る必要のないような主体を社会の中心として想定することになります。すなわち、独立独歩できる資本家にとっては、「敗者は生物学的に劣っているのだから滅んでもかまわない」という発想になるわけです。

(1) 社会有機体説

スペンサーもコントと同様に、社会有機体説の立場から社会の成長を有機体（生物）の成長にたとえ、社会進化論を展開しました。有機体が成長して大きくなると組織や器官が内部分化するように、社会も成長すると組織が増え構造分化が進んでいくというものです。これは**同質な組織の集合から異質な組織の集合への構造分化**と捉えることができます。

(2) 社会進化論

スペンサーは、適者生存の原理や自由放任主義を貫くことで、社会は軍事型から産業型へと発展すると考えました。このような考えは**社会進化論**と呼ばれています。

軍事型社会	・軍事的指導者が最高権力を握って、**中央集権的統制を行う社会** ・そのメンバーは、**厳格な身分的秩序に服従し、社会的全体への奉仕を強要され**ている
産業型社会	・社会のメンバーの福祉が最高目的 ・政府の役割は、ただメンバーの意思の実現にあり**限定的** ・個人は諸権利の主体であって、軍事型社会において強制的組織が果たしていた機能は、これらの**主体の間の自由な協力**によって果たされる

確認してみよう

① H.スペンサーは、社会は生物のような有機体であるとして、社会の発展を社会進化としてとらえた。進化した社会では、頭脳に当たる国家の役割が重要であるとして、当時の英国の自由放任主義を批判した。国般2005

2 (1) 参照 ×

スペンサーは自由放任主義を批判したのではなく、自ら唱導した人物です。コントは社会秩序の形成に国家組織が果たす役割を強調しましたが、スペンサーは逆に、自由放任の徹底が最適な社会秩序を作り上げる方法だと考え、国家の役割を最小限にとどめました。

② H.スペンサーは、社会は生物有機体と同様に成長するものとして、強制的協働に基づく軍事型社会から自発的協働に基づく産業型社会へ進化すると主張した。国税2005

2 (2) 参照 ○

「軍事」、「産業」という用語はコントとスペンサーで共通していますが、コントは３段階なのに対してスペンサーは２段階である点に注意しましょう。

3 マルクス

K.マルクス（1818～83）は、**『資本論』**（F.エンゲルスと共著）などを著したドイツの思想家です。

(1) 社会構成体

マルクスは、社会の仕組みを建物にたとえる**社会構成体**という考え方を示しました。**下部構造（土台）の上に上部構造が載る**というものです。

社会構成体	上部構造 （イデオロギー）	法的・政治的な制度 ＋人間の意識活動全般（宗教、世論、文学…）
	↑ 下部構造（土台）が上部構造を規定	
	下部構造（土台）	生産様式 ＝①生産力＋②生産関係（生産組織）

イデオロギーとは、**下部構造に規定される意識形態**をいいます。**虚偽**という意味合いが強いです。

補足

上部構造とイデオロギーを同一視せずに、上部構造＝法的・政治的な制度、イデオロギー＝人間の意識活動全般、と分けて捉える用法もあります。

(2) 史的唯物論（唯物史観）

「建物」としての社会がどう変化するかを考察するのが**史的唯物論（唯物史観）**です。唯物論は観念でなく物や技術に重きを置きます。まず技術革新により**生産力が上昇すると生産関係と矛盾が生じます**（下部構造が変化）。いったん上昇した生産力は後戻りしないため、この矛盾を解決するには法律・政治といった**上部構造が変わるしかありません**（革命）。この流れが繰り返され、徐々に社会が変化していきます。

例えば中世は農業中心の社会だったため、生産手段として肥沃な土地が重要でした。そこで**土地を持つ領主と土地を借りて地代を払う領民という生産関係**が生じ、それを制度的に固定するものとして**「身分制度」という上部構造が成立**しました。しかし産業革命が起こり機械で大量に物を生産できるようになる（**＝生産力が上昇する**）と産業の中心は都市の工業へ移り、**資本家**（工場主）**と労働者の生産関係のほうが重要になりました**（＝領主―領民関係と矛盾する）。そして資本家が財産を蓄えて発言権を増していくことで、**身分の上下に基づいた政治体制が説得力を失っていき、王や貴族中心の体制から民主的な体制へと上部構造が変化していきました。**

①生産力	・物質的財貨の生産において人間が自然を支配する力
②生産関係[2]	・生産過程において、③生産手段・生産活動を介して人間どうしが結ばれる関係（生産現場での人間関係）
③生産手段[3]	・物を生産するときに必要となる材料や道具

◆マルクスの史的唯物論の流れ

生産力の上昇 ➡ 生産関係との矛盾発生 ➡ 革命 ➡ 上部構造が変化 ➡矛盾解消 ➡ 生産力の上昇 ➡（以下、同じサイクルの繰り返し）

◆社会および生産様式の発展段階

原始共産制社会 ➡ 奴隷制社会 ➡ 封建制社会 ➡ 資本主義社会 ➡ 社会主義社会 ➡ 共産主義社会

◆生産様式に注目した発展段階

アジア的生産様式 ➡ 古代的生産様式 ➡ 封建的生産様式 ➡ 近代ブルジョア的生産様式

マルクスによれば、**原始共産制社会に階級**（＝生産手段の所有・非所有に基づく上下関係）**はありませんでした**。生産手段は共同体で共有していたからです。しかしその後は、奴隷主と奴隷（奴隷制社会）、領主と領民（封建制社会）、資本家と労働者（資本主義社会）というように**階級が分かれました**。しかし、社会主義革命により労働者は資本家との階級闘争に勝利し、工場や機械などの生産手段は社会で共有するようになるため、生産手段を私的に所有する資本家は消滅し**社会に存在するのは労働者だけになります**。こうして最後に共産主義社会が到来するとしているものの、マルクス自身はこの社会の状況について具体的な記述は残していません。

2）かつての農村なら地主と小作人、近代の工場なら工場主と賃金労働者という関係があります。ここで、工場主という位置を占めるのが資本家階級、賃金労働者という位置を占めるのが労働者階級に当たります。

3）例えば綿織物は、当初は綿花（＝材料）と手動の織機や糸車（＝道具）で生産されていました。手動の織機や糸車なら個人でも用意でき（＝家内制手工業）、問屋からの貸し与えもあったので（＝問屋制家内工業）各家で作業できたのです。ところが産業革命が起こり自動の紡績機械が発明されると、生産手段は個人で所有できなくなります。大きな工場を建設し多くの紡績機械を導入することは、まとまった資金を持つ資本家だけができることであり、個人レベルでは大量生産を展開する大工場との価格競争には勝てません。そこで産業革命以降、大規模な生産手段を持つ資本家と、生産手段を持たずに労働力を提供するだけの労働者に分化していったのです。

確認してみよう

① K.マルクスは、史的唯物論の立場から社会変動を論じ、文化的・イデオロギー的な上部構造における科学的認識の変化が先に起こり、それが生産力と生産関係からなる下部構造の変化を促すことによって社会構造全体の変動を推進するとした。国般2011

3 (2) 参照 ×

マルクスの史的唯物論によれば、生産力と生産関係からなる下部構造（土台）の変化が先に起こり、それが文化的・イデオロギー的な上部構造の変化を促すことによって社会構造全体の変動を推進します。

② 闘争理論は、社会の成員間に存在する不平等ゆえに、社会が分裂していることを強調し、社会を闘争と変化の過程としてとらえる。社会変動の原動力を、人種間の闘争に求めたK.マルクスの社会理論は、この一例である。国般2007

3 (2) 参照 ×

マルクスは、社会変動の原動力を人種間ではなく階級間の闘争に求めました。

過去問にチャレンジ

問題1 ★ **A、B、Cの社会進化論などに関する学説とそれを主張した者との組合せとして最も妥当なのはどれか。**

国般2004教

A 軍事型社会から産業型社会へという社会変動の方向性を示した。前者は、戦争の危機に絶えずさらされている社会で、成員のすべてが軍隊を構成し、集中的な軍事統制を特徴とする社会類型である。後者は、生活の大半が産業によって成立する社会であり、個人は自由に産業に従事して自治的な団体を民主主義的に構成する。

B 人間の社会を支えるものとして生産活動を重視し、生産力と生産関係との矛盾が社会構成の変化をもたらす原因であるとみて、両者を媒介する生産様式の相違から、アジア的、古代的、封建的、近代ブルジョア的という発展の諸段階を設定した。

C 人間の精神的活動が、神学の段階から形而上学的段階を経て実証科学の段階に発展するという３段階の法則から、人間の社会もそれに対応して軍事的な段階から法律的段階を経て産業的な段階に発展すると考えた。

	A	B	C
❶	デュルケム	ウェーバー	テンニース
❷	デュルケム	テンニース	ウェーバー
❸	スペンサー	マルクス	コント
❹	スペンサー	ウェーバー	テンニース
❺	コント	マルクス	ウェーバー

【解答・解説】

正解 ❸

各論者のキーワードを覚えていれば、容易に解ける問題です。なお、ウェーバーとテンニースについては、次節を参照してください。

A　これは、H.スペンサーに関する記述です。「軍事型社会＝軍隊生活のように自由も個性もない社会」、「産業型社会＝資本家が主人公となる自由な社会」と捉えれば言葉も覚えやすいです。

B　これは、K.マルクスに関する記述です。マルクスの発展段階論は諸説ありますが、公務員試験対策としては、本文で紹介したものを覚えておけば十分です。

C　これは、A.コントに関する記述です。彼は「精神的活動」という言葉で、**現象を説明するための知の形式**を想定しています。

問題2 コントの社会学に関する記述として、妥当なのはどれか。

★

都 I 2008

❶ 彼の社会学のうち社会静学とは、生物学でいう生理学に相当し、進歩の理論である。

❷ 彼の社会学のうち社会動学とは、生物学でいう解剖学に相当し、秩序の理論である。

❸ 彼は、スペンサーの社会学の影響を受け、実証主義に基づいた考え方を示し、適者生存という言葉を残した。

❹ 彼は、社会進化論の立場から、進化とは、同質なものから異質なものへの変化であるとともに、単純なものから複雑なものへの変化であるとした。

❺ 彼は、人間の精神は、神学的段階、形而上学的段階を経て実証的段階に達し、社会は、軍事的段階から、法律的段階、産業的段階へと発展するとした。

【解答・解説】

正解 ❺

生理学／解剖学という対比は、この機会に覚えておきましょう。

❶ × A.コントの社会静学とは、生物学でいう**解剖学**に相当し、**秩序**の理論です。コントにおいて「社会静学」は時間的な要素を考慮せずに社会のさまざまな部分の関係を研究する学問分野、「社会動学」は社会の連続した運動法則を研究する学問分野とされます。

ヒント

「進歩」とは変化することですから、「静学」とはミスマッチということでこの選択肢は外せます。

❷ × コントの社会動学とは、生物学でいう**生理学**に相当し、**進歩**の理論です。

ヒント

解剖学は、通常は死んだ生物体を切り開いて構造を研究する学問ですから、動きや変化に関する「動学」とはミスマッチということでこの選択肢は外せます。

❸ × コント（1798～1857）のほうが年長者です。H.スペンサー（1820～1903）の主著である『総合哲学体系』は、コントが亡くなった後の1862年から1896年にかけて刊行されています。

❹ × これは、スペンサーの社会進化論に関する記述です。なお、「同質なものから異質なものへの変化」、「単純なものから複雑なものへの変化」という対比は、É.デュルケムの機械的連帯／有機的連帯にも引き継がれる発想法です。

❺ ○ 三段階の法則は確実に覚えておきましょう。

問題3 ★

スペンサーの社会学に関する記述として、妥当なのはどれか。

都Ⅰ2005

❶ 社会学を自然科学と同様の実証科学としなければならないとし、社会現象を総合的、統一的に考察する社会生理学の必要性を説いた。

❷ 社会の発展を人間の知識の発展段階と対応させてとらえ、社会は軍事的、法律的、産業的の３段階を経て発展していくとした。

❸ 社会学を一般社会学と特殊社会学とに区分し、前者は社会状態の原因とその特質について一般的に研究するもの、後者はそれを特殊的に研究するものとした。

❹ 社会有機体説の立場から、社会は進化の一般原理に従って集成と分化を生じ、不確定的な同質性から確定的な異質性へ変化するとした。

❺ 社会学は、社会的行為における行為者個人の動機を理解することを通じて、その経過と結果との因果連関を説明する科学であるとした。

【解答・解説】

正解 ❹

書かれている内容は公務員試験の通常の出題範囲を超えていますが、解くのは容易な問題です。問題文で「スペンサーの社会学」と限定されているのに注目しましょう。そもそもスペンサー自体、それほどキーワードの多い人物ではないので、「社会有機体説」、「社会進化論」、「自由放任」ぐらいを念頭に置いて（それ以外は無視して）選択肢を読んでいきましょう。そうすると、いろいろと難しげな言葉は出てくるものの、❹以外は全く関係ない話をしていますから、❹で即決できます。

これらは、出題されてはいるものの試験対策には必要のない知識の典型です。知識系の科目では、出題内容をすべて覚えるのは非効率です。

❶ ×　これはC.サン＝シモンに関する記述です。彼はA.コントの師匠で実証主義の祖といわれています。ただし、「社会生理学」という言葉はかなりマイナーで、重要度は低いです。

❷ ×　これはA.コントに関する記述です。

❸ ×　これはF.テンニースに関する記述です。テンニースについては、次節と第4章第1節を参照してください。しかし、彼に関して重要なのは社会集団論・変動論であって、問題文に書かれている内容まで覚える必要はありません。

❹ ○　「不確定的な同質性から確定的な異質性へ」とは、例えば次のような状況を指します。原始共同体では役割分化が進んでいないため、人々の専門分野は明確に定められておらず（＝不確定）、みな同じような仕事をしていました（＝同質性）。一方、近代社会では役割分化が進み、人々の専門分野は明確に定められ（＝確定的）、それぞれが異なった仕事をする（＝異質性）という状況です。

❺ ×　これは、M.ウェーバーに関する記述です。ウェーバーについても次節を参照してください。

2 第2世代の社会学者の社会変動論

学習のポイント

- デュルケムとウェーバーはともに最頻出の学者であり、どの試験種においても重要です。特にウェーバーは政治学や行政学でも頻出なので、関連づけて理解しましょう。
- 一方で、パレートの出題頻度は高くないものの、政治学でも出題される可能性はあるので関連づけておきましょう。
- テンニースは、第４章で扱う社会集団論での出題もあります。

1 デュルケム

É. デュルケム（1858 ～ 1917）は、『**社会分業論**』、『社会学的方法の規準』、『**自殺論**』、『宗教生活の原初形態』を主著とするフランスの社会学者です。

(1) 社会的分業

デュルケムは、分業のような**社会的事実**は、個人の利己心のような心理学的要因でなく、**社会的要因によって説明すべき**として、次のように説明しました。

人口密度の上昇・人口の増大 ➡ 生存競争 ➡ すみわけ ➡ 分業

(2) 二つの社会的連帯

	前近代的	近代的
連帯の名称	**機械的連帯**	**有機的連帯**
社会の名称	**環節的社会**	**組織的社会**（有機的社会）

前近代社会は、器官があまり専門分化していない環節動物（ミミズなど）にたとえてイメージされています。前近代社会ではほとんどの者が農業に携わっており、**同質的・無個性**でした（みんな**機械的に同じことを繰り返している**というイメージ）。

一方、近代社会は、器官が専門分化している高等動物にたとえてイメージされています。専門分化している近代社会の組織（例えば大企業）の場合、営業部・製造部・

経理部・総務部の間で職掌が細分化され、それぞれの部署の中で専門的知識・技能が育成されます。ただし、専門分化することで複雑な業務に対応できる反面、それぞれが他では代替できない職能を持っているため、担当者がいないと他の成員がそれをカバーするのが難しくなります。このように、近代社会では分業が進展しており、**異質的な成員が有機体**（＝生物）**のように緊密に結びついている**といわれます（＝**差異**による連帯）。

⑶ アノミー的分業（無規制的分業）

伝統的な社会規範が無力化する一方で、それに代わる社会規範が確立しない場合、相互の連携がとれなくなり、分業は混乱を招きます（恐慌や企業の倒産、労働者と資本家の対立、職業の過度の専門化など）。

このような状況下での分業を**アノミー的分業**（無規制的分業）といいます。ここでの**アノミー**（anomie）とは**無規範**を意味する言葉であり、それにより社会が混乱している状況を指します。すなわち、前近代的な社会規範が失われ、分業が進みつつあるにもかかわらず、それを下支えする新しい近代的な社会規範が形成されていない**過渡期の状況**です。

⑷ 宗教社会学

デュルケムによれば、宗教の本質は**聖**（神聖）**と俗**（世俗）**の区別**にあります。そして宗教が社会的連帯感を作り出し**統合をもたらす機能を持つ**ことに注目しました。

確認してみよう

① E.デュルケームは、近代社会に向かっての変動を、人々が様々な側面で親密に協力し合う「有機的連帯」から、人々が機能的な役割を明確に分担しながら共通目的を追求していく「機械的連帯」への変化として理解した。国般2008

1 ⑵ 参照 ×

「機械的」と「有機的」が逆で、正しくは機械的連帯から有機的連帯への変化となります。「機械」は近代的な類型のイメージとして用いられることもありますが、デュルケム（デュルケーム）においては「機械的」は前近代の連帯です。

② 近代社会学の「創建の父」として知られるÉ.デュルケムは、社会学の対象と方法の確立に努め、これを近代社会の社会問題の解明に適用した。また、デュルケムによれば、近代社会は分業・分化の進展によって特徴付けられ、そこでは機械的連帯が生み出され、現実には組織化の力が強くなっているとされる。国税・財務2014

1 (2) 参照 ×

デュルケムが近代社会で主流になるとしているのは「有機的連帯」です。

③ E.デュルケームは、社会的分業の発展によって、社会は類似に基づく有機的連帯から分業に基づく機械的連帯に移行すると論じ、コミュニティの衰退を予測した。国般2005

1 (2) 参照 ×

「有機的」と「機械的」が逆です。またデュルケム（デュルケーム）は、衰退した旧来のコミュニティに代わる存在として、職業集団（同業者組合や労働組合など）の役割に期待を寄せました。

④ デュルケムは、オーストラリア先住民を対象に原初的社会における宗教と社会との関係を研究し、宗教には社会を統合する力はないと結論づけた。都Ⅱ2005

1 (4) 参照 ×

デュルケムは、宗教には社会を統合する力があると結論づけました。彼は『宗教生活の原初形態』の中でオーストラリアのアボリジニの宗教と生活様式を検討し、このように主張しています。

2 ウェーバー

M.ウェーバー（1864～1920）は、『経済と社会』、**『プロテスタンティズムの倫理と資本主義の精神』**（『宗教社会学論集』所収）を主著とするドイツの社会学者です。

(1) プロテスタンティズムの倫理と資本主義の精神

ウェーバーは、欧米でのみ近代資本主義を成立させた禁欲的で合理的な生活態度の源流は、**プロテスタンティズムの世俗内禁欲を生み出した予定説**にあるとしました。

① 世俗外禁欲と世俗内禁欲

カトリシズム	教会を介して神と向き合い、日常的な空間から離れて（例えば修道院の中で）禁欲的な生活を送る（＝**世俗外禁欲**）
プロテスタンティズム	個人個人で神と向き合い、日常的な空間の中で普通に暮らしながら禁欲的な生活を送る（＝**世俗内禁欲**）

② 予定説

予定説とは**プロテスタンティズム**の有力勢力である**カルヴァン派**によるもので、人間が死後に救済されるかどうかは**神によってあらかじめ決定されている**という説です。しかし、人間の側には自分が救済されるかどうかわかりません。そのため、信者はその傍証となるものを身につけようとします。それが規律正しい生活様式です。**神から与えられた天職である商売で成功し豊かになることは、救われるべき人間であることの証明になる**と信者は考えました。豊かになるためには、儲けたお金は浪費するのではなく、できる限り蓄財して事業拡大の資金に回さなければならないから、規律正しい質素な生活を心がける必要があります。

ただし、目に見える証はあくまで傍証にすぎません。どんなに規律正しくても、救済されるために十分だという保証はありません。神の意志そのものは目に見えないからです。そのために信者は絶えず不安と懐疑におそわれ、それから逃れるために、さらに厳しい規律や正しさを自己に課しました。これが人々の**エートス**（特定の倫理的価値の実践に向けて人を突き動かす**内面的な起動力**）となり、**資本主義の精神**（営業の規律性や強い拡大志向（節約と再投資）など）**につながりました**。それが社会全体に拡がり、欧米では近代資本主義と合理主義が成立しました。

予定説 ➡ 無限の不安 ➡ ひたすら世俗内禁欲（職業労働）に励む ➡ 欧米で資本蓄積と合理化の進展 ➡ 欧米で近代資本主義・合理主義が成立

一方、カトリックでは救われるかどうかは教会が決めます（免罪符など）。そのため、こうした無限の不安はありません。

⑵ 支配の３類型

ウェーバーは、支配とは、**服従者**（支配される側）**が服従する動機を有することによって成立する**ものだとし、支配のあり方を服従者の動機（**支配の正当性**（正統性））によって分類しました。

	カリスマ的支配	伝統的支配	合法的支配
正当性の根拠	**支配者自身が持つ天与の資質（カリスマ）**、呪術的能力や英雄性、弁舌の力に対する**情緒的帰依**	**昔から存在する秩序**と支配権力の神聖性に対する**日常的信仰**	**形式的に正しい手続**で定められた**規則に対する信頼**
純粋な形態	**予言者・軍事的英雄による支配**	**家父長制的支配**	**官僚制的支配**
支配権の範囲	制限なし	伝統的規範の範囲	規則に定められた範囲
組織の原理	非合理的	実質合理的	形式合理的

⑶ ウェーバー以降の宗教社会学

① ルックマン

ドイツの社会学者**T.ルックマン**（1927～2016）によれば、かつては宗教およびそれに統合された社会制度が人々に一貫した意味の体系を提供していましたが、現代ではそれが困難になりました。とはいえ宗教が消えてなくなったわけではなく、個々人の人生に意味を与えるような体系が個人化された形で存在しているとして、これを「**見えない宗教**」と呼びました。

② バーガー

ドイツの社会学者**P.バーガー**（1929～2017）は、人間の規範秩序構築活動をカオス、コスモス、ノモスの三つに分けて論じました。このうち、「**カオス**」とは意味づけ不能の**混沌とした状態**、「**ノモス**」とは**日常的・世俗的なレベルで正当化された秩序**（人間によって意味・規範づけられた秩序）、「**コスモス**」とは**超越的で聖なるレベルで正当化された秩序**（神によって意味・規範づけられたとされる秩序）を意味します。

確認してみよう

① M.ウェーバーは、自らへの使命として禁欲的に職業生活に献身することが、すなわち、神への奉仕であるとするカルヴィニズムは、労働者に極度の規律と勤勉と節約とを課し経済活動の停滞をもたらすことから、資本主義の形成の足かせになるものであると批判した。国税2001

2 (1) 参照 ×

カルヴィニズムは資本主義の足かせではなく、近代資本主義を成立させた態度の源流だとしました。ウェーバーが規定する資本主義の「精神」は、プロテスタンティズムの中でもカルヴァン派（カルヴィニズム）の「天職」の観念に由来しています。

② 資本家、経営者などにおいて、プロテスタントの占める割合が大きいことに着目したM.ヴェーバーは、宗教改革によって世俗内禁欲が否定されたことで、欲望を肯定する近代資本主義の精神が生まれたことを明らかにした。国般2014

2 (1) 参照 ×

ウェーバー（ヴェーバー）は、プロテスタントの教義に見られる世俗内禁欲が近代資本主義の精神をもたらしたと論じました。

③ ウェーバーによれば、「支配」とは支配する側が支配することについての正統性を見いだすことによって成立するものであって、彼は、こうした見地から「支配」を「合法的支配」、「伝統的支配」、「カリスマ的支配」の３類型に分けた。国税1998

2 (2) 参照 ×

ウェーバーによれば、「支配」は、支配される側が支配されることについての正統性を見いだすことによって成立します。支配する側が、どんなに支配したいと一方的に願ったとしても、支配される側が、自発的であれ不本意であれ、それを受け入れなければ支配は成立しません。

3 パレート

V.パレート（1848～1923）は、『一般社会学大綱』などを著したイタリアの社会学者・経済学者です。

(1) エリートの周流

パレートによれば、あらゆる社会は**一部の統治エリート**（および非統治エリート）**と大多数の非エリートによって構成されています**。統治エリートには、知恵と術策によるキツネ型と信念と力に依拠するライオン型がいます。この２種類のエリートが周流（循環）して交互に支配者の座に就いているため、**エリート支配という点は常に変わりません**（＝**エリートの周流**）。

ヒント

コント、スペンサー、マルクスらが社会変動を「一定の方向性を持つ段階的な過程」と捉えていたのに対し、パレートはこれを循環的な過程と捉えていた点が特徴的です。

(2) 論理的行為と非論理的行為

パレートは人間の行為を**論理的行為**と**非論理的行為**に分け、**人間の行為の大半は後者**だとして、人間社会の分析のためには非論理的行為の考察が不可欠だと考えました。

当初は論理的行為に注目して経済学の研究を進め、パレート最適の概念などの業績をあげましたが、その後は非論理的行為に注目し、社会学の研究に取り組みました。そして**非論理的行為の恒常的な部分を残基、可変的な部分を派生体**としました。

確認してみよう

① パレートは、権力の獲得のために力に訴える傾向を持つエリートが、権力の獲得のために奸智（かんち）に訴える傾向を持つエリートに最終的に取って代わられるという、一定の方向性を持つ段階的な過程として社会変動をとらえた。区Ⅰ2004

3 (1) 参照 ✕

パレートの社会変動の捉え方は「一定の方向性を持つ段階的な過程」ではなく「循環的な過程」

です。

② V.パレートは、行為の手段と目的が主観的にも客観的にも存在し、かつ、手段と目的が合致するものを論理的行為、その他を非論理的行為とし、人間の行為の大半は前者であり、後者の比重は極めて低いとした。国税2006

3 (2) 参照 ×

パレートは、人間の行為の大半は非論理的行為であるとして、人間社会の分析のためには非論理的行為の考察が不可欠だと考えました。

4 テンニース

F.テンニース（1855～1936）は、ドイツの社会学者です。彼は、時代により主流となる社会集団の形態がゲマインシャフト→ゲゼルシャフト→ゲノッセンシャフトと変化していくと考えました。

	前近代	近　代	その後
名称	**ゲマインシャフト**	**ゲゼルシャフト**	**ゲノッセンシャフト**
結合の意思	本質意志	選択意志（形成意志）	——
例	家族・村落	企業組織・大都市	協同組合

確認してみよう

① テンニースは、あるがままの自然な人間本来の意志を本質意志とよび、人々が互いに本質意志に基づいて人間関係を結んでいる集団をゲノッセンシャフトと名付けた。都Ⅰ2002

4 参照 ×

本質意志に基づいた結合はゲマインシャフトであり、ゲマインシャフトとゲゼルシャフト両方の利点を兼ね備えた理想形態がゲノッセンシャフトです。

過去問にチャレンジ

問題1 **社会変動論に関する記述として、妥当なのはどれか。**

★

区Ⅰ2011

❶ コントは、人間社会の発展は人間の精神の進化に見合うものとし、精神の神学的段階に対応するのは軍事的社会であり、形而上学的段階には産業的社会が対応し、実証的段階に対応するのが法律的社会であるとした。

❷ スペンサーは、社会が、相対的に不確定で不緊密な異質性から確定的で緊密な同質性へと進化する方向は、そのまま単純社会から複合社会へ、軍事型社会から産業型社会への社会進化のコースにほかならないとした。

❸ デュルケームは、社会は、社会成員の没個性的な類似による結合を特徴とする機械的連帯から、社会成員の個性的な差異を基礎とした分業の発達によって生じる結合を特徴とする有機的連帯へと進化するとした。

❹ パレートは、離陸以後、高度大衆消費時代に突入した先進産業社会は、社会体制のいかんを問わず、それが機械化された工場生産を軸とする巨大な分業・交通システムである限り、次第に類似した状態にたどり着くとした。

❺ ロストウは、循環論の立場から、社会の一定方向での発展を認めず、歴史的社会の循環的反復、傾向のない周期を主張し、エリートの周流による均衡の破たんと回復の過程を唱えた。

【解答・解説】

正解 ❸

❷の内容は細かいですが、それ以外は人名と基本的なキーワードを覚えていれば対応できます。

❶ ×　A.コントは、精神の形而上学的段階には法律的社会が対応し、実証的段階に対応するのが産業的社会だとしました。

❷ ×　H.スペンサーによれば、社会は、相対的に不確定で不緊密な**同質性**から確定的で緊密な**異質性**へと進化します。なお「単純社会から複合社会へ」というのは細かい内容なので覚える必要はありません。

❸ ○　「同質性≒没個性的な類似」から「異質性≒個性的な差異」へという進化の方向性については、スペンサーとÉ.デュルケム（デュルケーム）の認識は共通しています。

❹ ×　これは、W.ロストウらの収斂理論に近い記述です。この段階ではまだロストウについて学習していませんが、少なくともパレートではないことはわかるはずです。ロストウについて詳しくは、第３章第２節を参照してください。

❺ ×　これは、V.パレートのエリートの周流論に関する記述です。

問題2 ★

19世紀のイギリスの社会学者H.スペンサーの社会進化論に関する記述として妥当なのはどれか。

国般1999教

❶ 支配関係は、命令権力がその正当性を承認されたとき安定するが、正当性を根拠づける仕方によってその性格が区別される。支配の類型は、カリスマ的支配、伝統的支配、合法的支配の３類型に区分され、それぞれ社会の進化に対応している。

❷ 生産諸力は、ある発展段階に達すると、その生産諸関係と矛盾するようになり、生産諸力のそれ以上の発展にとって桎梏に転化する。このとき、敵対的な諸階級の闘争が激化し、経済的社会構成が次の段階へ移行するとともに、社会全体も変革され、進化していく。

❸ 近代社会の発展動向は、分業の進展あるいは社会分化として把握されるが、無規制な産業化の結果として、この分化は社会的分裂・対立、アノミーとして現象せざるを得ない。この問題の解決を図ることによって社会の進化は実現される。

❹ 社会関係を意志の所産と考え、意志を本質意志と選択意志に分け、これに対応する社会形態をゲマインシャフトとゲゼルシャフトに区別する。前者が後者へと移行し、ゲノッセンシャフトへと止揚されることによって社会が進化していく。

❺ 社会は有機的なものであり、個人と社会は併進する。環境に適してよりよく生きようとする諸個人は「生存競争」によって最適者が生き残り、これとともに社会は単純社会から複合社会に、軍事型社会から産業型社会へと進化していき、やがては完全社会に到達する。

【解答・解説】

正解 ❺

問題文で「スペンサーの社会進化論」と限定されているため、「社会有機体」、「軍事型社会から産業型社会へ」というキーワードを念頭に置いて選択肢を見ていき、それが登場しない選択肢は無視して先に進めば、容易に解答できます。この問題のように、冒頭に掲げられたテーマ自体が大きなヒントになることがあります。注目すべきポイントの一つとして気をつけておきましょう。

❶ ✕　これはM.ウェーバーに関連する記述です。とはいえ、カリスマ的支配、伝統的支配、合法的支配の３類型が、それぞれ社会の進化に対応しているわけではありません。確かに、ある個人が持つ非日常的・超自然的な資質への畏敬の念により人々が付き従うカリスマ的支配は支配関係成立の出発点となりますが、現代でもカリスマ的支配は見られます。３類型はそれぞれの特徴の純粋型（**理念型**）であって、現実にはこれらの要素が入り交じって支配が成立しています。ただ、伝統的支配は前近代社会に多く、合法的支配は近代社会に多いとはいえます。

❷ ✕　これはK.マルクスに関連する記述です。ただし、マルクスのキーワードとして「進化」が登場することはあまりありません。

❸ ✕　これはÉ.デュルケムに関連する記述です。ただし、分業が「アノミーとして現象せざるを得ない」というのは言いすぎです。デュルケムによれば、近代社会が健全に発展していけば、社会的分業が進展して有機的連帯が形成されます。しかし伝統的な社会規範が無力化する一方で、それに替わる社会規範が確立しない場合、相互の連携がとれなくなり分業は混乱を招くとして問題視し、**職業集団**（同業者組合や労働組合など）**の役割に期待をかけました。**

❹ ✕　これはF.テンニースに関連する記述です。ただし、テンニースのキーワードとして「進化」が登場することもあまりありません。

❺ ○　なお、「単純社会」、「複合社会」、「完全社会」という用語は細かい内容ですので、公務員試験対策としては覚える必要はありません（覚えなくても問題は解けます）。

問題3 近代化と社会変動に関する次の記述のうち、妥当なのはどれか。

★★

国般2003

❶ 「社会学」という言葉を初めて用いたA.コントは、社会発展に関する「三段階の法則」を提唱した。彼によれば、人間精神は軍事的、法律的、産業的という三つの発展段階を持ち、それに対応して社会は、神学的、形而上学的、実証的という各段階を経過する。こうして彼は、科学と産業の時代が到来することを予見した。

❷ K.マルクスによれば、社会の物質的生産力はそれに照応する一定の生産関係の下で発展するが、やがて生産関係が生産力の発展にとって桎梏（しっこく）となる段階に達すると、社会革命の時代が到来するとした。この革命は、近代資本制社会においては、資本家と労働者の階級闘争の形をとり、両者が共に没落する結果、階級闘争の歴史が終わると論じた。

❸ F.テンニエスは、ゲマインシャフトとゲゼルシャフトという二つの社会的結合を区別した。ゲマインシャフトとは、本質意志に基づく結合体であり、ゲゼルシャフトとは選択意志に基づく形成体である。前者が優勢な時代から後者が優勢な時代に移行するにつれて、ゲゼルシャフトはゲマインシャフトの基底を形成するようになると論じた。

❹ É.デュルケムは、19世紀後半の著作である『社会分業論』において、分業の発展に伴って、社会的連帯は、類似に基づく機械的連帯から分業に基づく有機的連帯へと移行すると論じた。しかし、当時の社会はその過渡期にあり、分業は発展しているがそれに対応する社会的連帯が形成されていないために、アノミー状態にあるとした。

❺ M.ウェーバーは、『プロテスタンティズムの倫理と資本主義の精神』において、プロテスタンティズムの世俗内禁欲の倫理が、意図しない結果として、修道院の規律を厳格化させることとなり、そこに規律を重視する近代的工場制度の原型が形成されたと論じた。しかし、一たび資本主義が成立すると、そのような倫理的支柱は失われたと説いた。

【解答・解説】

正解 ❹

単なるキーワードの組合せだけではなく、各学者の議論の内容まで理解していないと解けない問題です。

❶ ×　第2文の「軍事的、法律的、産業的」と「神学的、形而上学的、実証的」が逆です。神学、形而上学、実証などは学問や人間の認識方法に関わる言葉であることから、こちらが精神と関連していると判断できます。

❷ ×　選択肢の最後の「両者が共に没落」が誤りです。K.マルクスは、最終的には労働者が勝利して階級闘争は終結し社会主義社会が訪れる、と主張しました。なお、第3章第1節も参照してください。

❸ ×　**ゲマインシャフト**（家族、村落など）**のほうが基礎的な集団**であるため、ゲゼルシャフト（企業、大都市など）がゲマインシャフトの基底を形成するという記述は不適切です。詳しくは、第4章第1節を参照してください。

❹ ○　この選択肢は、アノミー的分業に関する記述になっています。

❺ ×　M.ウェーバーの**世俗内禁欲**とは、教会や修道院などではない普通の（世俗の）日常生活の中で、職業で成功するために贅沢などを慎み禁欲的に生活する、というものです。一方、**修道院**は日常生活を離れた聖なる空間（＝世俗外）です。このような場所で労働と祈りのみに励むという禁欲的な生活態度のことを**世俗外禁欲**といい、**カトリック**ではこちらのスタイルを採ります。

問題4　**宗教に関する次の記述のうち、妥当なのはどれか。**

★★★　　国般2000

❶ 一般に宗教とは、超自然的・超人間的な存在に対する信仰と理解される。社会学ではこれを、一つの経験科学の対象とする。すなわち、宗教を、様々な社会的な文脈の中でとらえることがそこでの課題である。したがって、例えば、宗教現象と社会階層との関係は社会学的関心の埒外にあるものである。

❷ 宗教社会学の創始者として、しばしば、現代社会学の両巨峰E.デュルケームとM.ウェーバーの名が挙げられる。デュルケームは、聖なるものが社会的統合の原理として機能することを指摘した。ウェーバーも、またカリスマ的指導者に対する人々の帰依が、伝統的秩序を維持する機能を持つことを強調した。

❸ E.デュルケームは、宗教的世界を聖と俗との二元論で分析した。その延長線上で宗教的世界を巡る様々な理論的図式が提出されている。T.パーソンズは、聖と俗との対立を、人間の行為における価値の対立として再解釈した。そこでは、聖は功利性に、俗は道徳的義務に、それぞれ当たるものとされる。

❹ M.ウェーバーは、脱呪術化（Entzauberung）という概念で宗教の合理化の傾向を分析した。このような傾向は一般に世俗化（secularization）という概念で問題にされている。P.L.バーガーは、近代化とともに、宗教が社会的影響力を拡大してきたといい、そのような傾向を指して世俗化と呼ぶ。

❺ 近代化とともに宗教が社会的影響力を喪失するというのが、世俗化の概念である。しかし、近年「宗教回帰」の傾向が指摘されている。これは社会の変化の中で、人々が新しいよりどころを宗教に求めるためではないかとされる。我が国においても、新しい宗教が人々を引き付ける状況が社会的に注目されている。

【解答・解説】

正解 ❺

難易度は高いですが、良問です。社会学用語の理解を前提としており、そのうえで問題文中の矛盾を発見できるかどうかが問われています。

❶ ×　宗教現象と社会階層との関係も社会学的関心の対象となります。問題文をよく読めば、第2～3文と第4文の内容が矛盾していることに気づくはずです。つまり第2～3文で、「宗教は社会学の研究対象でありそれを社会的文脈の中で捉える」としているのに、第4文で「宗教は社会学の対象ではない」というのは矛盾しています。

❷ ×　カリスマ的指導者に対する人々の帰依は、むしろ社会の変革を促進する機能を持ちます。確かにカリスマ的支配においても伝統的秩序を維持する場面はあるかもしれませんが、それはM.ウェーバーの支配の3類型でいえば、もっぱら伝統的支配に特徴的な機能です。「強調した」という箇所に注目すれば、第3文が不適切であることがわかるはずです。

❸ ×　**聖**は**道徳的義務**に、**俗**は**功利性**に、それぞれ当たります。聖とは超自然的・超人間的なものであり、俗とは我々が日々暮らしている当たり前の日常的なものです。例えば「坊主丸儲け」という言葉が悪口となるのは、「聖職者はお金の損得（＝功利性）とは無縁であるべきだ」という前提ゆえです。このように、T.パーソンズについて全く知らなくても、聖と俗それぞれの含意がわかれば選択肢が外せるように問題文は作られています。

❹ ×　世俗化とは、近代化に伴って宗教が社会的な影響力を失っていく過程を指します。❸の問題文で示された聖と俗（≒世俗）の二元論を理解していれば、P.バーガーの名前を知らなくても第3文の内容が逆だと気づけます。

❺ ○　なお、第1文の「近代化とともに宗教が社会的影響力を喪失するというのが、世俗化の概念である」と、❹の第3文の「近代化とともに、宗教が社会的影響力を拡大してきたといい、そのような傾向を指して世俗化と呼ぶ」というのは矛盾していますから、これを見比べるだけで、少なくとも❹と❺のどちらかが間違いであることはわかります。

問題5　**宗教の諸理論に関する次の記述のうち、妥当なのはどれか。**

★★★

国税2006

❶ K.マルクスは、社会進化論的な立場から、宗教を人間の成熟段階における秩序統合原理であるとし、宗教は人間や社会の進化を促進する役割を果たすと主張した。

❷ E.デュルケームは、宗教を個人表象とは別個の存在である集合表象ととらえた。また、集合沸騰に着目して、宗教が社会を分裂させる機能をもつ点を強調した。

❸ M.ウェーバーは、ユダヤ教、キリスト教、仏教、儒教などの比較研究を行い、いずれの宗教も「呪術からの解放」という合理化への志向性を同程度にもつと論じた。

❹ T.ルックマンは、現代では、宗教に包摂されていた政治や経済などの社会的諸制度が自律化し、個々人が私的に構築する「見えない宗教」が優勢になると論じた。

❺ P.バーガーは、カオス、ノモス、コスモスを、人間の規範秩序構築活動の各局面ととらえ、特にカオスが「聖なる天蓋（てんがい）」として規範秩序の維持を保障すると論じた。

【解答・解説】

正解 ❹

難問ですが、国家公務員ではこのレベルの出題もありうるので、解説をよく読んでおきましょう。

❶ ×　K.マルクスは、宗教を人間の**未成熟段階**における秩序統合原理であるとし、人間や社会の進化を**妨げる**役割を果たすと主張しました。彼は「ヘーゲル法哲学批判序説」の中で、宗教を「阿片」（麻薬の一種）にたとえるなど、否定的に捉えています。

❷ ×　É.デュルケム（E.デュルケーム）は、**集合沸騰**（宗教的祭儀などの場において、人々が密集することにより生じる激しい集団的興奮状態）に着目して、**宗教が社会を統合する機能を持つ**点を強調しました。彼は、集合沸騰により、人々は集団との一体感を体験すると述べています。なお、集合表象については第２章第１節を参照してください。

❸ ×　M.ウェーバーは、西洋の宗教、とりわけ**プロテスタント**は「**呪術からの解放（脱呪術化）**」という**合理化への志向性を強く持つ**一方で、**仏教**や**儒教**は**その志向性は希薄**だとして、そこに西洋文明が合理的資本主義を中核とする近代社会を生み出した理由を見いだしました。

❹ ○　T.ルックマンによれば、かつては宗教およびそれに統合された社会制度が人々に一貫した意味の体系を提供していましたが、現代ではそれが困難になりました。とはいえ、宗教が消えてなくなったわけではなく、個々人の人生に意味を与えるような体系が個人化された形で存在しているとして、これを「**見えない宗教**」と呼びました。

❺ ×　P.バーガーは、**コスモスが**「聖なる天蓋」として規範秩序の維持を保障すると論じました。ここで、カオスとは意味づけ不能の混沌とした状態、ノモスとは日常的・世俗的なレベルで正当化された秩序（人間によって意味・規範づけられた秩序）、コスモスとは超越的で聖なるレベルで正当化された秩序（神によって意味・規範づけられたとされる秩序）です。

以上は公務員試験では細かい論点ではありますが、「カオス」の意味が「混沌」だと知っていればこの選択肢は外せるはずです。

3 機能主義パラダイムとその批判者たち

学習のポイント

- パーソンズとマートンも、ともにかなり出題頻度の高い学者であり、どの試験種でも重要です。
- パーソンズの議論は非常に難解ですが、試験問題を解くうえではキーワードを確認しておけば概ね対応できます。
- 機能主義パラダイム以降の学者たちの主張も難解ですが、これもキーワードを確認しておけば試験問題には概ね対応できます。

1 機能主義

機能主義とは、機能という観点から事象を把握する立場一般のことです。ここで「機能」とは、**ある事象による他の事象に対する作用**、または**ある事象（＝部分）によるその事象を含む全体に対する作用**のことを指します。

社会学における機能主義の源流となったのは、**文化人類学者**の**B.マリノフスキー**（1884～1942）や**A.ラドクリフ＝ブラウン**（1881～1955）による**機能主義**です。これに**T.パーソンズ**が「**構造**」という観点を付け加えて、**社会構造**と**機能要件**という二つの概念で説明する「**構造機能主義**」へと発展させていき、それを**R.K.マートン**が精緻化していくことになります。

2 パーソンズ

T.パーソンズ（1902～79）は、『**社会的行為の構造**』、『**社会体系論**』、『**経済と社会**』などを著したアメリカの社会学者です。

(1) 主意主義的行為理論

主意主義的行為理論は、初期パーソンズが採った立場です。行為は規範・価値や環境条件に強く制約されているものの、「**意志**」や「**努力**」**といった要素も不可欠**だと捉える理論です。

(2) 行為のシステム理論

中期パーソンズは**人々の行為の総体**を一つの**システム**とみなし、行為の総体は

パーソナリティ（人格）・**システム**、**文化システム**、**社会システム**という三つのサブシステムから成り立つとしました（後期には**行動有機体**も加わりサブシステムは四つになります）。このうち、**②の文化システムが①と③のシステムを規定します**。

① パーソナリティ（人格）・システム

社会的行為者の指向や動機が組織化されたものです。行為するには人格・心が必要です。

② 文化システム

通常、社会的行為は文化や社会規範によって方向づけられているのであって、無原則にしているわけではありません。例えば日本語の文法を完全に無視して話しても相手に理解してもらえません。文化システム＝規範・価値・象徴の体系が行為の前提となります。

③ 社会システム

社会的行為には必ず相手が必要であり、相手とのやりとりには一定の決まりごと（**役割**と**制度**）があります。「社会システム＝役割と制度の体系」が行為の前提となるのです。なお、社会システムには「**構造**」（相対的に不変的な部分）という側面だけでなく、それに対して各個人が動機づけられ役割を果たす側面＝「**機能**」もあります。

構造	**役割**（夫—妻、先生—生徒、社長—部長…）と**制度**（家族、学校、会社…）の体系
機能	構造の均衡を維持するための**社会統制メカニズム**

◆三つのサブシステムの関係

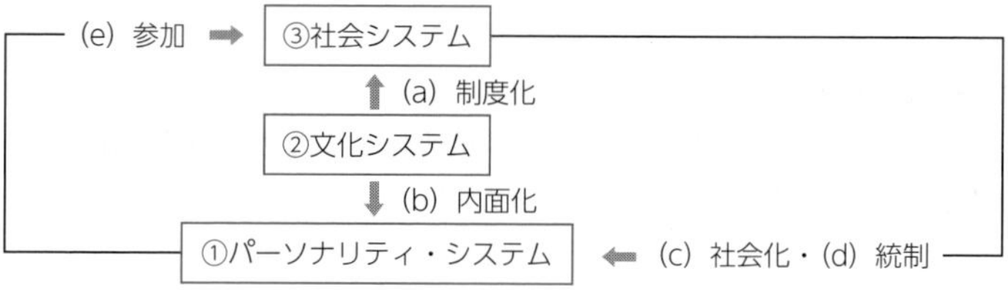

(a) **制度化**	文化的な価値が社会のメンバーに共有され、その結果として**具体的な規範や役割が制度として形成される過程**
(b) **内面化**	文化的な価値観が各個人の心の内面に取り込まれてパーソナリティ（人格）の構成要素となり、欲求が**役割期待に適合する形に方向づけされる**（＝社会規範が人の心の中に刻み込まれる）**過程**
(c) **社会化**	社会制度や社会の中で定められた役割が各個人によって取り込まれて**パーソナリティの一部となる**（＝具体的な社会制度・社会的役割を覚えていく）**過程**
(d) **統制**	社会が秩序を維持するために、規範・役割を守らせ、逸脱や緊張を処理する過程 これは**社会の状態を一定に保つためのメカニズム**
(e) **参加**	個人のパーソナリティが社会システムに対して適合的に動機づけられ、それに従って行動することで、**規範・役割が形成・維持される過程**

⑶ 社会システムの四つの機能（AGIL図式）

小集団研究から着想を得て、**システム存続のための必要条件**（機能要件）を四つ挙げたものです（AGILはそれぞれの略語）。システムが直面する問題を、外部的—内部的な問題と、手段的（道具的）—目的的（充足的）な問題という二つの軸によって区別しています。

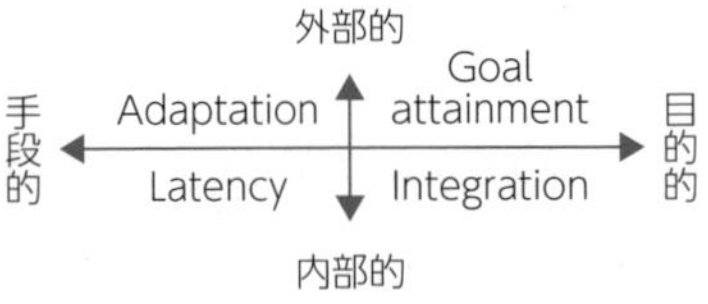

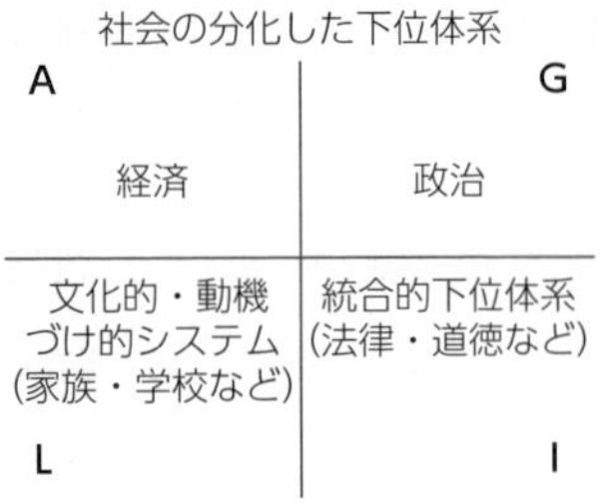

以下では、戦後の日本社会を例として**AGIL図式**による分析を説明します。

① A（Adaptation）：適応

「A」は「**適応**」です。当該のシステムが活動するための**資源を調達し、システム全体を外界に適応可能にする機能を果たす**もので、全体社会では**経済**が該当します。

資源小国の日本は、海外から原油や鉄鉱石などを輸入しつつ、国内でも電源や炭鉱などを開発して、工業生産のための資源を調達し加工貿易を進めることで国際競争に向き合い、変動相場制への移行やオイルショックなど、国際的な環境の変化に適応していきました。

② G (Goal attainment)：目標達成

「G」は「**目標達成**」です。A機能によって調達された**資源を動員・管理して、システムの目標達成のために振り向ける機能を果たす**もので、全体社会では**政治**が該当します。

敗戦後、日本は豊かな自由民主主義国家の形成を目指し、政治行政部門の強力な指導のもと、「国土総合開発計画」などの目標達成のために資源が動員されていきました。

③ I (Integration)：統合

「I」は「**統合**」です。システム内部の**諸部分の連帯関係を作り出す機能を果たす**もので、全体社会では**法律・道徳**などの統合的下位体系が該当します。

いくら国際競争に勝ち残ったとしても、国内で人々が反目し合って内戦が続くようでは、国は崩壊してしまいます。日本という社会システムが存続するためには、国民を統合する必要があります。そこで、日本国憲法や勤労道徳などが重要な意味を持ちます。また、東京オリンピックや大阪万博なども国民統合の機能を果たしたといえるでしょう。

④ L (Latency)：潜在性

「L」は「**潜在性**」です。より正確には「潜在的パターンの維持と緊張処理」(Latent-Pattern Maintenance and Tension Management) といいます。システム存続のために、**役割や制度などの潜在的パターンを維持しつつ、構成員の緊張を緩和する機能を果たす**もので、**家族・学校**などの文化的・動機づけ的システムが該当します。

人間の寿命には限りがあり、日本という社会システムの構成員は入れ替わっていくため、システムの活動を維持するためには、役割や制度などの潜在パターンを次世代に伝えていく必要があります。そこで、日本文化や慣習を子どもに教える家庭や学校などが重要になります。また、生きていると何かとストレスがたまっていき、それを放置していると構成員が正常に働けなくなる可能性があります。そこで緊張を緩和する役割を果たす家庭が重要になるのです。

補足

パーソンズは自らの行為システム論について、当初は文化システム／社会システム／パーソナリティ・システムの三つで構想していましたが、後期にはそれに行動有機体（生き物としての人間の身体）を加え、４システムでの理論としました。このうち、文化システムは最も情報量が多く、制御の関係は、文化システム→社会システム→パーソナリティ・システム→行動有機体となります。つまり、文化が社会体系を規定・制御し、社会体系は行為者のパーソナリティ（性格）を規定・制御し、行為者のパーソナリティは行為者の身体を規定・制御するということです。

一方で、条件づけの関係は、文化システム←社会システム←パーソナリティ・システム←行動有機体となります。つまり、行為者の身体は行為者のパーソナリティを条件づけ、行為者のパーソナリティは社会体系を条件づけ、社会体系は文化を条件づけるという関係です。

このうち、「エネルギーが高い」という部分をたとえ話にすると、ロボットの体（≒行動有機体）を動かすのはかなりの電力を必要としますが、ロボットの頭脳となるコンピュータ（≒パーソナリティ・システム）は少ない電力でも動きます。つまり、行動有機体が最もエネルギーが高い（エネルギーを必要とする）といえます。また（少なくともパーソンズの想定では）、体の調子に気分が影響されます。つまり、行動有機体の状態にパーソナリティ・システムは条件づけられます（「健全な肉体に健全な精神は宿る」）。

次に「情報量が多い」という部分をたとえ話にすると、「日本文化」（≒文化システム）には膨大な情報量がありますが、個人の脳内（≒パーソナリティ・システム）の情報量はそれよりは少ないと考えられます。また、制御の序列でいうと、文化によって社会制度（≒社会システム）が制御され、社会制度によって性格構造（≒パーソナリティ・システム）が制御され、性格構造によって体（≒行動有機体）が制御されるという関係となります。

確認してみよう

① T.パーソンズは、他者との相互作用を通じて取り入れた、社会的な望ましさ＝規範的志向によって人間の行為が規定されると考え、行為者の能動的な意志や努力を不可欠なものとする主意主義的行為論を批判した。国般2010

2 (1) 参照　×

主意主義的行為理論は、パーソンズ自身が初期に主張していた立場なので、これを批判したというのは誤りです。

② T.パーソンズは第二次世界大戦後、システムをキーワードに生物学や近代経済学、サイバネティクスなど最先端の学問成果を社会学に導入することに邁進（まいしん）した。『社会体系論』では、価値体系の共有による社会秩序の存立というテーゼに基づき、パーソナリティ、コミュニティ、国家という三つのシステムの連関化を論じた。国税・財務2014

2 (2) 参照 ×

パーソンズは『社会体系論』では、パーソナリティ・システム、社会システム、文化システムという三つのシステムの連関を論じました。

③ アメリカの社会学者T.パーソンズは構造機能分析の創始者として、現代社会学史上重要な存在である。彼は社会システムの分析のためのAGIL図式（A：Adaptation＝適応、G：Goal attainment＝目標達成、I：Integration＝統合、L：Latency＝潜在性）を考案した。国般1998

2 (3) 参照 ○

なお「Latency＝潜在性」は略称であり、正式に「Latent-Pattern Maintenance and Tension Management」と表記されることもあります。

④ 構造＝機能主義は、社会を、それを構成する各部分が、協働して連帯性と安定性を促進する複雑なシステムとみなす。機能要件分析のための枠組みとして、AGIL図式を提唱したT.パーソンズの社会システム理論は、この一例である。国般2007

2 (3) 参照 ○

構造＝機能主義はパーソンズが体系化しました。

3 マートン

R.K.マートン（1910～2003）は、**『社会理論と社会構造』**などを著したアメリカの社会学者です。

(1) 機能概念の修正

マートンは、一般的・抽象的なものであったパーソンズの機能概念を以下のように**細分化**しました。

① 順機能と逆機能

社会システムに対して**プラスに働く作用**を順機能、**マイナスに働く作用**を逆機能と定義しました。

② 顕在的機能と潜在的機能

行為者が**意図・認知する作用**（行為者の狙いどおりの作用）を**顕在的機能**、**意図・認知しない作用**（行為者の意図せざる作用）を**潜在的機能**と定義しました。

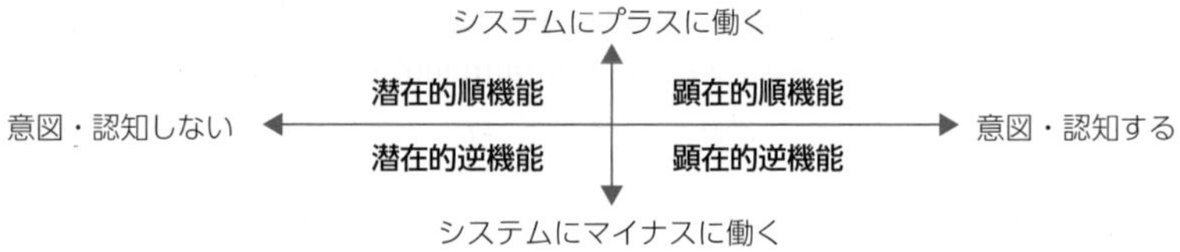

補足

雨乞いの踊りを踊るホピ族というアメリカ先住民の部族社会にとって、「雨が降る」という作用は顕在的順機能に当たります。彼らの期待どおりの作用だからです。また、雨乞いの踊りは「部族の結束の強化」という作用ももたらしており、これは潜在的順機能に当たります。彼らの予定していなかったプラスの作用だからです。

雨が降ることで、これら二つの機能が同時にもたらされます。

(2) 中範囲の理論

あまりに一般的・包括的な理論は現実とかけ離れたものになりがちです。一方、何の枠組みもなく現実を記述するのみではただのルポルタージュであって学問とはいえません。そこでマートンは、日常的な調査に必要な小さな作業仮説を積み上げていくことで、一定の限られた範囲の社会学的データに適用可能な**中範囲の理論**を構築すべきとしました。これは、パーソンズのような誇大理論でも単なるルポルタージュでもない理論で、**理論的抽象度も対象の大きさも中程度**です（＝バランスが取れている）。

確認してみよう

1 マートンは、社会の機能分析において、客観的結果と主観的意向とが一致するものを潜在的機能とし、両者が異なるものを顕在的機能として、両者の概念的区別を明らかにした。都Ⅰ2004

3 (1) 参照 ×

「潜在的機能」と「顕在的機能」が逆です。顕在的機能では、行為者が意図・認知し、それによりシステムにプラス／マイナスの結果が生じるのだから、主観的意向と客観的結果は一致することになります。

2 R.K.マートンは、社会の壮大な抽象理論を目指す傾向を批判して、一般理論と具体的な事例の経験的な研究との橋渡しを行って、双方の発展を促すことを目的とした「中範囲の理論」を提唱した。国般2000

3 (2) 参照 ○

ここでいう「壮大な抽象理論」はパーソンズを想定しています。

3 R.K.マートンは、影響力の大きさにおいてT.パーソンズと双璧をなすアメリカ合衆国の社会学者である。マートンは、社会学が経験的な調査に基づく「中範囲の理論」を志向すべきであると主張した。それは、パーソンズの社会学が一般的な理論の構築を避け、経験的な調査に重点を置くことと呼応している。国般2000

3 (2) 参照 ×

パーソンズの社会学は一般理論の代表例であり、これに修正を加えたのがマートンです。

4 R.K.マートンは、社会における相互行為の分析は複雑性が非常に高く困難であるとして、社会学における研究対象を、主としてミクロレベルとマクロレベルの中間に限定する中範囲の理論を批判し、より抽象度の高い一般理論を構築することが重要であると主張した。国般2012

3 (2) 参照 ×

マートンは、T.パーソンズのように一気に抽象度の高い一般理論を構築することを批判し、中範囲の理論を主張しました。

4 「機能主義パラダイム」以降

1950年代にはパーソンズを中心とした機能主義のパラダイム（理論枠組み）が隆盛を誇りましたが、1960年代以降、パーソンズの枠組みに対して「個人の主体性を軽視している」、「現状維持的・保守的である」との批判が相次ぎ、それ以降、社会学では支配的なパラダイムがないまま、現在に至っています。

(1) シンボリック（象徴的）相互作用論

シンボリック相互作用論は、アメリカの社会学者**H.ブルーマー**（1900～87）が構築したもので、社会を**「共有されたシンボル」によって形成されると考えるもの**です。彼はシンボルの意味解釈における人間の主体性・創造性を強調しました。

例えば言語などの記号がここでの「シンボル」に当たります。メールで相手とコミュニケーションできるのはお互いに文字が読めるからです。このように、人間はシンボルを媒介にして相互作用していますが、かといって意味の受け取り方が100%同じわけでもありません。メールが伝えるメッセージは読む人によって解釈が違うことがあります。

(2) 現象学的社会学

現象学はドイツの哲学者E.フッサール（1859～1938）が提唱した立場です。**A.シュッツ**（1899～1959）はそれを**現象学的社会学**として社会学に応用し、日常生活が繰り広げられる**生活世界**において、人々がどのように他者を理解しリアリティを構成しているのかを考察しました。

(3) エスノメソドロジー

エスノメソドロジーは、アメリカの社会学者**H.ガーフィンケル**（1917～2011）が現象学的社会学の影響を受けつつ創始した社会学の領域です。「ethno（人々の）method（方法の）ology（学）」という名のとおり、人々が普段の生活の中で「自明な領域」を作り維持している過程を、**日常会話の分析**を通じてより詳細に研究しました。

(4) ドラマトゥルギー（演劇論的アプローチ）

ドラマトゥルギーは、**E.ゴフマン**（1922～82）による社会学的観察法です。これは、**人はみな社会という劇場で役割演技する俳優であると捉え、相互行為における自己呈示や印象操作を分析する手法**です。

例えば「**儀礼的無関心**」があります。道端で見知らぬ人とすれ違う状況では、ある程度の距離までは相手を観察することは許されますが、相手が通り過ぎるときには、あたかもライトを下向きにするかのように、お互いに視線を伏せます。すぐ近くにいるときに相手をじろじろ見続けるのは不作法だという文化があるため、儀礼的に無関心を装うのです。

(5) 交換理論

交換理論は、**G.ホマンズ**（1910～89）、**P.ブラウ**（1918～2002）が提唱したアプローチであり、**交換という観点から、経済的現象だけでなく社会的現象までも説明しようとする理論**です。

「合理的な個人の効用最大化」という仮定をミクロ経済学と共有しつつも、交換に伴う社会的・心理的な変化までも扱います。例えば心づくしのホームパーティに招かれた客は、招待主に対して何らかの返礼の義務を負います。これは経済的交換の側面もありますが、**社会的・心理的交換**の側面も持ちます。

(6) ルーマン

N.ルーマン（1927～98）は、『**社会システム理論**』などを著したドイツの社会学者です。

① 複雑性の縮減

ルーマンによれば、世界には、実際に実現するよりもはるかに多くの体験や行為の可能性がありますが、我々はそのすべてを検討してはいません（不可能）。**社会システムは、世界の複雑性に限定をかけ縮減してくれるもの**だとしました。

② オートポイエシス（自己産出）

ルーマンによれば、社会システムは、自己を構成する要素を自ら生み出し姿を変える**オートポイエシス的システム**です。

車のエンジンの構成部分は人間に組み立てられているのであって、エンジン自身は生産・修復能力を持っていません（＝非オートポイエシス的システム）。一方、生物は怪我をしても傷は治るし、会社（＝社会システムの一例）の社員が退職して欠員が出ても募集して補充すればまたもとのように営業できます。さらに現状を維持するだけではなく、環境に適応してシステムを複雑化していきます。

⑺ ハーバマス

J.ハーバマス（1929～　）は、『コミュニケーション的行為の理論』などを著したドイツの哲学者・社会哲学者です。

①　社会的行為論

ハーバマスは、現代社会に失われた**公共性やコミュニケーションを擁護**しました。社会的行為を以下のとおり戦略的行為、コミュニケーション的行為に分類しますが、現代で支配的になりつつある戦略的行為でなく、**コミュニケーション的行為を理想的な行為であるとしました**。

(ア)戦略的行為

他者とのコミュニケーションを**目的達成のための手段**と捉え、対話はなく一方的に威嚇・命令して従わせるものです。例えば会社の上司から部下への命令は、部下との対話ではなく、営業成績を伸ばすなどの目的達成のための手段として行われています。

(イ)コミュニケーション的行為

他者とのコミュニケーションを通じた相互了解を志向し、**一方的な押しつけではなく対話を通じた合意形成を目指すもの**です。例えば親しい友人と会話するときは、他に何か目的があるわけではなく、それ自体が楽しくて会話しているのです（会話そのものが目的）。

②　システムによる生活世界の植民地化

現代では独占資本や多国籍企業などの巨大システムが世界に広がり、システムの論理が生活世界にも入り込んでいます。ハーバマスはこれを**システムによる生活世界の植民地化**と呼んで批判しました。

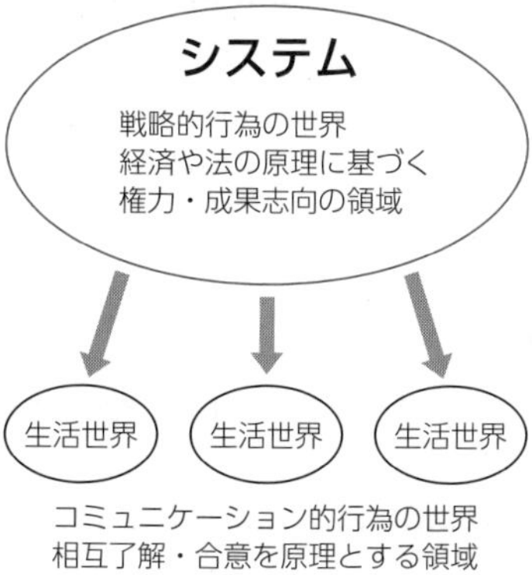

確認してみよう

① H.ブルーマーは、人々は意味に基づいて行為しているが、その意味は相互作用の産物であり、社会とは結局、人々が相互作用しながら意味を解釈していく過程であると論じ、社会を客観的実在としてとらえる見方を批判して、現象学的社会学を提唱した。国般2004

4 (1)、(2) 参照 ×

「現象学的社会学」はA.シュッツ等の立場です。ブルーマーはシンボリック相互作用論を提唱しました。

② A.シュッツは、社会にみられる諸現象に共通した理論を導き出すことが社会学研究の本質であるとし、生活者による日常的な行為の意味よりも、様々な社会におけるマクロな現象に着目することが重要であると主張した。国般2013

4 (2) 参照 ×

シュッツは、社会に見られる諸現象に共通した理論を導き出すことを社会学研究の本質とせず、さまざまな社会におけるマクロな現象より、生活者による日常的な行為の意味に着目することが重要であると主張しました。

③ H.ガーフィンケルは、行為の合理的な側面に着目しつつ、行為が条件への受動的適応ではなく、価値実現を目指す能動的過程であることを強調して、主意主義的行為理論を確立し、この理論を「エスノメソドロジー」と名付けた。国税2006

3 (1)、4 (3) 参照 ×

ガーフィンケルはT.パーソンズの弟子ですが、主意主義的行為理論は、初期パーソンズが採っていた立場です。

④ 社会的交換理論は、人々の相互作用を報酬の交換過程としてとらえる。助言や是認の交換など、返報の義務が特定化されない社会的交換のインバランスから、権力関係が生じるとしたE.ゴフマンの理論は、この一例である。国般2007

4 (4)、(5) 参照 ×

交換理論はG.ホマンズ、P.ブラウらによる理論であり、社会的交換のインバランス（不均衡）から権力関係が生じるとしたのは、ゴフマンではなくブラウです。

⑤ E.ゴフマンのいう「儀礼的無関心」とは、社会的に重要な儀式を遂行する際に存在する様々な利害対立や感情的な葛藤を表面上は無視することで、その儀式の遂行を達成することを優先し、社会秩序の安定化を図る態度のことを指す。国般2010

4 (4) 参照 ×

ゴフマンのいう「儀礼的無関心」とは、他者との対面的な相互行為を継続・安定させるために、相手が自己プレゼンテーションに破綻を来した場合でもあえて気づかない振りをする（無関心を装う）ことです。

⑥ ルーマンは、世界の「複雑性の縮減」を社会体系論の基本概念とし、「複雑性の縮減」は、体験や行為の無数の可能性を秩序化し、意思決定により一定のものを選ぶと同時に他のものを排除するという行為によって行われるとした。区Ⅰ2004

4 (6) 参照 ○

「複雑性の縮減」は、我々が日常生活を送る中で普通に行っていることです。

7 J.ハーバーマスは、道具的な理性の発達によって人々の暮らしの論理が侵食されることを「システムによる生活世界の植民地化」と呼び、これに対して対話を通じて他者を理解するコミュニケーション的な行為の重要性を説いた。国般2011

4 (7) 参照 ○

コミュニケーション的作為は生活世界で行われるものとされています。

過去問にチャレンジ

問題1 ★　**パーソンズの社会体系論に関する記述として、妥当なのはどれか。**

区Ⅰ2010

❶ パーソンズは、「社会的行為の構造」において、主意主義的行為理論を代表するマーシャル、パレート、デュルケム、ウェーバーの学説を批判的に検討することにより、象徴的相互作用論を確立した。

❷ パーソンズは、全体社会に関する一般理論の構成を時期尚早とみなして反対し、これに到達する中間段階において、調査と理論を結ぶ中範囲の理論を構成するのが最も理想的であると主張した。

❸ パーソンズは、集団が、活動、感情、相互作用の三つの要素から構成されると考え、これらの相互依存関係から成る社会システムとして、独自の理論図式を展開した。

❹ パーソンズは、人間は言語を中心とするシンボルを扱う唯一の動物であるとし、シンボルに媒介される人間の相互作用に焦点を置き、解釈に基づく人間の主体的あり方を明らかにしようとした。

❺ パーソンズは、行為システムが直面する問題を四つの体系に区分して、適応、目標達成、統合、潜在的なパターンの維持及び緊張の処理を機能要件として示し、AGIL図式を定式化した。

【解答・解説】

正解 ❺

問題文で「パーソンズの社会体系論」と限定されているため、内容に立ち入らなくてもキーワードだけで正誤は判別可能です。

❶ ×　主意主義的行為理論は、T.パーソンズが提唱した立場です。彼は『社会的行為の構造』で、ヨーロッパ思想を、英米型の実証主義的潮流とドイツ型の理想主義的潮流に大別したうえで、A.マーシャル、V.パレート、É.デュルケムを実証主義から出発しつつ理想主義へ踏み出した社会理論家として、M.ウェーバーを理想主義から出発しつつ実証主義と架橋しようとした社会理論家として位置づけ、彼らを批判的に検討する中で主意主義的行為理論を提唱しました。象徴的（シンボリック）相互作用論を確立したのは、H.ブルーマーです。

❷ ×　これはパーソンズの弟子のR.K.マートンに関する記述です。

❸ ×　これはG.ホマンズに関する記述です。彼は小集団研究の過程でこの理論図式を示しました。「社会システム」と書いてあるのが紛らわしいかもしれませんが、「活動、感情、相互作用」という分け方を見れば、さしあたりパーソンズでないことは判別できるはずです。

❹ ×　これは、象徴的相互作用論などの意味学派の社会理論に関する記述です。

❺ ○　さらに彼は行為システムだけでなく、システム一般をAGIL図式で分析しました。

問題2 ★★ **パーソンズの社会体系の理論に関する記述として、妥当なのはどれか。**

区Ⅰ2014

❶ パーソンズは、社会は、社会成員の没個性的な類似による結合である機械的連帯から、社会成員の個性的な差異を基礎とした分業の発達によって生ずる結合である有機的連帯へと進化するとした。

❷ パーソンズは、AGIL図式により、社会システムが維持・存続するためには、適応、目標達成、統合、潜在的パターンの維持及び緊張の処理という４つの機能要件が満たされなければならないとした。

❸ パーソンズは、サイバネティクスの原理を行為システムに適用し、最も情報量が多いパーソナリティ・システムが他のシステムを条件付け、最もエネルギーが高い文化システムが他のシステムを制御するとした。

❹ パーソンズは、経験的調査と一般的な理論との有効な結合として中範囲の理論を提唱し、全体社会システムの諸部分を構成する個々の社会現象を分析すべきであるとした。

❺ パーソンズは、社会体系の参与者によって意図され認知された結果である顕在的機能と、これに対して、意図されず認知されない結果である潜在的機能との区別を明らかにした。

【解答・解説】

正解 ❷

パーソンズの代表的なキーワード（「行為のシステム論」、「AGIL 図式」等を念頭に置いて選択肢を見ていけば、判別できるはずです。❸はかなり発展的な内容ですが、❷の内容が明らかに正解なので、一本釣りできるでしょう。

❶ ×　これは、É.デュルケムの社会変動論に関する記述です。

❷ ○　「AGIL 図式」というキーワードだけでなく、A＝適応、G＝目標達成、I＝統合、L＝潜在性という訳語についても覚えておきましょう。

❸ ×　パーソンズは、最も**エネルギー**が高い**行動有機体**が他のシステムを条件づけ、最も**情報量**が多い文化システムが他のシステムを制御するとしました。

❹ ×　これは、R.K.マートンの中範囲の理論に関する記述です。

❺ ×　これもマートンに関する記述です。

問題3 **パーソンズの理論に関する記述として、妥当なのはどれか。**

★★★

都Ⅰ 2002

❶ 彼は、行為理論の歴史を整理し、M.ウェーバーの行為理論を継承して主意主義的行為論を展開し、現象学的社会学の基礎を築いた。

❷ 彼は、行為をシステムと考え、行為はパーソナリティ・システム、社会システム、文化システムのサブシステムで構成され、パーソナリティ・システムが他のシステムを規定する下部構造の機能を果たすとした。

❸ 彼は、適応、目標達成、統合、潜在性の４機能要件からなるAGIL図式を定式化し、このAGIL図式によりあらゆるシステムを分析することができるとした。

❹ 彼は、AGIL図式の提唱後、これを個別主義－普遍主義、所属本位－業績本位など５つの選択肢からなるパターン変数へと転換させ、理論を精緻（ち）化した。

❺ 彼は、構造－機能主義理論を確立したが、彼の理論は、社会システムの変動や動的過程には及ばず、静的な分析にとどまった。

【解答・解説】

正解 ❸

かなり立ち入った内容まで採り上げており、難易度は高いです。特に❹と❺は細かく、まともに検討し始めると混乱するかもしれません。不安に思うかもしれませんが、正解肢の❸は通常の学習範囲で扱っている内容ですし、文章も短く一見して間違いが見当たらないと判断できますから、解答を出すだけなら困難はありません。

❶ ×　「現象学的社会学」という箇所ですぐに外せます。また問題1❶の解説で示したように、T.パーソンズは**特定の誰かの理論だけを継承したのではありません。**

❷ ×　まず、「下部構造」はK.マルクスの用語ですからミスマッチです。また文化システムは、社会システムには制度化、パーソナリティ・システムには内面化という形で影響を及ぼしますが、その逆は明確にはありません。したがって、「文化システムが他のシステムを規定する下部構造の機能を果たす」ならパーソンズの主張に近いですが、パーソナリティ・システムはそのような立場にないので、この肢は妥当とはいえません。

❸ ○　パーソンズは、AGIL図式により、時代・場所・種類を問わず、あらゆるシステムを分析できるとしています。

❹ ×　時代の前後関係が逆です。パーソンズは『行為の一般理論をめざして』(1951) で**パターン変数を提唱した後**、『経済と社会』(1956) で**AGIL図式を定式化しました。**

補足

ここでパターン変数とは社会的行為を分析するための二分法であり、①感情性－感情中立性、②自己志向－集合体志向、③普遍主義－個別主義、④所属本位－業績本位、⑤限定性－無限定性、の5組あります。そしてこれらを組み合わせることにより、行為者の欲求性向および社会的評価基準は$2^5 = 32$通りに分類できることとなります。とはいえ、試験対策としてはパターン変数の内容について覚える必要はありません。主意主義的行為理論→行為のシステム理論・パターン変数→AGIL図式、という時代的な前後関係だけ把握しておきましょう。

❺ ✕　パーソンズは『社会体系論』（1951）の段階では、「社会システムの変動の諸過程についての一般理論というものは、現在の知識の状態では不可能である」としていますが、**後期になって進化論的な社会変動論を提唱するに至りました**。ただし、これも細かい知識で、試験対策としては詳しく覚える必要はありません。50年以上も学者生活を続けていれば、時期によって主張内容が変化するのは当然であり、そのすべてを追いかけるのは効率が悪すぎます。

ヒント

知識系の科目では、選択肢の内容すべてを覚えようとすると時間がいくらあっても足りなくなります。試験に対応するために必要な知識だけに集中しましょう。ただし、特別区Ⅰ類の志望者は、同様の問題が再び出題される可能性がありますので、ポイントを確認しておきましょう。

MEMO

問題4 **シュッツの社会学に関する記述として、妥当なのはどれか。**

★

都Ⅰ2005

❶ 現象学を応用して独自の価値倫理学を展開し、コントの三段階説における神学的、形而上的及び実証的知識は同時に共存するものと考え、それぞれの知識と社会基盤との関係を研究するものとして、知識社会学を体系化した。

❷ 「社会的世界の意味構成」において、M.ウェーバーの理解社会学をフッサール現象学で基礎付けることにより現象学的社会学を展開し、人々の社会的行為において自明の背景とされる生活世界の構造を解明しようとした。

❸ 「社会体系論」において、社会を行為システムとしてとらえ、その構成要素はパーソナリティシステム、社会システム及び文化システムという下位システムであるとした。

❹ 言葉を中心としたシンボルを媒介とする人間の社会的相互作用に焦点をおき、この相互作用における内的な解釈の過程に注目して、人間の積極的、主体的あり方を解明しようとした。

❺ 従来の社会学は、社会学的なカテゴリーを人々に押しつけていると批判し、人々が日常生活を構成していく方法を探求することにより、常識的なメカニズムを解明しようとするエスノメソドロジーを創始した。

【解答・解説】

正解❷

かなり細かい内容が採り上げられている選択肢もありますが、問題文で「シュッツの社会学」と限定されているため、解くのは容易です。通常の公務員試験の出題範囲ではA.シュッツはキーワードの多い人物ではなく、さしあたり「現象学的社会学」、「生活世界」あたりを念頭において各肢を見ていくと、該当するのは❷だけなので即決できます。

❶ ×　これはM.シェーラーに関する記述です。シェーラーは現象学の影響を受けつつ、著書『知識形態と社会』では「知識社会学」の名づけ親となりました。ただし、公務員試験ではマイナーな人物で、この肢の内容について細かく覚える必要はありません。

❷ ○　シュッツの現象学的社会学は、M.ウェーバーの理解社会学とE.フッサールの現象学の影響を受けて成立したもので、自明視された日常生活世界が成立する構造を研究しました。

❸ ×　これはT.パーソンズに関する記述です。「パーソナリティシステム」、「社会システム」、「文化システム」というキーワードからすぐにわかります。

❹ ×　「シンボル」、「相互作用」という箇所から、シンボリック相互作用論のH.ブルーマーに関する記述だとすぐに気づくでしょう。シンボリック相互作用論はG.H.ミードの理論を源流としており、H.ブルーマーによって提唱されました。なお、G.H.ミードについては、第2章第2節を参照してください。

❺ ×　これはH.ガーフィンケルに関する記述です。「エスノメソドロジー」というキーワードからすぐにわかります。

問題5 社会構造に関する記述として、妥当なのはどれか。

★★

都Ⅰ 2006

❶ コントは、秩序を対象とする社会静学を否定し、進歩を対象とする社会動学に基づき、社会構造を有機体になぞらえて、分業や協業の発展段階を示した。

❷ マルクスは、社会構成体とは、生産関係を基盤とする構造とは異なり、法律、政治制度及び意識形態をさすとした。

❸ デュルケームは、環節型社会は有機的連帯に基づいていたが、近代社会は機械的連帯に基づいているため、家族の果たす役割が重要であるとした。

❹ パーソンズは、複数の行為者の相互行為を体系化して、自由主義に基づき行為理論を展開し、行為のシステムの上位システムが、社会システムであるとした。

❺ レヴィ＝ストロースは、社会構造とは、経験的実在に直接関わるものでなく、経験的実在に基づき構築されたモデルであるとした。

【解答・解説】

正解 ❺

❺はかなり細かい内容であり、これを積極的に選ぶのは難しいですが、他の四つの間違いが発見できるため、消去法で答えを導き出すことはできます。

❶ ×　「社会静学を否定し」が誤りです。A.コントは「秩序と進歩の調和」を目指し、社会静学・社会動学両方を論じました。

❷ ×　「生産関係を基盤とする構造とは異なり」が誤りです。K.マルクスのいう「**社会構成体**」**とは**、生産関係を基盤とする**下部構造**（**土台**）**と**法律・政治制度・意識形態（＝**上部構造**）**を合わせた全体のこと**です。

❸ ×　「有機的連帯」と「機械的連帯」が逆です。またÉ.デュルケム（デュルケーム）は、「家族」ではなく「**職業集団**」の果たす役割に期待をかけました。

❹ ×　「行為のシステムの上位システムが、社会システムである」が明らかに誤りで、逆の関係です。パーソンズは、上位システムとしての行為システムは、文化システム、パーソナリティ・システム、社会システムという三つの下位システムによって構成されるとしました。

❺ ○　フランスの文化人類学者**C.レヴィ＝ストロース**（1908～2009）は、『構造人類学』（1958）の中で、社会構造をこのように定式化しています。彼は**構造主義**を体系化して社会構造を分析しましたが、ここでいう「構造」とは、パーソンズのいう構造（＝役割と制度の体系）とは違って、社会に実際に存在しているものではなく、研究者が分析のために構築したモデルです。とはいえこれは、公務員試験対策としてはかなり細かい内容です。

問題6 ★ **相互行為及びそれに関する用語等についての記述として最も妥当なのはどれか。**

国般2014

❶ 象徴的（シンボリック）相互作用論とは、H.G.ブルーマーらによって提唱されたものであり、社会を、言葉などのシンボルを媒介とする人間の相互作用過程として見るものである。

❷ ドラマトゥルギーとは、E.ゴフマンが用いた用語で、社会生活において自己を装うことに反発を感じた人々が、本当の自分を示して人間関係の回復を図ろうとする営みのことである。

❸ 会話分析とは、H.サックスらが行ったもので、会話が行われる時間と場所に着目して量的な分析を行い、会話の文脈に依存しない客観的な行為の構造を明らかにするものである。

❹ 生活世界とは、A.シュッツらが用いた用語で、グローバリゼーションの進展により世界全体が一つの生活空間となり、個々の人間関係もそれに応じて変化したことを説明する概念である。

❺ 交換理論とは、G.C.ホマンズらによって展開されたものであり、異なる社会相互の接触により、モノや文化の交換が行われ、それが国際的な関係を活性化するというものである。

【解答・解説】

正解 ❶

正解肢が一読して問題ないため、一本釣りで選べるでしょう。

❶ ○　公務員試験対策としては、H.ブルーマーについてはこの文章に書かれている内容を覚えておけば十分です。

❷ ×　E.ゴフマンは、人はみな社会という劇場で役割演技する俳優だとたとえて、ドラマトゥルギー（演劇論的アプローチ）という観点から社会を分析しました。

❸ ×　会話分析とは、会話のインデックス性（文脈状況依存性）に注目し、会話による相互行為を質的に分析するものです。

❹ ×　（日常）生活世界とは、日常生活の中で**直接経験される、個人を取り巻く世界**のことです。これは、現象学を提唱したE.フッサールが晩年に論じた概念で、現象学的社会学を提唱したA.シュッツもそれを継承し、J.ハーバマスも「生活世界の植民地化」を論じています。

❺ ×　G.ホマンズらが展開した交換理論が主に論じているのは、個人と個人のミクロレベルの交換であって、異なる社会相互の交換ではありません。

問題7 ★★ **社会システムに関する理論についての次の記述のうち、妥当なのはどれか。**

国般2016

❶ 社会進化論の立場から社会有機体説を唱え、19世紀の米国で活躍したH.スペンサーは、「単純社会から複合社会へ」、「産業型社会から軍事型社会へ」というように社会変動を捉え、世界大戦の発生を予見した。

❷ É.デュルケムは、『自殺論』を著した後、『社会分業論』を発表し、社会進化の過程を通じて社会分業が発生すると主張した。そして彼は、社会的連帯が、社会分業の発生によって、選択意志によるものから本質意志によるものへと変化していくことになるとした。

❸ 構造=機能主義を代表する社会学者T.パーソンズは、システムが均衡し存続するために充足しなければならない要件として、A（適応）、G（目標達成）、I（統合）、L（潜在的パターンの維持）の四つを挙げ、システムを分析するための概念用具としてAGIL図式を示した。

❹ R.K.マートンは、社会の存続に対して望ましい結果をもたらす機能を顕在的機能に、逆に社会の存続に対して望ましくない結果をもたらす機能を潜在的機能に区別した。その上で彼は、機能主義の問題点を指摘し、構造=機能主義を否定した。

❺ N.ルーマンは、複雑性の増大を基本概念とした社会システム論を考え、システムは環境よりも常に複雑でなければならないとした。また彼は、法の構造化によって複雑性が増大するが、そのことで人々の選択が制限され、社会秩序が実現すると主張した。

【解答・解説】

正解 ❸

正解肢が定番の内容なので、一本釣りで選べるでしょう。

❶ ✕　H.スペンサーは、「**軍事型**社会から**産業型**社会へ」というように社会変動を捉えました。また、スペンサーの議論は19世紀のアメリカで熱狂的に支持されましたが、彼自身は主に母国イギリスで活動していました。

❷ ✕　「選択意志」、「本質意志」は、F.テンニースの概念です。ただし、変化の方向が逆で、テンニースは、本質意志による結合（ゲマインシャフト）から選択意志による結合(ゲゼルシャフト)への変化を主張しました。また、É.デュルケムの著作の順番も逆で、1893年に『社会分業論』を著した後、1897年に『自殺論』を発表しました。

❸ ○　T.パーソンズに関する定番のキーワードが並んでいて、特に間違いも見当たりません。

❹ ✕　R.K.マートンは、社会の存続に対して望ましい結果をもたらす機能を「順機能」、逆に社会の存続に対して望ましくない結果をもたらす機能を「逆機能」として区別しました。また、彼は機能概念を批判的に検討してはいるものの、構造=機能主義を否定していません。

❺ ✕　N.ルーマンは、複雑性の「**縮減**」を基本概念とした社会システム論を考え、システム内部は環境よりも複雑性が低いとしました。また彼は、法の構造化によって複雑性が「**縮減**」され、そのことで人々の選択が制限され、社会秩序が実現すると主張しました。

第2章

社会学理論

社会学原論
パーソナリティ論と社会的性格論
文化論
イデオロギー論
逸脱行動論

1 社会学原論

学習のポイント

・ウェーバーとデュルケムの方法論（方法論的個人主義と方法論的集合主義）の違いについては、受験先を問わず理解しておきたいポイントです。
・また、ウェーバーの社会的行為の４類型と倫理の２類型、ジンメルの形式社会学も重要です。
・それ以外は発展的な内容なので、優先順位は下がります。

1 社会学の基礎概念

(1) 社会的行為

行為（action）とは、**当事者がその行いに主観的な意味や動機を結びつけている人間行動**のことを指します。一方、**主観的な意味が結びついていない反射的な振る舞い**は**行動**（behavior）と呼ばれます。

例えば「咳払い」は、喉に詰まったものを取り除くための反射運動である限りは「行動」ですが、「私はここにいますよ」というメッセージを伝えるためにあえて喉を鳴らすときには「行為」となります。また**社会的行為**（social action）とは、**他者の行為を顧慮し、これに方向づけられている行為**のことです。この条件が満たされていない行為は社会的行為ではありません。

- 身体の振る舞い
  - 動機あり ➡ 行為（action）
    - 他者に方向づけられている ➡ 社会的行為（social action）
    - 他者に方向づけられていない ➡ （社会的でない）行為
  - 動機や意味がない ➡ 行動（behavior）

(2) 役　割

役割とは、**ある地位にふさわしいように期待され学習される行動様式**のことです。そして**個人の行動様式を規定する社会規範の束（権利と義務の体系）**が**役割体系**です。役割は、❶個人の行為を方向づける、❷社会の構造を形作る一要素となっている、という２側面を持っており、行為者と社会構造を結びつけています。

役割期待	・関係性の中で割り当てられたある**役割に寄せられる期待**のこと ・親の役割、教師の役割、上司の役割など
役割距離	**・与えられた役割に埋没することなく、距離をとりつつ行為を遂行すること** ・**E.ゴフマン**の概念で、役割期待の遂行だけにとどまらない行為者の主体性に注目する ・例えば、真面目一辺倒な（役割期待を応えることに専心している）裁判官はありきたりだが、くだけた一面も持っている（役割距離をとっている）ことを知ると、急に相手が個性的に感じられるようになる
役割葛藤	・**一個人が担っている複数の役割間の葛藤**のこと ・例としては、家庭での主婦役割と職場での職業人役割との二者択一を迫られがちな既婚女性労働者が挙げられる

確認してみよう

① 社会学の主要な研究対象に当たる行為は、行動の一つの形態であるといわれる。一般に行動とは、人間や動物の活動全般を指す。これに対して、行為とはシンボルによって社会的に意味付けられた行動をいう。その意味では、政治行動は、このような行為の範疇には含まれない。国般2001

1 (1) 参照 ×

学者によって定義はさまざまですが、一般に行為と行動は区別されますので、行為は行動の一形態とはいえません。また、一般に「政治行動」とされるものは組織化され社会的に意味づけれられており、突発的な暴動ですら当事者による意味づけがなされていることが多いため、本来は「政治的行為」と呼ぶほうが正確といえます。

② 与党と野党、労働代表と経営代表のように、対立が期待され制度化されている役割関係のことを役割葛藤という。国般2005

1 (2) 参照 ×

役割葛藤とは、複数の個人の間の関係ではなく、一個人が担っている複数の役割間の葛藤を指します。

③ 役割距離とは、個人が期待される役割との間に距離をとることである。これは、個人の役割遂行能力が十分にある場合には生じない。国般2005

1 (2) 参照 ×

「役割距離」は、期待される役割を遂行する能力がないから距離が生じるという消極的な意味ではなく、役割に全人格を預けずに距離をとることで自分の個性を演出するという積極的な意味で使われるものです。

④ 組織内の様々なポジションのうち、部下に命令する権限を有するものを地位、そのような権限を持たないものを役割という。国般2005

1 (2) 参照 ×

地位と役割は権限の有無で区別されるのではありません。地位とは各行為者の立場を空間上の座標にたとえて位置関係として示したものであり、役割とはその地位にふさわしい形で期待され学習される行動様式です。

2 社会学の方法論

A.コントやH.スペンサー等の第1世代の社会学者は、社会現象全体の綜合的・包括的認識を志向したことから、綜合社会学・百科全書的社会学などと呼ばれます。それに対して、M.ウェーバー、É.デュルケム、G.ジンメル等の第2世代の社会学者はみな綜合社会学を批判して、個別科学・専門科学としての社会学を確立すべく、社会を社会たらしめている、社会学固有の研究対象を探究しました。

このうちウェーバーは、実在するのは個々人だけで社会・集団は名目的にそう呼ばれているだけだと捉える社会名目論（方法論的個人主義）の立場を採り、個々人の行為・信念を研究対象としました。またデュルケムは、社会は個々人を超越したものとして存在すると捉える社会実在論（方法論的集合主義）の立場を採り、規範・制度等の「社会的事実」を研究対象としました。それに対してジンメルは、個人現象でも集合現象でもなく、個人間にある心的相互作用に注目する第3の立場を採りました。

以下では、彼らの学問の研究方法と、その他の論点について触れていきます。

(1) ウェーバー

① 方法論的個人主義

方法論的個人主義はM.ウェーバーによって主張されました。**実在するのは一人ひとりの人間だけで、社会・集団はあとからつけられた名前にすぎない**とする考え方（＝**社会名目論**）です。

この立場によれば、**社会を作るのは個々人の意図や行為**となります。

② 理解社会学

ウェーバーは、人々の社会的行為の**主観的意味（動機）を解釈し理解することにより、その過程および結果**（集合的な社会現象を含む）**の因果的な説明を目指しました**。このような考え方を**理解社会学**といいます。

③ 社会的行為の４類型

ウェーバーは、社会的行為を次の４種類に類型化しました。

伝統的行為	・伝統や習慣に従ってなされる非合理的行為
感情的行為	・一時的な感情に従った非合理的行為
価値合理的行為	・**結果を顧慮することなく自分が信奉する価値に従ってなされる行為**（行為固有の価値・動機を顧慮） ・宗教的行為などがこれに当たる
目的合理的行為	・**目的と手段の因果関係を考量して、目的達成に最適な手段を選んでなされる行為**（結果を顧慮） ・日常的な場面で「合理的」といわれるのはこちらである

④ 倫理の２類型

ウェーバーは「倫理」を彼の社会学の基礎概念として位置づけ、以下の２種類に類型化して示しました。また、**政治家は責任倫理に従うべきだと考えました。**

心情（信条）倫理	・行為の動機となる**純粋な心情**（信条）を第一の基準とする倫理 ・行為の４類型における**価値合理的行為**に対応する ・例えば宗教家が世界平和のために（心情倫理に基づくもの）祈りを捧げても、すぐに戦争がなくなるわけではなく（目的合理的ではない）、価値合理的行為といえる
責任倫理	・行為がもたらす**現実的な結果に対する責任**を第一の基準とする倫理 ・行為の４類型における**目的合理的行為**に対応する ・目的のためには手段を選ばないマキャヴェリズム（国家統一という目的のためには冷酷な手段を用いてもかまわないという考え）は責任倫理による

⑤ 理念型

現実の社会現象を理解するために、その**特徴的な一面を研究者の問題関心に即し**

て取り出し作り上げたモデルを**理念型**といいます。例えばウェーバーが用いる社会的行為や支配の類型はみな理念型であり（実際の行為や支配は入り混じっている）、各類型の純粋な対応物は現実には存在しません。

⑥　価値自由

研究を行うに当たっては、研究主体の価値判断がどうしても入り込んでしまいます。すべての認識には本質的に価値判断が伴うものですが、そこで**自分の価値判断の偏りを自覚し、どれかの価値判断に無自覚に埋没することは避けようとする考え方**を**価値自由**といいます。これは、事実判断（～である）と価値判断（～すべき）を完全に区別したうえで、前者から後者を導き出すことはできないとする前提に基づいています。

自分の価値判断に無自覚であると、その価値判断を対象化できずに囚われてしまい、そこから自由になれません。これは「価値中立」とは異なり、自分の価値判断に自覚的であろうとする姿勢です。また、**研究（科学）が対象とすべき領野は「事実に関すること」に限定すべき**であり、**規範的な発言は科学の任務ではない**としました。

⑵　デュルケム

①　方法論的集合（集団）主義

方法論的集合主義は、**É.デュルケム**によって主張されました。これは社会現象の分析において**集合的な部分に注目する方法論**で、**社会は個人個人を超越したものとして存在している**とするものです（＝**社会実在論**）。

②　社会学主義

社会学主義はデュルケムの主張で、個人心理的要因による説明を退け、**社会的要因による説明を重視する**ものです。

③　社会的事実

デュルケムにとっての研究対象の総称が**社会的事実**です。**人間に対して「外在的かつ拘束的」に働く社会現象**を指します。社会現象は、人間が作り出したものでありながら､外側から個人を縛りつけ､逆らえない「事実」となります（変更は困難）。例えば景気変動、少子高齢化の趨勢などが挙げられます。

社会科学と自然科学の方法論を区別したウェーバーに対して、デュルケムは同じやり方で両者を扱えるとして、そう簡単に変更できない社会的事実は、あたかも客観的な事物のように対象化して研究できると考えました。

④ 集合表象（社会的事実の一例）

法・道徳・宗教・制度など、**個人意識に根拠を持ちながらも個人に対して外在的かつ拘束的なもの**を**集合表象**といいます。

例えば、聖なるものに対する意識は個人の心の中に存在します。そのため、強い信仰心を持つ者にとっては神聖なご神体であるものが、他の人には単なる石や木にしか見えない場合があります。とはいえ、社会の大多数の者がそれを信仰しているときに「ただの石ころじゃないか」などと発言したら周囲からは強烈な非難を浴びる、つまり、逆らうことのできない外在的かつ拘束的な力となるのです。

⑶ ジンメル

G.ジンメル（1858～1918）は、『社会分化論』、『貨幣の哲学』、『社会学』などを著したドイツの哲学者・社会学者です。彼は、形式社会学の視点から、**個人どうしの相互関係に着目したミクロ的な分析**を行っています。

① 方法論的関係主義

方法論的関係主義は、**ジンメル**によって主張されました。これは、**「個人」も「社会」も実在せず、不断の相互作用（関係）のみが存在している**とする立場です。

② 形式社会学

形式社会学とは、**人々の相互作用の目的・意欲・関心（＝内容）よりもやり方（＝形式）に着目するアプローチ**であり、社会学が対象とする領域を**「形式」に限定**します。

例えば野球とサッカーでは、選手どうしの相互作用の内容は違うが競争関係という形式は共通しています。形式社会学の立場であれば、野球とサッカーに共通する「競争関係」という形式を対象として検証を行います。

③ 社会圏の交錯と個性の発達

多くの集団に所属することで個人には広い活動領域が与えられることになり、**個性はより高度に発達します**。そして特定の集団に縛られることが少なくなり、**個人の自由は拡大します**。これは社会の分化が進行した近代社会において特徴的な現象です。

④　外集団への敵対と内集団の親和

外部の社会や集団と対立関係にある集団内部では、成員どうしの連帯が高まるという主張です。戦争が始まると国家指導者の支持率が急上昇する例がこれに当たります。この考えは、闘争に積極的な意義を見いだす**闘争理論の先駆け**となりました。

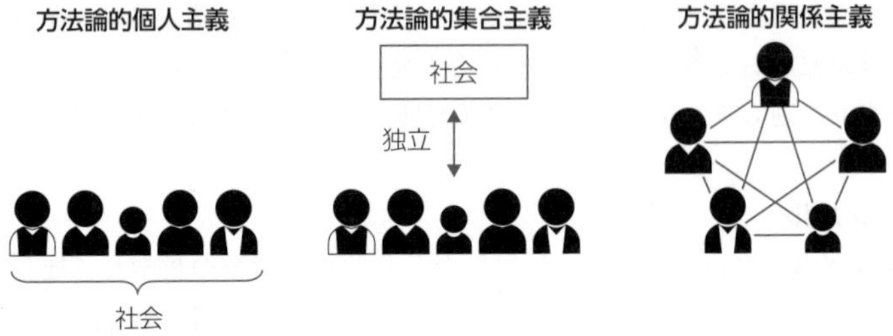

確認してみよう

1　方法論的個人主義とは、自立的・合理的な個人として冷静な判断を下すことを重視する欧米的な個人主義の姿勢が大切であるとして、日本的な関係主義や集団主義を批判する比較社会学の一潮流である。国般2013

2 (1) 参照　×

「方法論的個人主義」とは、社会現象を理解するための方法として個人の動機や行為に注目する立場であり、一般的な意味での個人主義とは別物です。

2　行動が客観的に観察されるものであるのに対して、行為は主観的に理解されるものであるといわれる。M.ウェーバーは目的と手段との関係を中心に、行為の意味を理解することを社会学の中心的な課題として提示した。そのために、彼は、感情や習慣に基づく人間の活動を社会的行為の類型から排除した。国般2001

2 (1) 参照　×

ウェーバーの社会的行為の類型は、感情的行為や伝統的（習慣的）行為も含んでいます。

3　M.ウェーバーは、社会学の研究対象は社会的行為であり、社会的行為は行為者の意欲に基づくものであるから、その帰結を因果的に説明することは

不可能であると考えた。よって、行為の意味を理解することだけが社会学の課題であると主張した。国般2005

2 (1) 参照 ×

ウェーバーは理解社会学を提唱し、社会学を「社会的行為を解明しつつ理解し、これによってその経過とその結果とを因果的に説明しようとする一つの科学」と定義しています。

---

4 M.ウェーバーは、支配をその源泉となる権力の正当性の観点から類型化しており、それぞれの支配形態は、現実の社会において純粋に独立した形で存在する。都Ⅱ2003

2 (1) 参照 ×

ウェーバーが示したさまざまな類型は、純粋に独立した形では存在しません。支配の３類型は理念型であり、現実社会では混合した形で存在しています。例えばアメリカの大統領は、カリスマ的支配の要素も合法的支配の要素も持っています。

---

5 価値自由とは、相互に対立する諸々の価値が乱立している今日的な状況において、自らの価値を自由に表明できるのは近代化の証であるとし、諸々の価値の無制限な表出を肯定するために考案された概念である。国般2013

2 (1) 参照 ×

ウェーバーは、科学が導き出しうることは事実に関する発言のみであり、規範的な価値の発言は科学の任務ではないとしています。

---

6 E.デュルケームは、M.ウェーバーと共に現代社会学の基礎を築いた人物である。彼は、社会学の固有の対象を個人的事実に置く。社会的事実は個人的事実に還元できるというのが彼の立場である。彼が社会の無規制状態（アノミー）の原因を個人の道徳的頽廃に求めるのは、その一例である。国般2000

2 (2) 参照 ×

デュルケム（デュルケーム）は方法論的集合主義の立場であり、社会学の固有の対象を社会的事実におき、社会的事実は個人の心理には還元できないとしました。そして、社会の無規制状態を社会的要因から説明しました。最後の文は因果関係が逆であり、個人の道徳的退廃の原因を社会の無規制状態に求めました。

⑦　É.デュルケムは、個人を超えた集合的な社会の存在を前提とした。そして、人それぞれの意識に外部から拘束を及ぼす行為や思考などの様式を「社会的事実」と呼び、「社会的事実」こそが社会学の研究対象であると主張した。国般2013

2 (2) 参照　○

彼は、社会的分業や自殺などの社会的事実を研究しています。

⑧　E.デュルケームは、客観的に存在する「社会的事実」をあたかも物のように観察し考察することが社会学の役割とする立場を批判し、宗教的な集合意識や自殺現象などの主観的側面を重視した研究を行った。国般2008

2 (2) 参照　×

前段は批判対象ではなく、デュルケム（デュルケーム）自身が主張した立場です。また、宗教的な集合意識や自殺現象について、デュルケムは客観的に存在する「社会的事実」と捉えて研究しました。

⑨　G.ジンメルは、複雑化した社会においては、社会学と他の社会諸科学の統合が必要であると考えた。そのために、様々な社会構造の内容を大きく捉えて分析することが必要であるとして、これを研究する学問としての「総合社会学」の重要性を説いた。国般2013

2 (3) 参照　×

ジンメルは、コントやスペンサーなどの綜合社会学（総合社会学）を批判し、対象を社会化の形式に限定した形式社会学を提唱しました。

⑩　G.ジンメルは、社会を、個人間の相互作用を生み出す衝動、関心、本能などの「内容」と、形式的な行動様式である上位と下位、競争、模倣、分業などの「社会化の諸形式」から成り立つものであると考え、これらの両方を研究対象とする総合社会学を提唱した。国般2010

2 (3) 参照　×

ジンメルは、研究対象を社会化の諸形式に限定する「形式社会学」の提唱者です。

3 その他の行為理論

(1) 構造の二重性

イギリスの社会学者**A.ギデンズ**（1938～　）によれば、「**構造**」とは、**社会システムを再生産するために個人が依拠する規則と資源**です。相互行為を構成する行為者である個人は、規則と資源を活用して行為を行います。例えば会話という行為ができるのは、自分と相手との間に文法という規則や、社会集団内で蓄積されてきた語彙という資源が共有されているからです。

ギデンズは、構造を**人間の行為を制約するとともに可能にする条件**とみなしました。つまり文法や語彙は、それを完全に無視して会話することはできないという点で制約条件となる一方、会話を可能にするための条件ともなります。また、行為者は文法や語彙を用いることによって会話という行為を成立させる一方で、会話が行われることによって文法や語彙は再生産されていきます（使用されない文法や語彙は時代とともに消えていく）。ただし、行為者は構造に関して十分な知識を持ち合わせているわけではありません（文法を完全に把握していなくても会話は可能）。

ギデンズは、行為と構造とのこのような関連を「**構造の二重性**」と呼びました。

(2) ダブル・コンティンジェンシー（二重の条件依存性・二重の不確定性）

社会的行為では、**自己の行為は他者の行為に依存しますが、それは相手にとっても同じ**です。例えば見知らぬ人と会話しようと思うとき、こちらがいくらうまく話しても相手が受け止めてくれなければ独りよがりで終わり、逆にいくら相手が聞き上手でもこちらが意味不明のことを話したら会話は成り立ちません。会話がうまく持続できるかどうかは両者の出方に依存しており不確実性を伴います。

T.パーソンズはこれを**ダブル・コンティンジェンシー**と呼び、**学習・経験により両者に規範が共有されることでこの問題が解決される**と考えました（＝行為者どうしの規範の共有により社会秩序は成立し維持される）。一方、**N.ルーマン**はこの解決策は採らず、不確実性が残る状況でも相互行為を可能にさせるメカニズムを考察し、社会システムの理論を構築しました。

(3) ダブル・バインド

ダブル・バインド（double bind）は**G.ベイトソン**（1904～80）の概念です。彼はメッセージを通常のメッセージとメタ・メッセージとに分け、異なる水準で同時にコミュニケーションが行われる事態について分析しました。

例えば、圧倒的な強者が弱者に向かって、「いちいち自分の命令に従っていないで自発的に行動しろ」と言った場合、字義どおりには「自発的に行動」するのが望ましいのですが、そうなると「自分の命令に従え」というメタ・メッセージに従って行動することになり、自発的な行動ではなくなります。ダブル・バインドとはこのように矛盾した二つの伝達内容に束縛される状況を指し、ベイトソンによれば、このような矛盾したメッセージの伝達が続くことにより、統合失調症を発症するケースがあります。

確認してみよう

① 自己の行為は、相互作用の過程で他者の行為に依存する。それは他者の行為が、自己の行為に依存することと同様である。このような行為の二重の不確実的状況をT.パーソンズは、ダブル・バインドと呼んだ。N.ルーマンは、これを自他のコミュニケーションの成立の基盤とする独自の理論を提示した。国般2001

3 (2)、(3) 参照 ×

「ダブル・バインド」ではなく「ダブル・コンティンジェンシー」です。

② T.パーソンズは、自己と他者の欲求充足が互いに相手の出方に依存するダブル・コンティンジェンシーはあらゆる相互行為に内在している根本的な条件であり、役割期待の相補性が成り立っていれば、相互行為が十分に安定し、制度的統合は不要であるとした。国税2010

3 (2) 参照 ×

パーソンズは、役割期待の相補性（両者が期待に適切に対応して役割を果たすこと）が成り立っていてもそれだけでは偶有的（偶然その状態に有るだけ）であるため、相互行為を安定させるためには、役割期待に対する価値基準が制度化され、それが自己と他者のパーソナリティに内面化される制度的統合が必要であるとしました。

③ N.ルーマンは、行為者たちが互いの行為を予期しあって行為するダブル・コンティンジェンシー状態の不安定性や不確実性に注目した上で、社会システムには過度の複雑性を縮減していく機能があると説いた。国般2012

3 (2) 参照 ○

ルーマンは、社会システムが複雑性を縮減することにより、行為者たちはダブル・コンティンジェンシー状態を意識せずに済んでいるとしました。

過去問にチャレンジ

問題1 **ジンメルの社会学に関する記述として、妥当なのはどれか。**

★★

都Ⅰ 2007

❶ 彼は、社会学は社会の包括的認識を目的とすべきであるとし、百科全書的な総合社会学を支持する立場から、対象を限定した個別科学としての社会学を批判した。

❷ 彼は、社会は社会を構成する諸個人に還元されるとする社会名目論を否定し、社会は諸個人の総和ではないとする社会実在論を主張した。

❸ 彼は、社会諸科学が社会化の内容を取り扱うのに対して、真に科学的な社会学は、社会化の形式と内容の両方を対象とすべきであるとした。

❹ 彼は、社会は諸個人の相互作用から成り立つものと考え、諸個人が相互に作用を及ぼしあう過程を心的相互作用とし、心的相互作用の様式を社会化の形式とよんだ。

❺ 彼は、社会の諸現象を、支配と服従、闘争と競争、模倣と分業などの行動形式として抽出し、巨視的な方法で分析した。

【解答・解説】

正解 ❹

難しいことを考えずに、一本釣りでいけばよい問題です。「ジンメル＝形式社会学」ということさえ念頭にあれば、正解が導き出せます。

❶ ×　G.ジンメルは、社会学は社会の包括的認識を目的とすべき**ではない**として、A.コントやH.スペンサーに代表される百科全書的な綜合社会学（総合社会学）を**批判し**、対象を形式に限定した個別科学としての社会学を**主張**しました。コントの『実証哲学講義』は全６巻で約4,000ページ、スペンサーの『社会学原理』は全３巻で約2,200ページもあって、２人とも社会のありとあらゆることを論じようとしました（スペンサーは他に『第一原理』、『生物学原理』、『心理学原理』、『倫理学原理』を著しています）。しかし、研究対象を広げすぎたために彼らは大ざっぱな議論で終わったという問題意識から、ジンメルは対象を限定した形式社会学を主張しました。

❷ ×　ジンメルは、社会名目論も社会実在論もともに批判し、相互作用を社会学の対象と捉えました。社会名目論はM.ウェーバー、社会実在論はÉ.デュルケムと関連づけて覚えましょう。

❸ ×　ジンメルは、社会学は社会化（人と人との結びつき）の内容ではなく**形式のみ**を対象とすべきであるとしました。

❹ ○　「心的相互作用」、「社会化の形式」というキーワードは覚えておきましょう。

❺ ×　ジンメルは個人間の相互作用に注目しており、巨視的（マクロ的）な分析ではなく微視的（ミクロ的）な分析を扱っています。

問題2 行為と社会構造に関する次の記述のうち、妥当なのはどれか。

★★★

国般2003

❶ M.ウェーバーは、社会的行為を解釈によって理解するという方法で、社会的行為の帰結を因果的に説明することを社会学の課題とした。ここで、社会的行為とは、多くの人々が同じ行動をとることと定義されている。したがって、雨が降ってきたときに大勢の人が一斉に傘を開くのは社会的行為である。

❷ É.デュルケムは、法や規範のように個人にとって外在的で拘束的なものを社会的事実と呼び、社会学的研究は、社会的事実をモノのように扱わなければならないと説いた。しかし、社会的事実は自然科学と同じような方法で研究することはできず、文化科学として独自の方法論が必要であると論じた。

❸ T.パーソンズは、複数の行為者から成る相互行為のシステムを社会システムとしてとらえ、人々が自発的に行為しているにもかかわらず社会システムに秩序がみられるのは、行為者が制度化された価値や規範を内面化し、それらに従いつつ各自の目的を追求しているからだと論じた。

❹ J.ハバーマスは、社会における規範的構造の妥当性がどのようにして保証されるのかを問題とし、理想的な発話状況においては、コミュニケーション的行為によって、規範的構造に関する合意が形成可能であると論じた。しかし、コミュニケーション的行為ができるのはエリートだけであるから、大衆を含めた規範的合意形成はできないと考えた。

❺ A.ギデンズは、構造が行為の条件であるとともに帰結でもあることを二重の条件依存性と呼んだ。構造とは社会システムを組織化している規則と資源であり、構造がなければ行為することは不可能である。行為者は、構造に関して十分な知識を持ち合わせていて、それに基づいて行為し、その帰結として、構造が再生産されるとした。

【解答・解説】

正解 ❸

難易度の高い問題です。社会学理論について、キーワードの組合せだけでなく、その意味内容まで理解していなければ正答は導き出せません。

❶ ×　第1文は妥当ですが、社会的行為という用語の意味は「多くの人々が同じ行動をとること」ではありません。**社会的行為とは、他者の行為に方向づけられている行為のこと**です。つまり**社会的ではない行為**もあり得るのであり、傘の例はこれに当たります。M.ウェーバーは、これは「濡れまいという欲求に皆の行為が同様に方向づけられている」行為であって（雨に方向づけられた行為がたまたま皆で一致したから一斉に傘が開いたのであって）、他者に方向づけられているわけではないと述べています。

❷ ×　前半は妥当ですが、後半が誤りです。É.デュルケムは、専門科学としての社会学を確立するために社会学独自の対象として「社会的事実」の概念を提示しましたが、学問の方法論の点では**自然科学を模範**として事象の観察・説明を試みる**実証主義**の系譜にあります。デュルケムによれば、彼の「主要な目的は、**科学的合理主義を人間行為まで拡大すること**、過去にさかのぼって考察し、**人間行為も、同じく合理的な操作によっていずれ未来への行為の規則へと変形されうるような因果関係に還元しうることを示すこと**なのだ」（『社会学的方法の規準』）としています。

❸ ○　T.パーソンズについて詳しくは、第1章第3節を参照してください。

❹ ×　J.ハーバマス（ハバーマス）は、コミュニケーション的行為を**エリートに限定していません**。彼は、人々の日常生活が営まれる場のことを「生活世界」として概念化して、そこでは他者との了解や合意を目指す行為であるコミュニケーション的行為が主に展開されているとしました。つまり、エリートではない一般の人々もコミュニケーション的行為をしています。

❺ ×　「二重の条件依存性」（ダブル・コンティンジェンシー）ではなく「構造の二重性」です。また、行為者が構造に関して十分な知識を持ち合わせているわけでもありません。

問題3 ★★ **ギデンズの構造化理論に関する次の文の空欄A～Cにあてはまる語句の組合せとして、妥当なのはどれか。**

都Ⅰ2004

構造化理論において、構造とは、社会システムを再生産するための、個人が依拠する［ A ］と［ B ］であると定義される。行為者は、［ A ］と［ B ］という構造特性を用いることによって他者との間に行為を形成する。他方、その構造特性は、行為によって個々の具体的場面で再生産されていく。このような行為と構造特性との相互的な関係を、構造の［ C ］とよんだ。

彼は、構造化理論を通して、個人と社会の二分法的な見方の克服を図り、個人と社会とは相互に基礎づけていることを示した。

	A	B	C
❶	権力	経済	二重性
❷	権力	資源	連続性
❸	規則	技術	従属性
❹	規則	資源	二重性
❺	知識	技術	従属性

【解答・解説】

正解 ❹

公務員試験でもA.ギデンズの出題は増えています。要点整理を読んでキーワードをまとめておきましょう。

A　「規則」が該当します。

B　「資源」が該当します。

ギデンズによれば、相互行為を構成する主体である個人は、**規則**と**資源**を活用して行為します。例えば、会話ができるのは、自分と相手との間に、文法という規則や、社会集団の中で蓄積されてきた語彙という資源が共有されているからです。主体は文法や語彙を用いることで会話を成立させる一方で、会話が行われることで文法や語彙は再生産されていきます（例えば、使用されない文法や語彙は時代とともに消えていきます）。このように、主体は行為するために構造を必要とし、構造はその再生産に主体の行為を必要とします（お互いに必要不可欠な関係）。

C　「二重性」が該当します。

ギデンズによれば、主体は自らの行為を反省的に再考する能力を持っていますが、多くの行為は意図せざる結果を招くのであり、その連鎖で構造は再生産され、さらにそれが**再帰的**に主体の行為の条件をなすという相互規定関係があります。ギデンズは、こうした行為と構造との関連を「**構造の二重性**」と呼びました。

2 パーソナリティ論と社会的性格論

学習のポイント

・本節で登場する学者は、どの試験種でも比較的出題が多いため、ひととおり把握しておきましょう。
・特に、フロムは政治学でも出題される可能性があるので、主な主張内容とキーワードを覚えておきましょう。
・なお、クーリーは、第4章で扱う社会集団論での出題もあります。

1 クーリー

自分の格好がおかしくないか、言動が奇妙でないかなど、私たちは自分がどんな姿をしているのかを日常的に周りの人たちの反応から推測しています。

アメリカの社会学者**C.H. クーリー**（1864～1929）は、このような、**他者の反応から推測される自分の姿**を「**鏡に映った自我**（自己）」と呼びました。

確認してみよう

① C.H. クーリーは、集団規範や価値を内面化することを目的に、人間が、家族、友人集団など身近な所属集団との相互作用を通じて、他者の行動や態度をまねるなど他者との同一化を図ろうとすることを「鏡に映った自己」と概念づけた。国般2010

1 参照 ×

クーリーのいう「鏡に映った自我」とは、他者との直接対面的接触の過程において、自分の行動に対する他者の反応から推測される自分の姿（内的な自己イメージ）のことです。

2 ミード

G.H. ミード（1863～1931）は、『精神・自我・社会』などを著したアメリカの社会心理学者です。

⑴ 客我（me）と主我（I）

自己には二面性があり、それらの間のコミュニケーション（ときには協力、ときには葛藤）が人格を作り上げています。このうちミードは「**主我**」を**重視**しており、ここに内面化・社会化という「客我」の側面を強調するT.パーソンズとの違いがあります。また、**客我との関係の中で形成される**という意味では主我も社会的なものだといえます。

客我（me）	社会的価値・役割を内面化した私、他者の行為を受ける受け身の側面
主我（I）	主体的な私、能動的に他者に働きかける主語の側面

⑵ 自我の発達段階

ミードは人間の自我が**役割の取得を通じて形成される**過程を分析しました。客我の形成（他者の役割期待・態度や社会的価値・規範の内面化）は次の２段階に分かれます。

プレイ段階	・「ごっこ遊び」の段階 ・目の前にいる親や近所の人（**重要な他者**）の模倣を通じて、個別具体的な役割とそれに対する期待を習得していく ・この段階で内面化されるのは目の前の他者の個別的・局所的な役割期待・態度である
ゲーム段階	・野球などが例 ・個々の他者の役割期待・態度を組織化・一般化し、社会一般の役割期待・態度（**一般化された他者**）を内面化していく ・この段階に至り、その場限りのものでなく一般的な社会的価値・規範が内面化される

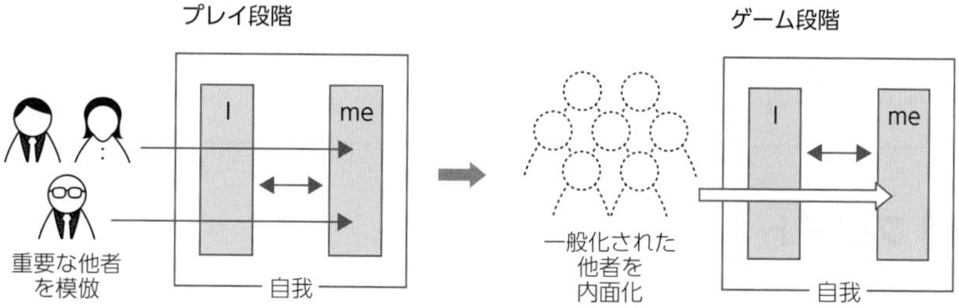

確認してみよう

① G.H.ミードは、「一般化された他者」という用語を用いて、子供は、ゲーム段階以上では一貫した適切な役割行動や他者の役割をも考慮に入れる能力によって特徴付けられることを説明した。国税2009

2 (2) 参照 ○

ミードは、ゲーム段階に至ると、多様な他者それぞれの役割どうしを関連づけて理解できるようになるとしています。

② G.H.ミードは個人の行為を、他者との相互作用という社会的文脈の中で問題にした。彼は、個人が、他者の役割の取得によって自己の行為を形成する過程に注目し、役割取得という概念を提示した。彼は、それを子どものプレイ（ごっこ遊び）やゲームなどを通して例示している。国般2001

2 (2) 参照 ○

ミードは、プレイ段階では個別の役割の取得にとどまりますが、ゲーム段階になると多様な他者の役割を関連づけて取得していくとしています。

③ G.H.ミードは、人間は複数の他者との相互作用の積み重ねのなかで、多様な役割期待を認識するが、それぞれの役割が相互に矛盾・対立することで他者との心理的距離が広がる現象を「一般化された他者」と概念づけた。国般2008

2 (2) 参照 ×

ミードのいう「一般化された他者」とは、複数の他者との相互作用の積み重ねの中で組織化・一般化された多様な役割期待のことです。組織化・一般化する中で、役割期待相互の矛盾・対立は調停されています。

3 フロイト

S.フロイト（1856～1939）は、『夢判断』などを著したオーストリアの精神分析学者です。**精神分析学の創始者**フロイトは、自我を**心の三層構造**の中に位置づけました。

超自我（super-ego）：上位者の命令や**社会規範**を体現する領域

↕ 葛藤

自　我（ego）：**意識**、制御できる領域
超自我・イドを調整
現実原則に直面

↕ 葛藤

イド／エス（id / Es）：**無意識**、制御できない領域
快感原則に従う衝動

確認してみよう

① T.パーソンズは、「自我とエス（イド）」の中で超自我という言葉を初めて用いたが、超自我とは、ひたすら快楽を求める人間の中の生物学的、本能的、衝動的な部分である。国税2009

3 参照 ×

これは、S.フロイトの自我論に関連する記述です。また、「ひたすら快楽を求める人間の中の生物学的、本能的、衝動的な部分」は、超自我ではなくイド（エス）です。パーソンズもフロイトの自我論の影響を受けてパーソナリティ・システムの特徴を論じましたが、「自我とエス」はフロイトの論文です。

4 エリクソン

E.H. エリクソン（1902～94）は、『アイデンティティ』などを著したドイツの発達心理学者です（のちにアメリカに移住）。彼の「アイデンティティ」概念は社会学に大きな影響を与えました。アイデンティティは今や日常用語と化しており、非常に多様な意味で用いられていますが、その根本には「同一」という意味が含まれていると考えれば理解しやすいです。

(1) アイデンティティ

エリクソンは、アイデンティティを「**自己アイデンティティ**（self identity）」と「**自我アイデンティティ**（ego identity）」の2側面に分けて論じました。

前者は、他者や社会との関係の中で生じるアイデンティティのことです。例えば「私は東京都民である」／「〇〇大学の学生である」というアイデンティティであり、

社会的な同一性に当たります。

一方、後者は、自己アイデンティティどうしをつなぎ合わせ統合する同一性です。例えば、「私は東京都民である」＋「○○大学の学生である」＋……、を統合したものとしての私であり、**内面的な同一性**に当たります。後者の**自我アイデンティティによって「自分らしさ」が生まれます**。

(2) モラトリアム

エリクソンは人の一生を８段階に分け、それぞれに次の段階へ上がるために乗り越えるべき課題を設定しました（**ライフサイクル論**）。**「青年期」にはアイデンティティの確立が達成課題となります**が、そのためにはさまざまな試行錯誤を行う期間が必要になります。その期間をエリクソンは、**「モラトリアム」**と名づけました。

確認してみよう

1 E.H.エリクソンは、アイデンティティとは自己における内面的同一性を示すものであり、他者との社会的同一性を示すものではないとした。都Ｉ2004

4 (1) 参照 ×

アイデンティティは内面的同一性と社会的同一性の両方の側面を持ちます。エリクソンは、アイデンティティを「自己アイデンティティ（self identity）」と「自我アイデンティティ（ego identity）」の２側面に分けて論じました。前者は社会的な同一性、後者は内面的な同一性です。

2 E.H.エリクソンは、人間は青年期に試行錯誤しながらアイデンティティの確立を図るものであるとし、この時期を、猶予期間を意味する「モラトリアム」という用語によって表現した。都Ｉ2004

4 (2) 参照 ○

なお、「モラトリアム」はもともと「支払い猶予」を意味する経済用語です。

5 フランクフルト学派

フランクフルト学派とは、ドイツのフランクフルト大学社会研究所所属の研究者の一派です。多くはユダヤ人だったため、厳しいユダヤ人迫害政策を採ったナチスの台頭とともに祖国を離れアメリカに亡命しました。彼らは**マルクスとフロイトの影響を強く受け、現代社会**（大衆社会・後期資本主義社会）**を鋭く批判した**ため、彼らの立場は「**批判理論**」と総称されます。

(1) フロム

E.フロム（1900～80）は、『**自由からの逃走**』などを著したドイツの社会心理学者です（のちにアメリカに移住）。フロムは、当時世界で最も民主的といわれた憲法下の**ワイマール共和国**（ドイツ）の一般市民が、なぜナチズムという残忍な政治勢力に荷担していったのかを彼らの性格構造に着目して分析し、次に示す**権威主義的性格がナチスへの服従をもたらした**ものとしています。

社会的性格	・**一つの集団の大部分の成員が持っている性格構造の本質的中核**であり、その集団に共通の基本的経験と生活様式の結果、発達したもの
権威主義的性格	・**権威あるものへは無批判に服従や同調**を示し（＝マゾヒズム）、**弱いものに対しては力を誇示して絶対的な服従を要求**し（＝サディズム）、迷信や因習を尊重し、反省するところが少なく、人種的偏見を持ち、性的な抑圧が強いという一連の性格特性 ・当時のワイマール共和国ではこの社会的性格を持った人が多く、ナチズムの支持者となった

ヒント

このように権威主義的性格は、ファシズムやエスノセントリズム（自民族中心主義）などの思想と親和しやすい性質を帯びています。

(2) アドルノ

T.W.アドルノ（1903～69）はドイツの社会学者・哲学者です（アメリカに亡命、のち帰国）。アドルノは、ナチスによる迫害をきっかけに亡命したアメリカで、さまざまな尺度を用いて**社会的性格を実証的に研究**しました。そして報告書『**権威主義的パーソナリティ**』の中で、**表面的には民主的に見えるアメリカ人にも権威主義的性格が広く浸透しており、ファシズムへの土壌がある**ことを明らかにして、人々に衝撃を与えました。

このとき彼が用いた、**権威主義の程度を質問文で測定するための尺度**を**F尺度**（fascism scale）といいます。

確認してみよう

① E.フロムは、社会的性格とは一つの集団の大部分の成員がもっている性格構造の本質的な中核であり、その集団に共通する基本的経験と生活様式の結果、発達したものであるとした。区Ⅰ2009

5 (1) 参照 ○

民族精神などの抽象的な観念ではなく、日常生活の経験に根ざして性格構造が作り上げられるという唯物論的発想に基づいたものです。

② T.W.アドルノらは、権威主義的パーソナリティが、生産手段をもたない労働者階級に特有のパーソナリティであることを明らかにし、労働者階級は、その性格特性ゆえに積極的にファシズム運動を支持し、自らの階級利害を主張したと論じた。国般2007

5 (2) 参照 ×

権威主義的性格は権威に対しては服従を示し、弱い者には服従を強いるという性格特性であるので、自分より弱い階層を持つ人々に特有の性質ということになります。ヒトラーのファシズムを熱烈に支持したのは、下層中産階級（小売店主・職人・下層ホワイトカラー）でした。

6 リースマン

D.リースマン（1909～2002）は『**孤独な群衆**』などを著したアメリカの社会学者です。彼は、**E.フロムの性格分析を発展させ**、「**同調の様式**」という観点から**社会的性格を類型化**し、時代による変化を指摘しました。

伝統指向（志向）型	・**伝統が基準**であり、伝統的な規範や儀礼を忠実に守ることに価値を置く ・停滞した前近代の共同体社会では、昔ながらの慣習を遵守する伝統指向型が社会の要求に合致していた ・**前近代社会で主流**

内部指向（志向）型	・**内面が基準**であり、無限に遠い目標を秘めてそれに向かって邁進する（＝ジャイロスコープ内蔵型） ・急速に工業化し人口が急増し社会移動が激しい近代社会になると、昔ながらの習慣に従うだけでは適応できず、変動し続ける周囲に流されることなく、自己の内部の良心に従って生きていくことが必要となる ・**近代社会**（初期資本主義社会）**で主流**
他人指向（志向）型	・**仲間集団の反応やマス・メディアの情報が基準**（＝レーダー内蔵型） ・消費が社会生活の中で大きな割合を占め、対人サービスが産業の中心となる現代社会では、周囲の他者の期待に敏感に反応し、その意見・趣向に合わせつつ自己の目標を修正していく人間が適合的となる ・**現代社会**（『孤独な群衆』が発表された1950年当時における「現代」）**で主流**

確認してみよう

① E.フロムは、一つの集団の成員の大部分が共有している性格構造の中核を社会的性格と呼んだ。これは社会心理の研究の基礎的概念として、後の研究に大きな影響を与えた。D.リースマンは、アメリカ人の社会的性格を分析して、権力志向型・金銭志向型・趣味志向型という三つの類型を提示した。国般2002

5 (1)、6 参照 ×

リースマンの３類型の名称は、伝統指向型、内部指向型、他人指向型です。

② D.リースマンは、産業化の進展とともに、人々の社会的性格が、伝統集団への同調を重視する伝統指向型から、同世代人の動向に絶えず気を配る他人指向型を経て、個人の内面にある人生目標を追求する内部指向型へ、順に変化していくと論じた。国般2007

6 参照 ×

リースマンによれば、人々の主たる社会的性格は、伝統指向型から内部指向型を経て他人指向型へと変化していきます。

過去問にチャレンジ

問題1 ★

次の文は、S.フロイトのパーソナリティに関する記述であるが、文中の空所A～Cに該当する語の組合せとして、妥当なのはどれか。

区Ⅰ 2019

S.フロイトは、パーソナリティを［A］、［B］、［C］の3つの要素から構成されているものとした。

このうち、［A］は、発生的には幼児期における両親の道徳的態度等の内面化の所産であり、［B］は、無意識の部分で、衝動の実現それ自体を追求する「快感原則」に従うものであるとする。［C］は、「現実原則」に従い、［A］と［B］の葛藤を調整する役割を果たすものであるとした。

	A	B	C
❶	イド	超自我	自我
❷	超自我	イド	自我
❸	自我	イド	超自我
❹	超自我	自我	イド
❺	イド	自我	超自我

【解答・解説】

正解 ❷

組合せ問題であり、S.フロイトの自我論における3要素の関係を理解していれば、簡単に解けるはずです。

A　「超自我」が該当します。これは、成長する過程で心の中に上位者の命令や社会規範が内面化されて形成された領域です。

B　「イド」が該当します。これは、快感原則に従う無意識の衝動の領域です。

C　「自我」が該当します。これは、「超自我」と「イド」の調整役として機能する領域です。

問題2 リースマンの社会的性格に関する記述として、妥当なのはどれか。

★

区Ⅰ 2018

❶ リースマンは、社会的性格を、１つの集団や階層の大部分の成員が共有している性格構造の本質的な中核であり、その集団や階層に共通な基本的経験と生活様式の結果として形成されたものであると定義した。

❷ リースマンは、伝統指向型、内部指向型、他人指向型という３つの社会的性格を挙げ、第二次世界大戦後のアメリカの都市的な上層中産階級に見られる社会的性格を内部指向型であるとした。

❸ リースマンは、伝統指向型を、変化の緩やかな伝統的社会の中で、その文化が提供する伝統、慣習などに従順に従って行動する社会的性格であり、初期資本主義社会に支配的な性格類型であるとした。

❹ リースマンは、内部指向型を、権威あるものには服従し、弱者には絶対的服従を要求する社会的性格であり、ドイツ資本主義社会における中産階級に典型的に見出される性格類型であるとした。

❺ リースマンは、他人指向型を、期待や好みといった他者からの信号に敏感に反応し、それに応じて自己の生活目標を変えていく社会的性格であり、現代の大衆社会に支配的な性格類型であるとした。

【解答・解説】

正解 ❺

D.リースマンの社会的性格の3類型それぞれの特徴を覚えていれば、容易に判別できるはずです。

❶ ×　これはE.フロムによる「社会的性格」の定義です。この定義は頻出ですが、定義の中身をずらして間違いにするのではなく、この問題のように「別の人がこの定義を述べた」という形で間違いにするので、フロムの定義であることは確実に覚えておきましょう。リースマンは、フロムの社会的性格論を発展的に継承し、アメリカ社会を分析しました。

❷ ×　第二次世界大戦後のアメリカの都市的な上層中産階級に見られる社会的性格は「他人指向型」です。リースマンがこの類型を示した著作『孤独な群衆』が発表されたのは1950年であり、その当時の「現代的な」性格類型とされています。

❸ ×　初期資本主義社会(近代社会)に支配的な性格類型は、「内部指向型」です。伝統指向型は、前近代社会に支配的な性格類型とされます。

❹ ×　これはフロムが論じた「権威主義的性格」の特徴です。リースマンの社会的性格論は、ドイツではなくアメリカ社会の分析を中心としています。

❺ ○　リースマンは、この性格類型は20世紀のアメリカの都市的な上層中産階級に最も早く現れて、さらにそれが一般化してきたと論じています。

問題3 リースマンの社会的性格に関する記述として、妥当なのはどれか。

★

区Ⅰ2002

❶ 伝統指向型の人々は、同時代人の他者の期待と好みに敏感である傾向によって、個人の性格と社会との同調性が保証されるとした。

❷ 内部指向型の人々は、幼少期に一般化された目標セットを植え付ける傾向によって、個人の性格と社会との同調性が保証されるとした。

❸ 内部指向型の人々は、恥をかくことへの恐れにより行動がコントロールされ、伝統指向型の人々は、罪の感覚により行動がコントロールされるとした。

❹ 他人指向型の人々は、外部的権威や慣習に従う傾向によって、個人の性格と社会との同調性が保証されるとした。

❺ 他人指向型の人々は、心の内部に心理的ジャイロスコープを備え、内部指向型の人々は、心の内部に心理的レーダーを備えているとした。

【解答・解説】

正解 ❷

D.リースマンの社会的性格３類型の各内容に対する理解が必要な問題ですが、基本であり難なく解けるようにしておきたいところです。

❶ ×　これは、他人指向型に関する記述です。

❷ ○　**典型的には、M.ウェーバーのいう「プロテスタンティズムの倫理」を心の中に刻み込み、それを指針として日々の生活を規律する人々が該当します。**この性格類型をリースマンは「ジャイロスコープ（＝方向指示器）内蔵型」と形容しました。つまり、自らの生きる道を決めたら周りに流されずに我が道を行くタイプの性格であり、近代個人主義の担い手といえます。

❸ ×　罪の文化と恥の文化を対比して社会的性格を論じたのはR.ベネディクトです。また、リースマンの類型に対応させるならば、罪の文化の人間は内部指向型に該当し、恥の文化の人間は他人指向型に該当することになりますから、いずれにせよ誤りです。なお、ベネディクトについては次節を参照してください。

❹ ×　これは、伝統指向型に関する記述です。

❺ ×　他人指向型の人々は心の内部に心理的**レーダー**を備え、内部指向型の人々は心理的**ジャイロスコープ**を備えているとされています。

問題4 パーソナリティの理論に関する記述として、妥当なのはどれか。

★★

都Ⅰ2007

❶ オールポートは、行為を、社会体系、文化体系及びパーソナリティ体系の３つに区分し、このうちパーソナリティ体系は、行為者の行為が欲求性向により規定されるとした。

❷ クーリーは、鏡に映った自我という概念を打ち立て、自分の顔や姿は鏡に映すことによってわかるのと同じように、人間は鏡としての他者を通じて自己を知ることができ、自我は他者との関わりにおいて形成されるとした。

❸ パーソンズは、パーソナリティが個人内部にある精神・身体的システムの力動的組織であり、そのシステムが個人の環境に対する独自の適応の要因になるとした。

❹ フロイトは、パーソナリティをイド、自我及び超自我の３つの体系で構成し、このうち超自我は、理性あるいは分別として、イド及び自我と現実原則との調和を図る機能があるとした。

❺ G.H.ミードは、自我は、他者の期待がそのまま受け入れられた主我と、この主我に対して反応する客我によって成るものとし、自我は役割取得の過程において形成されるとした。

【解答・解説】

正解 ❷

❸が難解ですが、正答の❷は難しくないので解答は可能でしょう。このような一本釣り型は、特別区Ⅰ類（と旧東京都Ⅰ類）でよくある出題形式なので注意しておきましょう。この場合、真面目に消去法で答えを導き出そうとすると難しいです。一読して❷の内容に矛盾がないと判断したら、よくわからない❸は細かく検討しないで先に行ったほうがよいです。

❶ ×　「行為を、社会体系、文化体系及びパーソナリティ体系の３つに区分」といえば、T.パーソンズの行為のシステム理論（中期バージョン）のことです。

❷ ○　「鏡に映った自我」というキーワードですぐに判別できますし、特に怪しい記述も見当たらないので、正解肢だとわかります。

❸ ×　これは、G.オールポートによるパーソナリティの定義です。試験対策としてはこんな細かいことまで知らなくてよいですが、いずれにせよ、パーソンズは身体的システムを「行動有機体」としてパーソナリティ・システムと別に概念化しているわけですから、「精神・身体的システム」と一緒にしているのはおかしいです。

❹ ×　「超自我」と「自我」が逆になっています。

❺ ×　「主我」と「客我」が逆になっています。

問題5 フランクフルト学派に関する次の記述のうち、妥当なのはどれか。

★★

国税・労基・財務2016

❶ J.ハーバーマスは、『エスノメソドロジー』などを著した。そして、彼は、M.ヴェーバーによるコミュニケーション的行為に関する理論を批判し、目的合理的行為、宗教的行為などの四つの行為の類型を示した。

❷ M.ホルクハイマーは、『ゲマインシャフトとゲゼルシャフト』などを著した。そして、彼は、資本主義の発展とともに、ゲノッセンシャフトが衰退していき、ゲマインシャフトやゲゼルシャフトが優勢になってきたことを指摘した。

❸ T.W.アドルノは、『シンボリック相互作用論』などを著した。また、彼は、20世紀末の地方都市に建設されたショッピングモールのことをパサージュと名付け、資本主義社会を分析する際の中心的な形象にパサージュを位置付けた。

❹ E.フロムは、『自由からの逃走』などを著した。また、彼は、同一の集団、階層、文化に属する成員の大部分が共有するパーソナリティ構造の中核を意味する概念を、社会的性格と定義付けた。

❺ W.ベンヤミンは、『権威主義的パーソナリティ』などを著した。そして、彼は、権威ある者に対しては反抗する一方、弱い者に対しては自らの権威を利用し、自らの力を誇示して絶対的な服従を要求するといった、一連のパーソナリティ特性を権威主義的パーソナリティとした。

【解答・解説】

正解 ❹

発展的な内容も出題されていますが、正解肢を導くだけであれば、基本的な名前とキーワードの組合せを把握していれば正答できるはずです。

❶ ×　『エスノメソドロジー』を著したのは、エスノメソドロジーの創始者H.ガーフィンケルです。また、J.ハーバマス（ハーバーマス）は、M.ウェーバー（ヴェーバー）による目的合理的行為、宗教的行為などの四つの行為類型を**批判**し、**コミュニケーション的行為**に関する**理論**を**示しました**。

❷ ×　『ゲマインシャフトとゲゼルシャフト』を著したのは、F.テンニースです。また、テンニースは、ゲマインシャフト優位の時代からゲゼルシャフト優位の時代に移行していると指摘しましたが、ゲゼルシャフトを否定的に捉えていたことから、両者の長所を併せ持つゲノッセンシャフトの意義を述べました。ホルクハイマーは、フランクフルト学派の代表者で、アドルノとともに『啓蒙の弁証法』を著したことなどで知られています。

❸ ×　『シンボリック相互作用論』を著したのは、H.ブルーマーです。また、「パサージュ（passage）」を論じたのはW.ベンヤミンですが、それは18世紀末以降、パリを中心に建設された商業空間を指します。

❹ ○　問題文が短く、書かれているのも一般的な内容なので、自信を持って一本釣りできるはずです。

❺ ×　『権威主義的パーソナリティ』を著したのは、T.W.アドルノです。また、権威主義的パーソナリティとは、権威ある者へは無批判に**服従**や**同調**を示す一方、弱い者に対しては**上位者**の権威を利用し、力を誇示して絶対的な服従を要求するといった一連のパーソナリティ特性を指します。

問題6　**パーソナリティに関する次の記述のうち、妥当なのはどれか。**

★★

国般2000

❶　パーソナリティという言葉は元々、舞台仮面を意味するラテン語のペルソナに由来している。俳優が舞台において役柄を演ずるように、人間は社会という舞台で役割を演じているというのが社会学におけるパーソナリティの概念である。このようなパーソナリティは概して生得的なものと理解されている。

❷　パーソナリティの形成は一つの社会的な過程であるというのが、社会学の基本的な立場である。社会学では、個人が他者との相互作用を通してパーソナリティを形成する過程を、社会化という。子供の社会化は通常、学校における同年代の子供たちとの相互作用によって開始されるものと理解されている。

❸　G.H.ミードは、パーソナリティの形成について独自の理論を提示した。生得的な自我（アイ）が他者の期待する役割を演ずることで、社会的な自我（ミー）に転化するというのがそれである。それは自我の一元性を強調するもので、自我の二元性を強調するS.フロイトの理論とは対照的なものである。

❹　E.H.エリクソンは、アイデンティティ（同一性）という概念を用いて、パーソナリティの形成を問題にした。その際、青年には固有のアイデンティティの問題があるとするのがエリクソンの認識であった。彼は、青年が大人としての役割を一時的に免除されることを、モラトリアム（猶予期間）と呼んだ。

❺　E.フロムは、ある社会の成員が共有するパーソナリティの様式を、社会的性格と呼んだ。この概念をアメリカ人の性格の分析に適用したのがD.リースマンである。彼は、アメリカ人の性格が、「他者指向型」や「伝統指向型」から「内部指向型」を基調とするものに変化してきたことを分析した。

【解答・解説】

正解 ❹

応用力を試す良問です。このような問題を通じて社会学的な思考法を身につけましょう。

❶ × 社会学では、パーソナリティは概して**後天的に習得されたもの**と理解されています。概して生得的な（生まれつき持っている）ものなら、パーソナリティに関する研究は心理学や生物学に任せておけばよいのであって、社会学の出る幕はありません。**社会学は、社会的要因によりものごとを説明しようとする姿勢を持っている**点を忘れないようにしましょう。

❷ × 子どもの社会化は通常、**生まれたときに開始される**ものと理解されています。子どもは学校へ行く前に、生まれたときから家族や近所の人々と接しています。「個人が他者との相互作用を通してパーソナリティを形成する過程を、社会化という」のなら、学校に入ってからでは遅すぎます。

❸ × G.H.ミードは自我の二元性を強調しました。「二元性」とは二つの異なる原理からできているという意味です。ミードは自我をI（主我）とme（客我）に分けて論じたのですから、「一元性を強調した」というのは妥当ではありません。また、S.フロイトは心を超自我・自我・イド（エス）の三層構造に分けて論じたのですから、「自我」を広い意味でとれば「三元」となるし、狭い意味でとれば「一元」となります。いずれにせよ「二元性を強調する」というのは妥当ではありません。さらに、Iそのものが他者の期待する役割を演ずるわけでもないので、第２文も妥当ではありません。

❹ ○ E.H.エリクソンの「アイデンティティ」と「モラトリアム」というキーワードは頻出ですので、意味も覚えておきましょう。

❺ × D.リースマンによれば、アメリカ人の性格の基調は、歴史的に伝統指向型→内部指向型→他人指向型（他者志向型）の順に変化してきました。社会学ではさまざまな類型が登場しますが、「伝統」のついた類型はもっぱら前近代に割り当てられているもので、時代的には前のほうに来ます。

問題7 社会的自我などに関する次の記述のうち、妥当なのはどれか。

★★★

国般2004

❶ S.フロイトは、パーソナリティを、超自我、自我、イドの三つの部分から成るものと考えた。ここで超自我とは、父親の権威によって内面化された規範であり、これが強ければ強いほど、自我は解放される。

❷ C.クーリーは、自己は他者との相互作用を通じて形成されると考え、これを鏡に映った自己と呼んだ。これは、他者の自分に対するイメージや判断と、それに基づく自己感情などによって構成されている。

❸ G.H.ミードによれば、子供は、まず母親のような特定の個人の態度を内面化する。この個人のことを一般化された他者という。ただし、この段階では、子供は組織化された集団の生活に参加できず、特定の個人との相互作用にとどまっている。

❹ J.ピアジェの認知発達段階論によれば、子供は自己中心的である。自己中心性は、感覚運動期に特徴的にみられるもので、自分の身体感覚を通して、外界を自分とは独立した存在として理解していくことである。

❺ G.H.ミードによれば、自我は、絶え間なく自己を対象化する過程である。この過程において、一般化された他者の態度を内面化したものが客我（me）、客我によって対象化されたものが主我（I）である。

【解答・解説】

正解 ❷

難問です。特に❹は公務員試験としてはマイナーな内容で、また❺はG.H.ミードの議論に関する深い理解が要求されます。これらの正誤を判別するのは困難であるため、正解の❷に矛盾がないことを確認して選択するしかありません。

❶ ✕　超自我が強ければ強いほど、自我は**抑圧**されます。三層構造のうち、**イドは快感原則に従う本能的な欲動、超自我は内面化された社会規範、自我はその間の調整役**です。つまり、超自我は自由なイドを押さえ込みにかかるわけですから、超自我が強ければ強いほど自由はなくなります。

❷ ○　C.H.クーリーは、鏡に映った自己（自我）が、①他者からの自分の見え方、②自分に対する他者の評価、③その見え方・評価に対して自分が感じる誇りや屈辱などの感情の三つで構成されるとしました。ただし①と②は、あくまで自分の想像にすぎないとしています（テレパシーでもなければ、相手からの見え方・評価は、自分では完全には知りようがありません）。とはいえ、この３分類は試験対策としては細かい内容です。

❸ ✕　母親のような特定の個人は「**重要な他者**（**意味ある他者**）」と呼ばれます。ですが、文章をよく読めば、「**特定の**個人……のことを**一般化された**他者という」のは語義矛盾ということで誤りだとわかるはずです。

❹ ✕　自己中心性の段階では、外界を自分と**一体化した**存在として理解しています。スイスの発達心理学者J.ピアジェ（1896～1980）は、幼児期の子どもの認知的な制約を示す特徴として「自己中心性」を挙げました。そして、この時期の子どもは自己と物、自己と他者が未分化で、他者の視点に気づかず、自己の視点からしか対象を見ることができないとしました。

❺ ✕　**客我は主我によって対象化されたもの**であって、その逆ではありません。主我は「Ｉ」という語が当てられている一人称的な主格で、主我が自らを対象化しようとしたとたんに、それは主格ではなくなり目的格である客我（me）となります。例えば「私はどんな人間なのだろうか」と自分自身を見つめ直したとき、そこで捉えられるのは対象化された自分（me）であって、思考している自分そのもの（I）ではありません。

問題8 ★★

社会学的なパーソナリティや人間の類型に関する理論についての次の記述のうち、最も妥当なのはどれか。

国般2011

❶ オーガニゼーション・マンとは、現代社会における組織で働く人間の類型の一つであり、ある特定の争点に直面して対立が生じた時、その論点について自由に意見表明や討論を行い、主体性を維持しつつ組織を運営することができる人々を指す。

❷ マージナル・マンとは、異なる文化を持つ複数の社会に属し、それぞれの社会集団の境界において接点となる人間のことであり、多様な文化に接して物事を相対的にとらえることができることから、内面的な安定性を有しているとされている。

❸ 権威主義的パーソナリティとは、権威のある者に対しては無批判に服従や同調を示し、弱い者に対しては力を誇示して絶対的な服従を要求するパーソナリティ特性を指し、ファシズムや自民族中心主義（エスノセントリズム）に同調しやすい性格構造とされる。

❹ D.リースマンは、人間の性格類型として他人指向型、内部指向型、伝統指向型の三つを挙げ、社会の上位階層では他人指向型が、中位階層では内部指向型が、下位階層では伝統指向型が多く見られるとした。

❺ T.パーソンズは、各個人が社会的に共有されている価値観を学習し内面化することによりパーソナリティが形成されるとした上で、現代社会における価値観の多様化により各個人のパーソナリティも多様化していることが、社会規範の共有を困難にしているとした。

【解答・解説】

正解 ❸

❶、❷は学習した範囲外ですが、正解肢は明らかなので一本釣りできるでしょう。

❶ × オーガニゼーション・マン（組織人）は、全人格的に組織に帰属・服従・献身する人間類型で、組織集団の倫理をひたすら遵守することに専念し、主体性を失っているとされています（第４章第２節で学習する「官僚制の逆機能」で描かれるような組織人です）。

補足

なお、オーガニゼーション・マンという用語は、W.H.ホワイトが提唱しました。イニシャルまでほぼ同じで紛らわしいですが、第7章で扱う『ストリート・コーナー・ソサエティ』のW.F.ホワイトとは別人です。

❷ × マージナル・マンは、互いに異なる文化を持つ複数の社会（集団）のいずれにも十分に属することはできず境界に位置するため、アイデンティティが不明確になり、内面的に不安定になるとされています。

❸ ○ 権威主義的パーソナリティの定義を覚えていれば、自信を持って一本釣りできるでしょう。

❹ × D.リースマンの性格類型は、同時代の社会階層ではなく、時代の変化に対応しています。つまり、前近代社会では伝統指向型が、近代社会では内部指向型が、現代社会では他人指向型が多く見られるとしています。

❺ × T.パーソンズは、価値観の多様化が各個人のパーソナリティを多様化しているとは主張していません。あくまで彼は、各個人が内面化により社会規範を**共有**しているという側面を強調しています。

3 文化論

学習のポイント

- オグバーンの文化遅滞説は、社会変動論としても出題されることがあります。
- また、ベネディクトや中根千枝等の日本人論もときどき出題されることがあります。
- ただし、文化の定義と諸類型については、特別区以外で出題される可能性は低いです。

1 文化の定義と諸類型

(1) 文化の定義と諸類型

学者名	類型と定義	
E.タイラー	・文化を「ある社会の一員としての人間によって獲得された知識・信仰・芸術・道徳・法、およびその他の能力や習慣を含む複合体」と包括的に定義	
B.マリノフスキー	**物質文化**	・道具・機械・交通手段など
	非物質文化	・芸術・宗教・科学理論など
	制度文化	・慣習・法など（機能主義者であるため、制度の役割を強調する）
W.F.オグバーン	**物質文化**	・住宅・工場・機械・原料・生産物などの物理的な産物
	非物質文化	・物質文化以外の社会的産物（宗教・科学・芸術・法律・慣習）
	適応文化	・非物質文化の一部であり、物質文化に対処して調節的な働きをする

◆物質文化・非物質文化などの大まかな対応関係

	連続的・累積的に進歩	進歩の連続性・蓄積性は弱い	
A.ウェーバー	文明過程	文化運動	
B.マリノフスキー	物質文化	非物質文化	制度文化
W.F.オグバーン	物質文化	非物質文化（適応文化を含む）	

⑵ 対抗文化（カウンター・カルチャー）

ある社会の支配的文化と敵対・対立している文化のことです。狭義の対抗文化運動とは、主に1960～70年代に先進国の中産階級出身の若者たちが産業社会のさまざまな矛盾に対して異議申し立てをした新左翼運動、ヒッピー文化運動、コミューン運動等を指します。

⑶ カルチュラル・スタディーズ

カルチュラル・スタディーズ（文化研究）は、**政治・経済的要因に基づいて文化を研究**する立場であり、**イギリス**の**R.ホガート**、**R.ウィリアムス**、**S.ホール**などによって進められました。

2 文化遅滞

アメリカの社会学者**W.F.オグバーン**（1886～1959）は、人間社会の産物を**物質文化と非物質文化に分けました**。非物質文化の中には、**物質文化に対処して調節的な働きをする適応文化があります**（法律や規則など）。適応文化には物質文化にあるような革新が少なく、物質文化は発明・発見・伝播によって累積的に付加されていきますが、非物質文化はそうではありません。こうして、**物質文化の変化が先行し、非物質文化の変化はそれよりも遅くなります**。両文化の間には相互依存関係があるから、前者の変化は後者の変化（再調節）を引き起こします（ズレが大きくなると緊張が生じ再調整される）。

このズレが**文化遅滞**（cultural lag）です。例として、軍事技術の進歩と平和思想の発展とのズレや、情報化の進展（インターネットなど）と著作権の整備のズレが挙げられます。

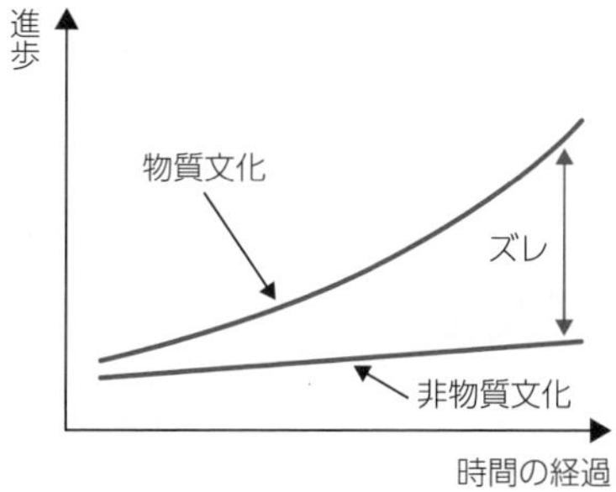

確認してみよう

① W.F.オグバーンは、技術上の発明の結果、物質文化が急速に進み、非物質文化との間に生ずるひずみを「技術的遅滞」と呼び、このひずみが調整されることにより社会全体に変動がもたらされることになると考えた。国税2000

2 参照　×

「技術的遅滞」ではなく「文化遅滞」です。オグバーンは人間社会の産物すべてを「文化」という視角で読み解きました。技術上の発明は物質文化に該当します。

② オグバーンは、文化を物質文化、非物質文化、適応文化の３類型に分け、物質文化は非物質文化より変動の速度が遅いために、文化遅滞が生じるとした。都Ⅰ2002

2 参照　×

物質文化は非物質文化より変動が速いために、文化遅滞が生じます。また、適応文化は非物質文化の一部分（下位類型）であり並列の関係にないので、「文化を物質文化、非物質文化、適応文化の３類型に分け」という箇所も正しい把握ではありません。

③ オグバーンは、文化の変化を社会変動の要因としてとらえ、社会変動の不均衡は、物質文化が非物質文化に比べ速く変化することによって現れるとした。区Ⅰ2004

2 参照　○

二つの文化の関係性を論じたことが、オグバーンの特徴です。

3 罪の文化と恥の文化

アメリカの文化人類学者**R.ベネディクト**（1887～1948）は著書『菊と刀』において、欧米文化と日本文化を「**罪の文化**」と「**恥の文化**」という観点で比較しました。これは、外国人による日本文化論として非常に有名です。

欧米文化＝罪の文化	日本文化＝恥の文化
・内面的な罪の自覚により善行を行う ・自ら心中に描いた理想的な自我にふさわしいように行動することが名誉であるため、自分の非行を誰一人知るものがいなくても罪の意識に悩む文化	**・外面的強制力**（他人の批評・嘲笑）**により善行を行う** ・とにかく他人の前で恥をかくことを恐れる文化 ・逆にいえば、他人の目がなければどんな悪いことでもするということになる（「旅の恥はかき捨て」）

確認してみよう

① ベネディクトは、欧米の「罪の文化」に対して日本は「恥の文化」をもち、恥の意識は普遍的かつ内面的であるとした。都Ⅰ2002

3 参照 ×

恥の意識は普遍的でも内面的でもありません。罪の文化では心に道徳が刻み込まれており（内面的）、どの場面でも共通します（普遍的）。一方、恥の意識は目の前の他者の嘲笑によるため（外面的）、人がいなくなれば恥の意識も消えてしまいます。

② R.ベネディクトは比較研究によって、個別の文化のパターンを分析する方法を構築した。この方法を彼女は、第二次世界大戦中と戦後の日本文化の研究にも適用した。そして数度にわたる訪日調査を通して、日本文化が仁を基調とすることを、罪を基調とするアメリカ文化との対比において主張した。国般1999

3 参照 ×

日本文化は仁ではなく恥を基調とするものです。また、彼女は訪日での調査はしていません。

4 タテ社会とヨコ社会

中根千枝（1926～　）は、著書『**タテ社会とヨコ社会**』において、日本社会を典型的な「タテ社会」（タテのつながりが強い社会）であると分析しています。

タテ社会＝タテつながりの社会（日本的）	ヨコ社会＝ヨコつながりの社会（カースト的）
・**同じ「場」にいる**という条件によって集団への所属が認められる（企業別組合など） ・集団は、**異質な成員**によってタテつながりで構成される（企業成員の学歴・資格はさまざまである）	・**同じ「資格」を持つ**という条件によって集団への所属が認められる（職業別組合など） ・集団は、同じ資格を持つ**同質的な成員**によってヨコつながりで構成される

確認してみよう

① 中根千枝は、その著書『菊と刀』の中で、家族の役割は親子のタテ社会構造に基づく「恥の文化」の継承と「徳のジレンマ」の解消にあるとし、バブル経済崩壊後の日本においてはこうした家族のタテ社会構造が衰退しているとして警鐘を鳴らした。国税2005

3 4 参照 ×

『菊と刀』はR.ベネディクトの著作です。さらにこの本は1946年刊行、中根千枝の『タテ社会の人間関係』は1967年刊行であり、バブル経済崩壊後の1990年代とはかなり時代がずれています。

5 その他の日本人論

学者名	類型と定義	
土居健郎（どいたけお）	・**『「甘え」の構造』**の中で、**「甘え」は日本語にしかない語彙**であり、他者に対する全面的な依存欲求を意味すると述べた ・「甘え」概念はプラス面とマイナス面、両義的に使われている点に注意	
丸山眞男（まるやままさお）	**ささら型文化**	・欧米的で、共通の起源から分化している様子を指している ・例えば欧米の学問は、哲学が共通の母体となり、そこからさまざまな分野へと分化した
	たこつぼ型文化	・日本的で、互いの連絡なく共通部分もなく、それぞれ孤立したツボが並んでいる状態 ・例えば日本では、明治期にいきなり専門分化した学問を輸入したために、統一するものがなくそれぞれの分野がたこつぼ型に形成されている

学者名	類型と定義	
濱口恵俊（はまぐちえしゅん）	個人主義	・欧米的 ・自己中心主義・自己信頼主義・対人関係の手段視が特徴
	間人主義	・日本的 ・相互依存主義・相互信頼主義・対人関係の本質視が特徴

確認してみよう

① 土居健郎は、「甘えの構造」において、日本では、母子間の甘えの関係が成人後も継続し、成人後の甘えが家庭外での人間関係に有害であるとした。都Ⅰ 2006

5 参照 ×

甘えは家庭外での人間関係にもプラスに働きます。土居によれば、日本では成人後も「甘え」の態度が容認され、所属集団へ埋没する（思いきり甘える）ことでアイデンティティを確立し、自信が持てるようになります。

② 丸山眞男は、日本の文化は、すべてその根幹に共通の思想・宗教を持ち、そこから派生し発展したものであり、全体として掌（てのひら）の形をしていることから日本の文化を「ささら型文化」とした。区Ⅰ 2005

5 参照 ×

これは欧米文化に関する記述です。

過去問にチャレンジ

問題1 **文化に関する記述として、妥当なのはどれか。**

★★

区Ⅰ 2010

❶ タイラーは、文化とは、学習された行動とその成果の統合形態であり、その構成要素は、特定社会の成員によって分有され、伝達されているものであるとした。

❷ リントンは、文化とは、社会の成員としての人間が獲得した知識、信仰、道徳、法、慣習その他の能力と習慣を含む複合的な全体であるとした。

❸ オグバーンは、物質文化の進展の仕方が早く、非物質文化の進展の仕方が遅いために起こる不整合現象を指摘した。

❹ 土居健郎は、日本文化を「恥の文化」であると規定し、日本人は他者の非難や嘲笑（ちょうしょう）を恐れて自己の行動を律するが、西欧的な「罪の文化」の中では人は罪責感という内面的な制裁を恐れて自己の行動を律するとした。

❺ ベネディクトは、日本では、「甘え」の文化が対人関係の基調となっており、日本人は所属集団における甘えを十分体験することによってしか自分の存在を確認することができず、義理や人情も甘えに深く根ざしているとした。

【解答・解説】

正解 ❸

文化に関するR.リントンやE.タイラーの定義はマニアックなので、これを覚えようとするのは割りが悪いです。それよりも❸が明らかな正解肢ということで、一本釣りで選べるようにしましょう。

❶ ×　これはリントンによる文化の定義です。リントンは文化を、社会の成員によって分有されている型（パターン）として捉えていて、社会の成員が文化にどのように関わっているかに注目しています。

❷ ×　これはタイラーによる文化の定義です。このタイラーの定義は、文化に係わる項目を列挙したものといえます。

❸ ○　W.F.オグバーンは、この不整合現象を「文化遅滞」と呼びました。

❹ ×　これは、R.ベネディクトが『菊と刀』で示した日本人論です。アメリカの文化人類学者であるベネディクトは、第二次世界大戦中の敵国研究において日本を担当して、その研究報告を『菊と刀』にまとめています。

❺ ×　これは土居健郎が『「甘え」の構造』で示した日本人論です。土居は「甘え」概念を検討することによって、日本社会の特徴を捉えようとしました。

問題2 文化に関する記述として、妥当なのはどれか。

★★

区Ⅰ2016

❶ リントンは、文化とは、明示的に存在する行動についての行動のためのパターンからなり、シンボルによって伝達されるものであり、文化の本質的な中核は、伝統的に伝えられてきた観念やそれに付与された価値からなるとした。

❷ タイラーは、文化とは、ある社会の一員としての人間によって獲得された知識、信仰、芸術、道徳、法律、慣習及びその他の能力や習慣を含む複合的全体であるとした。

❸ クローバーとクラックホーンは、文化とは、学習された行動とその成果の統合形態であり、その構成要素は、特定社会の成員によって分有され、伝達されるとした。

❹ 丸山眞男は、文化の内容を３つに分類し、宗教、芸術、科学などの「非物質的文化」、道具、機械、交通手段などの「物質的文化」、慣習、法などの「制度的文化」であるとした。

❺ オグバーンは、「非物質的文化」の変動が速いのに対して、「物質的文化」の変動がそれにともなわず、その間に遅速のずれが生ずる事実から、文化の不調和の現象を指摘した。

【解答・解説】

正解 ❷

一般的な公務員試験では❶～❸の文化の定義は細かい論点ですが、E.タイラーの定義は特別区の試験で過去に何度も出題されているため、過去問を解いていた者であれば容易に選べる問題です。

❶ ×　これは、A.クローバーとC.クラックホーンによる文化の定義です。ここでは、「シンボルによって伝達される」という箇所がポイントとなります。

❷ ○　「複合的全体」という箇所がポイントとなります。

❸ ×　これは、R.リントンによる文化の定義です。「特定社会の成員により分有され」という箇所がポイントとなります。リントンによる文化の３類型（普遍的文化・特殊的文化・任意的文化）が成員の関わり方（分有の仕方）により分類されていることと関連づけておきましょう。

❹ ×　これは、B.マリノフスキーによる文化の分類です。なお、政治学者の丸山眞男は、日本の文化を「たこつぼ型」、欧米の文化を「ささら型」と対比したことで知られています。

❺ ×　W.F.オグバーンは、物質的文化の変動のほうが早いのに対して非物質的文化の変動がそれに遅れるという「文化遅滞説」を唱えました。

問題3 日本の文化に関する記述として、妥当なのはどれか。

★★ 区Ⅰ 2012

❶ 中根千枝は、日本人の集団参加は、個人の「資格」よりも自らの置かれた「場」に基づいており、単一集団への一方的帰属が求められるが、そこには相異なる「資格」の者が含まれ、成員間に「タテ」の関係が発達するとした。

❷ 土居健郎は、欧米人の個人主義と対比し、日本人の文化的価値ないし対人関係観を「間人主義」と呼び、日本人にとって人間とは、対人的な意味連関の中で、連関性そのものを自己自身だと意識するようなシステムであるとした。

❸ 井上忠司は、日本人にとって準拠集団となる「世間」は、身内や仲間内という身近な存在と、他人やよその人といった遠い存在の、さらに外側に位置しているとした。

❹ 濱口惠俊は、「甘え」は元来母親に対する乳児の依存的な愛情欲求であるが、日本ではこの「甘え」が成人の対人関係の基調となっているとし、「甘え」を日本人のパーソナリティ構造を理解するための鍵概念と捉えた。

❺ 丸山眞男は、日本の文化は、全てその根幹に共通の文化的伝統を持ち、そこから派生し、発展したものであるとし、その文化の型を「ササラ型」と表現し、西欧の「タコツボ型」文化と対比させた。

【解答・解説】

正解 ❶

井上忠司は非常にマイナーで、❸の正誤を判断するのは困難です。❶を一本釣りするしかありません。

❶ ○　例えば労働組合でいえば、日本では企業別に組合を結成する企業別組合が主流です。企業別組合では、その人の職業ではなく、同じ企業という「場」に属していることで組合員としての資格を得ます。その結果、組合内にはさまざまな職業の者が含まれ、成員間に「タテ」の関係が発達するとしました。

❷ ×　これは、濱口惠俊に関する記述です。濱口は、「間人主義」の特徴を、相互依存主義・相互信頼主義・対人関係の本質視の３点と述べ、自己中心主義・自己信頼主義・対人関係の手段視を特徴とする欧米型の個人主義と対比しました。

❸ ×　井上忠司（いのうえただし）によれば、「世間」は、身内や仲間内といった身近な存在と、他人やよその人といった遠い存在の中間に位置しています。つまり、身内や仲間内ほど気楽に振る舞えないという点で、「世間」は身近な存在ではありません。一方で、全くの他人やよその人であれば反応を気にする必要はありませんが、「世間」の目は気になるという点で遠い存在でもありません。このように、「世間」は両者の中間に位置しているとしました。

❹ ×　これは、土居健郎に関する記述です。土居は著書『「甘え」の構造』で「甘え」概念を検討することによって、日本社会の特徴を捉えようとしました。

❺ ×　丸山眞男によれば、日本文化は「タコツボ型」、西欧文化が「ササラ型」です。

問題4 日本人論に関する記述として、妥当なのはどれか。

★★

都Ⅰ2006

❶ R.ベネディクトは、「菊と刀」において、西欧文化は、他人の評判や体面を重視する「恥の文化」であり、日本文化は、内面的な良心を重んじる「罪の文化」であるとした。

❷ 川島武宜は、「日本社会の家族的構成」において、日本の社会は、現代的な家族的原理から成り立っており、それが民主主義の基礎となっているとした。

❸ 中根千枝は、「タテ社会の人間関係」において、日本人の集団意識は、個人の「資格」の共通性よりも、所属する組織など一定の枠に基づく「場」の共有におかれているとした。

❹ 土居健郎は、「甘えの構造」において、日本では、母子間の甘えの関係が成人後も継続し、成人後の甘えが家庭外での人間関係に有害であるとした。

❺ 濱口惠俊は、「『日本人らしさ』の再発見」において、日本人の基本的価値観は、自己中心主義、自己依拠主義、対人関係の手段視によって特徴づけられる個人主義であるとした。

【解答・解説】

正解 ❸

ややマイナーな論者も含まれていますが、正解肢は明確です。

❶ ✕　「西欧文化」と「日本文化」が逆です。

❷ ✕　川島武宜（かわしまたけよし）（1909～92）は『日本社会の家族的構成』（1948）において、日本の社会は**前近代的・封建的**な家族的原理から成り立っており、それが日本の民主化の**障害**となっているとしました。川島によれば、日本では行政組織でも会社組織でも擬制的な親子関係が成立しています。「経営家族主義」はその一例といえます。

❸ ○　定番の論点であり、一本釣りできるでしょう。

❹ ✕　土居健郎によれば、日本では成人後も「甘え」の態度が容認され、所属集団へ埋没する（思い切り甘える）ことでアイデンティティを確立します。つまり、甘えは家庭外での人間関係にも**プラスに働きます**。「甘え」概念はプラス面とマイナス面、両義的に使われていることに注意しましょう。

❺ ✕　問題文中で挙げられているのは、**欧米人**の基本的価値観です。濱口恵俊によれば、従来は欧米型の個人主義と対比して、日本人は集団主義を原理としているという議論が多かったのですが、これは個人－集団という欧米起源の２分法に基づいたものであって、日本人の基本的な価値観は「**間人主義**」（人と人との間における連関性そのものを自己自身だと意識するような見方）という視点で捉えるほうが適切です。そして「間人主義」の特徴を、**相互依存主義**（社会生活では親身の相互扶助が不可欠であり、依存し合うのが人間本来の姿だとする理念）・**相互信頼主義**（自己の行動に対して相手もまたその意図を察してうまく対処してくれるはずだとする互いの思惑）・**対人関係の本質視**（いったん成り立った〈間柄〉は、それ自体値打ちのあるものとして尊重されるべきだとする見解）の３点と述べて、**自己中心主義・自己信頼主義・対人関係の手段視**を**特徴**とする**欧米型**の**個人主義**と対比しました。

問題5 **オグバーンの文化遅滞論に関する記述として、妥当なのはどれか。**

★★

都Ⅰ 2007

❶ 彼は、社会変動を文化変動としてとらえ、社会の変化に関して、宗教や芸術などの非物質文化は、科学や技術などの物質文化よりも変化が速いものとしてとらえた。

❷ 彼は、文化変動の要因には、発明、蓄積、伝播及び適応があり、このうち文化変動を促進する最も大きな要因は適応であるとして、適応の過程で生じるずれを文化遅滞としてとらえた。

❸ 彼は、非物質文化のうち、物質的諸条件を調整する役割をもつ適応文化は、物質文化に比べて革新が少ないために、文化遅滞が起こるとした。

❹ 彼は、文化変動に対して、既成の利益をもつ人々が変化に抵抗することや伝統が変革することへの不安については、文化遅滞をもたらす要因とならないと指摘した。

❺ 彼は、適応文化の特質として、適応文化における発明は、特定の階級の必要を満たすのではなく、社会全体の利害と必ず一致することを指摘した。

【解答・解説】

正解 ❸

文化遅滞論の特徴さえ知っていれば、❸が選べるはずです。ただ、❶以外は正誤の判定がしづらいので、❸を積極的に採用してしまいましょう。

❶ ✕　W.F.オグバーンは、非物質文化は物質文化よりも**変化が遅いもの**として捉えました。

❷ ✕　オグバーンは、文化変動を促進する最も大きな要因は**発明**であるとしました。

❸ ○　非物質文化の一部である適応文化は、物質文化に比べて革新が少ない（＝変化のスピードが遅い）ために文化遅滞が起こります。

❹ ✕　変化を嫌う人が文化変動に抵抗することはよくあります。常識的に考えても、「要因とならない」などという100%の言い切りはできないはずです。実際、オグバーン自身、抵抗や不安について文化遅滞をもたらす要因の一つと考えています。

❺ ✕　「社会全体の利害と**必ず**一致する」という主張が強すぎます。常識的に考えても、一つの例外もないことはまずあり得ないです。

問題6 ★★★ **中根千枝の「タテ社会」の理論に関する次の記述のうち、妥当なのはどれか。**

国般1998

❶ 我が国の社会においては、学歴・職業・地位その他の資格の共有が集団構成の重要な原理となっている。すなわち、同等の資格をもつ人々がそれぞれ固有の集団を構成している。このような資格集団は、更に、社会的な階層を構成している。このように資格によって階層化された社会を「タテ社会」という。

❷ 我が国の社会では資格ではなく、場の共有が集団構成の重要な原理となっている。そこでは個人は、単一集団への一方的帰属を求められる。そして単一集団の中での「タテ」の序列が、人間関係の決定的な要素となる。例えば親分－子分関係は、そのような「タテ社会」の人間関係を代表するものである。

❸ 一般に伝統社会において、個人の集団帰属は単一的である。これに反して近代社会においては、それは複合的である。すなわち個人は、二つ以上の集団に帰属している。日本人の集団帰属が単一的であるのは、我が国社会の前近代性を示している。しかし、我が国でも、次第に集団帰属の複合化が進行しつつある。

❹ 「タテ社会」としての日本の職場では、課長・課長補佐・係長といったインフォーマルな地位の序列に加えて、その集団への加入年次がフォーマルな序列設定の指標となる。一般に加入年次の先の者のほうが、後の者よりも序列は上位である。ここに年功序列と呼ばれる、我が国の昇給・昇進制度の特徴がある。

❺ 「タテ社会」としての我が国の組織では、リーダーから末端成員にまで至る「タテ」の関係が重要な意味をもっている。それは成員同士の「ヨコ」の関係が重要な意味をもつ欧米の組織とは対照的である。そして一般に、欧米の組織におけるよりも我が国の組織におけるリーダーシップのほうが強力である。

【解答・解説】

正解 ❷

中根千枝だけで５択すべて出題されるのはイレギュラーですが、理論の特徴が理解できていれば類推して正誤が判断できるはずです。なお、❶と❷の第１文でそれぞれ反対のことを述べているため、少なくともどちらかが間違いであることはわかります。

❶ ×　これは、「ヨコ社会」に関する記述です。**タテ社会の構成原理**では、**資格**の**共有ではなく**単一の集団における**場**の**共有**が**重要だ**とされます。

❷ ○　「場」の共有とは、例えば企業などの単一集団への帰属のことです。それは熟練工・非熟練工・事務職・管理職といった職種や、高卒・大卒といった学歴などの資格ではなく、ただ同じ企業に属しているということが重要な原理となります。これは、企業別組合の論理ともいえます。そのため、**タテ社会的**な**集団内部**は、**異質な成員**によって**タテつながりで構成**されます。

それに対して欧米では、同じ職種の者たちが集まって企業横断的にヨコのつながりで職業別組合を結成することが多いです。そのため、**ヨコ社会的**な**集団内部**は、**同じ資格を持つ同質的な成員**によって**構成**されます。

❸ ×　事実はどうあれ、『タテ社会の人間関係』の主張内容によれば、**タテ社会的な日本**では、**依然として集団帰属は単一的**です。集団帰属の性質は、すべての社会に当てはまる単線的な発展段階によって規定されるものではなく、各社会固有の社会構造によって異なるのであり、日本人の帰属集団の単一性は日本固有の社会構造の性格によるとしています。

❹ ×　「課長・課長補佐・係長」は**フォーマル**な序列、その集団への加入年次は**インフォーマル**な序列設定の指標です。単一集団への帰属を重視する「タテ社会」では、「年次」も重要な要素になります。

❺ ×　「タテ社会」である日本の組織はタテの関係を構成原理とするため、強いリーダーシップがなくても組織目標達成のための活動が遂行できます。一方、成員どうしの「ヨコ」の関係に基づく欧米型の組織では、活動遂行のために個人のリーダーシップが重要になります。

4 イデオロギー論

学習のポイント

- マンハイムはときどき出題があるので、基本的なキーワードは確認しておきましょう。
- それ以外の論者については出題頻度が低くなるため、大まかに把握しておくだけでよいでしょう。

1 イデオロギーの定義

イデオロギーとは、**広くは信念・態度・意見など、人間の意識活動の総体を意味する概念**であり、**狭くはある主張・行動を特定の政治的立場からのものとして否定的・批判的に表す場合に用いられる概念**です。

2 マルクスのイデオロギー論

K.マルクスは社会を、**物質的生産諸関係の総体**である**下部構造**（土台）と**人間の社会意識総体**である**上部構造**に分けました。そして**上部構造≒イデオロギーは下部構造に規定される**と捉え、そのことによって人々は歪曲された意識を持つとしました。このような、社会的・経済的制度に規定されることによって、**現実の客観的な認識が妨げられている状態の意識**を**虚偽意識**といいます。

一方、マルクス自身の科学的社会主義は現実を客観的に認識できるとしました（第1章第1節参照）。

3 マンハイム

K.マンハイム（1893～1947）は、**『イデオロギーとユートピア』**などを著したハンガリー出身の社会学者（のちドイツ、イギリスへ移住）です。

(1) 知識の存在被拘束性（存在拘束性）

マンハイムは、**人間の知識や認識がその人の立場・社会・歴史によって異なる**ことに着目し、これを**知識の存在被拘束性**と呼び、それを専門的に研究する分野を**知識社会学**と名づけました。人間の知識は常に拘束されたものである限り、完全な真理・客観的な知識というのは存在しません。その意味では、すべての知識・認識はイデオロギー（偏見や誤解を含んだ認識）となります。

イデオロギー	・支配集団の現状肯定的な虚偽意識（**保守的**な意識） ・デステュット・ド・トラシーらが提唱した「観念学」に由来
ユートピア	・被支配集団の現状超越的な虚偽意識（**革新的**な意識） ・トマス＝モアによる造語

また、マンハイムはイデオロギーを次のように分類し、**マルクス主義のイデオロギー把握は特殊的イデオロギーにとどまっている**として**批判**しました。

- 虚偽意識
  - イデオロギー
    - 部分的イデオロギー
    - 全体的イデオロギー
      - 特殊的イデオロギー
      - 普遍的イデオロギー
  - ユートピア

部分的 イデオロギー	・相手の**個別心理・利害関心**に規定された虚偽性を暴露しようとするもの ・例　「あいつは上司に取り入りたくて偏った発言をしている」という見方
全体的 イデオロギー	・**社会構造**からの作用により規定された相手の世界観の虚偽性を暴露しようとするもの ・例　資本家はブルジョア的世界観から逃れられない
特殊的 イデオロギー	・自分以外の立場をすべてイデオロギーとして批判する一方で、「自分の認識はすべて正しいからイデオロギーではない」とする把握の仕方 ・例　マルクス主義
普遍的 イデオロギー	・自分の認識も含めて、すべてが普遍的にイデオロギーであるとみなすもの ・**マンハイムの把握**の仕方

(2) 相関主義

マンハイムは、**さまざまな異なる見地からの部分的な「眺め」を相互に関係づけることで全体に対する認識に到達できる**とする**相関主義**の立場を採りました（相対主義とは異なる）。また、知性の力で綜合を行う自由浮動の**インテリゲンチャ**（知識人）**の役割を強調**しました。

そして、人間の知識や認識はその人の立場・社会・歴史によって規定されている（＝知識の存在被拘束性）としつつ、インテリゲンチャは他の階層よりも自由にさまざまな立場を採ることが可能だとして、多様な観点を相互に関連づけることで対象全体を認識できるとしました。

確認してみよう

① デュルケムは、著書『イデオロギーとユートピア』において、マルクス主義がプロレタリアートによる真理の独占を主張するのに反対して、歴史主義的相対主義の立場からマルクス主義的思惟そのものを相対化することによって、普遍的イデオロギー概念の成立をめざす知識社会学を構想した。労基2004

3 (2) 参照 ✕

これはマンハイムに関連する記述であり、内容も微妙に誤っています。彼はマルクス主義のイデオロギー概念を批判すると同時に相対主義も批判し、相関主義を提唱しました。これは、特定の利害関心に囚われない自由浮動のインテリゲンチャ（知識人）によりさまざまなイデオロギーが綜合される、という立場です。

② K.マンハイムのいう「浮動的インテリゲンチャ」とは、大学教育が普及した社会において、大量の高学歴層が生み出された結果、知識を活用する安定的職業に就くことが困難になり、不安定な立場のまま批判的な発言をする集団のことを指す。国般2010

3 (2) 参照 ✕

「浮動的インテリゲンチャ」（自由浮動のインテリゲンチャ）とは、自由浮動にさまざまな立場を採り、多様な観点から綜合的に対象を認識しようとするインテリゲンチャ（知識人）のことです。

4 イデオロギーの終焉

D.ベル（1919～2011）や**S.リプセット**（1922～2006）は、「階級闘争を通じての社会の全面的変革」というマルクスの理念は、豊かな社会の到来によりその効力を失い、**資本主義対社会主義のイデオロギー対立も終わった**と主張しました。欧米社会はすでに社会問題を解決したというこの認識は、1950～60年代の楽観的な空気を反映しています。

マルクス		マンハイム		ベルとリプセット
・イデオロギー概念を学問的に定式化 ・自分の科学的社会主義のみはイデオロギーではないとする	⇨	・イデオロギーに対する考察を深めた ・そしてマルクス主義もイデオロギーと無縁ではないと批判した	⇨	・イデオロギー対立の終焉を語る ・ただし、ここでいわれているのは政治的イデオロギー

確認してみよう

1 ベルは、製造業などの財の生産を中心とする工業社会に代わり、知識やサービスの生産を中心とする「脱工業社会」が到来することによって、製造業が空洞化し、社会諸階級のイデオロギー対立が激しくなることを予想した。国般2008

4 参照 ×

D. ベルは、イデオロギーの終焉論を唱えた人物です。

過去問にチャレンジ

問題1 ★ **次の文は、マンハイムの社会学に関する記述であるが、文中の空所A～Dに該当する語の組合せとして、妥当なのはどれか。**

区Ⅰ2012

マンハイムは、その著書「イデオロギーとユートピア」において、自分の立場は、［ A ］主義ではなく、［ B ］主義であるとし、存在拘束性の概念で知られる［ C ］を確立した。彼は、マルクスの史的唯物論においてはじめて全体的イデオロギー概念が確立されたとしたが、全体的イデオロギー概念に立つ場合でも、自己の立場を絶対視し、相手のイデオロギー性のみを問題にするものである限り、［ D ］的イデオロギー概念にとどまるものであるとした。

	A	B	C	D
❶	絶対	相対	形式社会学	部分
❷	絶対	相対	知識社会学	特殊
❸	相対	絶対	形式社会学	特殊
❹	相対	相関	知識社会学	特殊
❺	相対	相関	形式社会学	部分

【解答・解説】

正解 ❹

空欄補充の問題では、簡単な箇所から見ていきましょう。本問では、**C**→**D**→**B**の順番で見ていくと、**B**と**C**の内容を知っているだけで正解肢が導き出せることがわかります。

A　「相対」が該当します。K.マンハイムの文脈でいう「相対主義」とは、人間が得る知識は歴史的・社会的条件によりさまざまであり絶対的に正しい知識はないという考え方となります。逆に「絶対主義」とは、歴史的・社会的条件にかかわらず、絶対的に正しい知識があるという考え方を指します。

B　「相関」が該当します。マンハイムは、歴史的・社会的条件によって知識は規定されるとしても、さまざまな異なる見地からの部分的な「眺め」を相互に関係づければ全体に対する認識に到達できるとする「相関主義」の立場を採りました。

C　「知識社会学」が該当します。マンハイムは、人間の知識や認識がその人の立場によって異なり、ひいては社会や歴史によって異なることに着目し、これを知識の存在拘束性（＝存在被拘束性）と呼び、それを専門的に研究する分野を「知識社会学」と名づけました。なお、「形式社会学」はG.ジンメルが提唱した立場です。

D　「特殊」が該当します。マンハイムは、イデオロギーを「部分的」と「全体的」に分けたうえで、さらに「全体的」を「特殊的」と「普遍的」に分けました。ここで「部分的」は、個別の利害関心によって生じたイデオロギー（認識の偏り）であり、「全体的」は社会構造からの作用によって生じたイデオロギーを指します。また「特殊的」は、自分以外の立場をすべてイデオロギーとして批判する一方で「自分の認識はすべて正しいからイデオロギーではない」とするもので、マルクス主義が典型例です。「普遍的」は、自分の認識も含めてすべてが普遍的にイデオロギーであるとみなすものです。

問題2 マンハイムに関する記述として、妥当なのはどれか。

★★

都Ⅰ2005

❶ フランクフルト学派の中心人物であり、その著「イデオロギーとユートピア」において知識社会学を提唱し、マルクス主義者の高い支持を得た。

❷ 社会心理とイデオロギーの関係を論じ、社会心理を不断にイデオロギーへと転化する過程としてとらえ、これを「イデオロギーの貯水池」とよんだ。

❸ 人間の知識や思想は、すべて社会的諸条件によって制約されるという「知識の存在拘束性」からイデオロギーをとらえた。

❹ イデオロギーの相対化の程度に応じて、特殊的イデオロギーと普遍的イデオロギーとを区別し、マルクス主義は普遍的イデオロギーであるとした。

❺ ナチス政権下のドイツからアメリカに亡命し、自由放任の立場から「自由のための計画」の実現を目指した。

【解答・解説】

正解 ❸

文章は短めですが、キーワードの組合せだけでは解答はおぼつかないでしょう。問題と解説をよく読んで、K.マンハイムについての知識を整理しておきましょう。

❶ ×　マンハイムは「フランクフルト学派の中心人物」とはいえません。彼はフランクフルト大学で教鞭をとったことはありますが、同大学の社会研究所にいたフランクフルト学派の人々とは距離をおいていました。また、『イデオロギーとユートピア』ではK.マルクスのイデオロギー概念を**批判的に採り上げたため、マルクス主義者には評判が悪かったです**。

❷ ×　これは、N.ブハーリン（1888～1938）に関する記述です。彼はロシア革命の指導的人物である一方、マルクス主義社会学の確立者としても有名です。彼はマイナーではありますが、公務員試験にもときどき登場します。「イデオロギーの貯水池」という言葉は覚えておきましょう。

❸ ○　ただし、「存在**被**拘束性」という訳語のほうが一般的です。

❹ ×　マンハイムのイデオロギー類型では、**マルクス主義**は、自分の認識を絶対視する**特殊的イデオロギー**に該当します。

❺ ×　ハンガリーで生まれたマンハイムは第一次世界大戦後にドイツへ亡命し、さらにナチスの台頭で**イギリスへ亡命**しました。また「自由のための計画」とは自由と計画を両立させる立場のことです。マンハイムは**自由放任主義に反対する**一方で、そのころ台頭していたファシズムや社会主義のような人間を抑圧する計画主義にも反対し、「第三の道」として、自由を保障するためにルールを定める「自由のための計画」を主張しました。

ヒント

例えば、サッカーにルールが全くなかったらどんな試合になるでしょうか。手でボールに触っても、相手に殴る蹴るの暴行をしてもよいなら、次々とプレイの邪魔が入って競技場内は「自由」の名に値しない状態となるでしょう。一定のルールがあるからこそ選手のプレイの「自由」は保障されます。

問題3 イデオロギーに関する次の記述のうち、妥当なのはどれか。

★★

国税2003

❶ イデオロギーという用語の起源は、S.フロイトが「イデアの学」＝「観念学」として用いたことにある。K.マルクスは、彼を、現実から遊離して「観念をもてあそぶもの」として軽蔑的に「イデオローグ」と呼んだ。

❷ K.マンハイムのイデオロギー概念は、ユートピアの概念の対極に位置するもので、彼は、「普遍的イデオロギー」と「特殊的イデオロギー」とを区分し、後者を更に「全体的イデオロギー」と「部分的イデオロギー」とに区分した。

❸ 「イデオロギーの終焉」とは、現代社会は、イデオロギー的対立を引き起こすような問題も階級対立も消滅し、安定的な成長とその配分に関する政策的優先順位のみが問題になるとする主張であり、1950年代以降、D.ベルやS.M.リプセットらによって主張された。

❹ イデオロギー概念は本来、特定の観念体系を、社会的存在によって規定されるものではないとし、その内部にある存在と関連付けながら内在的に考察する方法を意味した。したがって、イデオロギー論は、何らかの政治的対立や歴史的変動を契機に発展する傾向はない。

❺ 第二次世界大戦の後に発達した社会心理学的イデオロギー論は、個人的イデオロギーの心理的形成過程や病理現象よりも、階級など社会構造を中心とする社会集団のイデオロギーを追究することが多い。

【解答・解説】

正解 ❸

イデオロギー概念の理解が試される問題です。❷は細かい知識がなければ解けませんが、❶・❹・❺は問題文をよく読めば矛盾を見つけ出すことができます。

❶ × 「イデオロギー」という言葉は、18世紀末から19世紀はじめにフランスの**デステュット・ド・トラシーらが提唱した「観念学」**に由来します。また「イデオローグ」とは、先に挙げたトラシーら、感覚論や生理学を取り入れた哲学者のグループを、**ナポレオン**が「空理空論の徒」という意味で**軽蔑的に呼んだこと**に由来します。また、K.マルクス（1818～83）とS.フロイト（1856～1939）の活躍した時代の違いからも、誤りだと推測できます。

❷ × K.マンハイムは、イデオロギーを「部分的」と「全体的」に分けたうえで、さらに「全体的」を「普遍的」と「特殊的」に分けました。つまり分類の順番が逆になっています。

❸ ○ ただし、ここでいわれている「イデオロギー」は、狭い意味（＝政治的イデオロギー）であることに注意してください。広い意味では、イデオロギーとは「信念・態度・意見など人間の意識活動の総体」なのですから、これが「終焉」することはあり得ません。

❹ × マンハイムのイデオロギー概念では、**特定の観念体系は社会的存在によって規定される**ものと考えます。これを「存在被拘束性」と呼びます。そもそも、「社会的存在によって規定されるものではない」のなら、イデオロギーは社会的要因と関係がなくなり、社会学が出る幕はなくなってしまいます。また、政治的対立や歴史的変動をきっかけとして新しいイデオロギー論が登場する場合もあります。

❺ × 心理的形成過程から社会構造へ、という時代の流れが逆です。マルクスやマンハイムのイデオロギー論では、社会構造とイデオロギーの関係を追究する点に特徴がありましたが、第二次世界大戦後に発達した社会心理学的イデオロギー論は、心理的形成過程に注目して研究を進めました（「社会心理学」といっても「心理学」のほうに重点が置かれています）。代表的な人物としては、H.アイゼンク（1916～97）が挙げられます。

問題4 ★★★ イデオロギーやユートピアに関する次の記述のうち、妥当なのはどれか。

国般2004

❶ ユートピアの語源は、ド・トラシーの『ユートピア』に描かれた理想社会にあり、「どこにもない場所」という意味を持っていた。

❷ K.マルクスとF.エンゲルスは、自分たちの科学的社会主義に対して、サン゠シモンやA.コントらの社会主義をユートピア的社会主義とし、そこに絵空事であるという意味を持たせた。

❸ K.マンハイムは、存在に拘束された虚偽意識としてのイデオロギーと存在を超越した意識としてのユートピアとを区別し、ユートピアの変革的機能を強調した。

❹ A.トゥレーヌは、脱工業化社会においては、経済成長と資源の配分をめぐる政策的優先順位のみが問題になるとして、イデオロギーの終焉を論じた。

❺ J.ハバーマスは、国家装置を政府、行政機関などの抑圧装置と、学校、マス・メディアなどのイデオロギー装置に区分し、現代資本主義国家における後者の重要性を強調した。

【解答・解説】

正解 ❸

発展的な内容が扱われており、難問です。

❶ ×　「ユートピア」は、T.モア（1477/8 ～ 1535）の造語です。彼は著書『ユートピア』（1516）で絶対王政下での社会的不平等などを批判して、代わりに空想上の理想社会「ユートピア国」を描いて見せました。

❷ ×　K.マルクスとF.エンゲルスによってユートピア的社会主義（空想的社会主義）の提唱者として批判されたのは、C.サン=シモン、C.フーリエ、R.オーウェンです。確かにA.コントは晩年のサン=シモンの弟子であり、実証主義者という点では2人は共通していますが、一般にコントは社会主義者とはみなされていません。

❸ ○　イデオロギーは現状維持的、ユートピアは現状超越的な機能を持ちます。

❹ ×　これは、D.ベルに関する記述です。一方、A.トゥレーヌ（1925 ～　）はベルとは逆に、脱工業化社会では「新しい社会運動」という別の形の階級闘争が登場すると述べました。

❺ ×　これは、L.アルチュセール（1918 ～ 90）に関する記述です。アルチュセールはマルクス主義国家論を精緻化して、国家装置を抑圧装置とイデオロギー装置に区分し、後者（特に学校）が労働力や生産関係の再生産に重要な役割を果たすと述べました。一方、J.ハーバマス（ハバーマス）は、一般に価値中立的とみなされがちな科学や技術が持つイデオロギー性を指摘しました。ただし、この肢の内容はマイナーであり、試験対策として覚えるべき優先度は低いです。

5 逸脱行動論

学習のポイント

・デュルケムの自殺論は、教養の社会科学でも出題される可能性がある最頻出項目です。
・また、マートンのアノミー論も頻出項目なので、いずれも各類型の特徴を確実に把握しておきましょう。
・その他の逸脱論も定期的に出題される論点ではあるので、ひととおり覚えておきましょう。

1 デュルケムの『自殺論』

逸脱行動とは、**社会において公認された価値や規範から逸脱した振舞い**をいい、犯罪、非行以外に精神錯乱、薬物中毒、アルコール中毒、自殺、性的逸脱なども含めて捉えることが多いです。

社会学において逸脱行動を体系的に扱ったのは**É.デュルケム**です。彼は『自殺論』において、個人の動機や性格・遺伝などを自殺の要因とする説明を退け、規範・統合力といった**社会的要因で説明**しました。**規範や統合力は強すぎても弱すぎても自殺が増加します**。

◆デュルケムによる自殺の4類型

自己本位的自殺	・**近代的類型** ・社会集団の凝集性が弱くなり**自我が孤立することから生じる自殺** ・例としては都会の孤独死などが挙げられる（都会で一人暮らしをしていると、誰とも会話せずに過ごす状況が増える） ・集団から切り離されていて自意識が強くなりすぎるために、このような状況が生じる
集団本位的自殺	・**前近代的類型** ・集団の凝集性や統合力が強すぎて自己が消えて（集団と一体化して）自分の命などちっぽけな存在に思え、**集団の目的のために命を投げ出すことも厭わないようになるために生じる** ・主君の死に伴う家来の自殺（殉死）など
アノミー的自殺	・**近代的類型** ・社会の急激な変動により**規範が弛緩し欲望が肥大して生じる**1)

宿命的自殺	・**前近代的類型** ・**規範が強すぎて自由が過度に抑圧**され、出口を閉ざされた欲望が憤懣や怨念と化すことにより惹き起こされる ・奴隷の自殺など

自己本位的自殺（弱） ⬅ 統合力 ➡ （強）集団本位的自殺

アノミー的自殺（弱） ⬅ 規　範 ➡ （強）宿命的自殺

1）前近代社会では生き方の自由度はとても低いものでした。身分制度のため、農民の子は農民になるしかなく、農民ができることは限られていたから、欲望は適度な水準で保たれていました。これは不自由ではあるものの、生き方の指針が明確で余計なことを考えなくても済むため、かえって楽な面もありました。ところが近代以降、強固な身分制度がなくなり、職業選択の自由が確保されると生き方の自由度が増大します。建前としては、生まれたときは貧乏でも、本人が努力して能力を発揮しさえすれば、大金持ちになることも一国の大統領になることもできる時代になりました。選択肢が増えて「無限の可能性」が開けた分、欲望の水準の歯止めがなくなり、どこまでいっても満足できなくなったともいえます。とはいえ、成功者の影には失敗者がいるのが資本主義経済であり、成功者の中でも大成功するのはほんの一部です。ほとんどの者は膨れあがった欲望に現状がついていかず、大成功した者でも欲望はさらに膨れあがるので、いつまでも欲望と現状のギャップは埋まりません。その結果、心の安定は得られずに自殺が増大するのです。

確認してみよう

①　デュルケムは、その著「自殺論」において、自殺の原因は、社会的な要因よりも個人的な要因に求められることを、統計的な手法によって明らかにした。都Ⅱ 2005

1 参照 ✕

É.デュルケムは、自殺の原因が個人的な要因よりも社会的な要因に求められるとしました。

②　フランスにおけるアカデミックな社会学の創始者であるE.デュルケームは、社会学の方法的な確立と実証的な研究において社会学史に光彩を放って

いる。例えば、自殺の三つの類型（集団本位的自殺・自己本位的自殺・アパシー的自殺）を設定したことは、彼の業績の一つである。国般1998

1 参照 ×

「アパシー的自殺」ではなく「アノミー的自殺」です。なお、宿命的自殺は『自殺論』では註で触れられているだけで、本文の自殺類型の表に載っているのは三つだけであるため、古い参考書には３類型と紹介されていることもあります。

---

③　自殺の社会的要因を研究したÉ.デュルケムは、個々の自殺の事例研究により、社会的規制の欠如が自殺を抑制することや、革命や戦争のような政治的危機の前後には自殺数の増加が見られることを示した。国般2014

1 参照 ×

デュルケムの自殺論の中心は、マクロな自殺統計に基づく考察です。また、社会的規制の欠如が自殺を増加させること（＝アノミー的自殺）や、政治的危機の前後には集団の凝集性が高まるために自殺数の減少が見られることを示しました。

---

④　É.デュルケームは、近代の自殺を実証的に分析し、自殺の原因を、精神的苦痛など個人的な動機に基づくものではなく、「社会的自殺率」の変動に着目し、マクロの経済的変動による失業・所得水準などの変化の影響を重視した。国般2011

1 参照 ×

デュルケム（デュルケーム）は、個人的な動機でもマクロの経済的変動でもなく、社会の統合力や規範の強弱といった個人の外にあって個人を拘束するように働く「社会的事実」から自殺を説明しました。

2 マートンのアノミー論

(1) アノミーの発生原因

アノミー（anomie）とは**無規範**を意味する言葉であり、**それにより社会が混乱している状況**を指します。デュルケムが独自の社会学的概念として定式化しました。

R.K.マートンは、アノミー発生の原因として、**文化目標に到達するための制度的手段が不均等に配分されている社会状況**を挙げました。例えばアメリカでは「誰でも努力すればお金持ちになれるし、それを目指すのが当然だ」という文化目標がありますが、それを達成するための手段を皆が平等に持っているわけではありません（教育・採用・昇進の格差）。実際には格差があるのに成功神話ばかりが語られる社会の中で人々はどのように適応していくのか、その様式をマートンは五つに類型化しました。

⑵ 個人的適応様式の５類型

適応様式	同調	革新	儀礼主義	逃避主義	反抗
文化的目標	＋	＋	－	－	±
制度的手段	＋	－	＋	－	±

（＋は承認、－は拒否、±は現行の価値の拒否と新しい価値への代替である）

① 同　調

目標への制度的手段から逸脱しない（逸脱行動に当たらない）適応類型です。ほとんどの者がこれを選びます。

② 革　新

目標は共有しつつ承認されていない手段を使うという適応類型です。目標への達成手段の配分の格差が拡がれば「革新」を選ぶ者が増えてきます。

例として、「金持ちになる」という目標を共有しつつ「銀行強盗や詐欺」という手段を選ぶことが挙げられます。「金持ちになる」という目標を達成するために日々働くにしても、多額の資金を元手に株取引できる人と、安い時給で働く人とでは、結果は大きく変わってきます。そこで「真面目に働くのがばかばかしい」という風潮が広がり、銀行強盗や詐欺という手段を採るほうが手っ取り早いとされてしまうのです。

③ 儀礼主義

文化的に規定された目標を捨てつつ、ひたすら制度的手段・規則を固守し続ける適応類型です。過去に大きな失敗をした結果、目的とは関係なく規則を守り続けることにこだわり、全く融通が利かなくなる状態であり、強迫神経症患者になりやすいといわれます。

例として同調過剰・従順過剰の事務官が挙げられます。

④ **逃避主義**

かつて尊重していた文化的目標とそれを目指す制度的手段をいずれも実質的に放棄する適応類型です。現実社会から撤退しているだけで、新しい価値観を提示してはいない点で「反抗」と区別されます。

例としてアルコール依存や薬物依存などが挙げられます。

⑤ **反 抗**

現行の文化的目標と制度的手段をともに拒否し、新しい価値を提示する適応類型です。

例えば現世超越的な宗教家ならば、アメリカ社会で金銭的に成功することも、成功するために株取引という手段を選ぶことも拒否するでしょう。そして代わりに「世俗的な欲望から解き放たれた新しい世界の創造」という目標と、その手段として「布教活動の徹底」を選択することになります。

確認してみよう

① マートンは、アノミー論を展開し、アメリカ社会における逸脱行動は、文化的目標としての金銭的成功とこれを達成するための制度的規範とが同じように強調されることによって引き起こされるとした。都Ⅰ2008

2 (1) 参照 ×

マートンは、アメリカ社会における逸脱行動は、文化的目標としての金銭的成功ばかりが強調されることによって引き起こされるとしました。

② R.マートンは、文化的目標があまりに強調される一方、目標達成のための利用可能な制度的手段が欠けている社会では、アノミー状態となり逸脱行動が生じやすいとした。そして、アメリカ社会では金銭的成功が文化的目標として強調されている一方、そのための制度的手段が大部分の人に平等に保障されていないため、逸脱行動が生じやすいと指摘した。国税2007

2 (1) 参照 ○

マートンによれば、アメリカ文化は「一方では、成功の基本的象徴として富を大いに強調しつつ、他方、この目標を達成すべき正当な手段となるべき通路をそれほど強調していないという特質を持ち続けている」。

③ マートンは、文化的目標と制度的手段との組合せから適応様式の類型化を行い、逸脱行動の型として、同調、儀礼主義、逃避主義、反抗及び革新の5つをあげ、アルコール依存や薬物依存などの逸脱行動は反抗に当たるとした。 都Ⅱ 2005

2 (2) 参照 ×

アルコール依存や薬物依存などの逸脱行動は逃避主義に当たるとしました。

3 単純アノミーと急性アノミー

アメリカの政治学者**S.デ・グレージア**（1915～2001）は、アノミーをその発生原因によって単純アノミーと急性アノミーの二つに分類しました。

単純アノミー	・**信念体系間の対立により生じるアノミー**（宗教間の教義の矛盾に直面した場合など） ・どちらが正しいのか思い悩み、足下が揺らいだ感覚となる
急性アノミー	・**信念体系の崩壊により生じるアノミー**（カルト宗教から脱退した人物など） ・それまでの世界観を周囲から否定され、何を信じてよいのかわからなくなり混乱する

確認してみよう

① S.デ・グレージアは、社会への忠誠の基盤を「信念体系」と呼び、社会における信念体系の葛藤や崩壊によって生じる不適応に注目し、複数の信念体系の葛藤を「心理的アノミー」、支配的な信念体系の崩壊を「社会的アノミー」と呼んだ。 国税2000

3 参照 ×

心理的アノミー、社会的アノミーではなく、単純アノミー、急性アノミーです。デ・グレージアによれば、「信念体系」とは「人々の価値観や態度決定の支えになる考え方のまとまり」のことで、具体的には宗教の教義などがこれに当たります。

4 その他の逸脱行動論

⑴ ラベリング理論（レイベリング理論）

シカゴ学派に属するアメリカの社会学者**H.ベッカー**（1928～　）は、著書『**アウトサイダーズ**』の中で、逸脱行動に関する**ラベリング理論**を提示しました。

従来の逸脱行動論の多くは、逸脱者の属性・行動に注目して逸脱の原因を分析していましたが、ラベリング理論では、**「逸脱」の定義そのものや「逸脱者」というラベルを貼る社会のほうに注目します。**ベッカーによれば、社会集団は、これを犯せば逸脱となるような規則を設け、それを特定の人々に適用し、彼らにアウトサイダー（逸脱者）のラベルを貼ることによって「逸脱」を生み出します2)。

> 2) 当該社会の多数派が定めた「同調／逸脱」の線引きの恣意的な適用により、逸脱者のラベルが貼られます。そのため、特に**社会的弱者に対して適用されやすい**です。人は、他者によって逸脱者というラベルを貼られ、逸脱者扱いされることによって、ついには**自分自身が逸脱者だというアイデンティティを持つ**ようになります。

⑵ スティグマ

E.ゴフマンは、対面状況において、**正常から逸脱したとみなされ他人から蔑視されるような欠点・ハンディキャップ**を**スティグマ**と呼びました。「スティグマ」とは、もとは奴隷や犯罪者に押された焼印の意味でした。

⑶ 第一次逸脱と第二次逸脱

E.レマート（1912～96）は、逸脱行動を第一次逸脱と第二次逸脱に分類しました。

第一次逸脱	・人々の逸脱行動そのもの ・行為者に自覚されない逸脱 ・第一次逸脱はさまざまな社会的・文化的・心理的要因によって生じるものの、この段階では「逸脱者」としてのアイデンティティは形成されておらず、すぐに社会復帰可能である
第二次逸脱	・人々の精神構造・アイデンティティの逸脱 ・行為者に自覚された逸脱 ・第一次逸脱が発覚したことにより、周囲の者から否定的な社会的反作用（ラベリング・処罰・隔離など）が加えられると、当人の精神構造が変容し、逸脱的なアイデンティティの形成に至る ・このように、逸脱が単に一時的・偶発的な行動にとどまらずに、逸脱的なアイデンティティまで持つに至った状態を指す

⑷ 社会学的犯罪理論

アメリカの犯罪学者**E.H.サザーランド**（1883～1950）は、人が犯罪に至る原因について分析しました。

① 分化的接触理論

分化的接触理論とは、犯罪行動は、**遵法的文化から隔絶されて犯罪的文化に接触することにより学習された行動**とする理論です。それまで主流だった**人格特性や情動障害を犯罪の原因とする見解を全面否定**するものです。

なお、**A.K.コーエン**（1918～2014）の非行少年研究（**非行下位文化理論**）も同様の見解を示しています。

② ホワイトカラーの犯罪

サザーランドは、犯罪は下層労働者階級に集中して発生するというそれまでの通念を否定し、**上層・中層階級の組織的犯罪の多さを立証**しました。

例えば、どんなに大がかりな銀行強盗でも被害額は数億円単位ですが、不正経理では数十億円もの横領がありますし、株価操作では数千億円単位の被害を与えることがあります。こちらのほうが金額面でも社会制度に対する信頼を失わせるという点でもはるかに大きな被害を与えています。にもかかわらず、一般的には銀行強盗やコンビニ強盗のほうが悪質とみなされる傾向があります。

⑸ 絆の理論（非行の統制理論）

アメリカの社会学者**T.ハーシ**（1935～2017）は、少年非行の原因は、社会につなぎ止めておく**絆**（**愛着・投資・まきこみ・規範**）**の弱体化**と考えました。これを**絆の理論**といいます。

確認してみよう

1 逸脱の研究の中には、社会が逸脱者にレッテルを貼ること（ラベリング）を問題にする立場がある。例えば、一度窃盗を働いた者が「また窃盗を働くだろう」と決めつけられることは、そこでいうレッテルに当たる。E.ゴッフマンは、「正常」から逸脱していると評価される属性をステッカーと呼んだ。
国般1999

4 ⑵ 参照 ×

「正常」から逸脱していると評価される属性をスティグマと呼びました。

② レマートは、逸脱を第一次逸脱と第二次逸脱とに区分し、第一次逸脱は人々の逸脱の行為そのものを示し、第二次逸脱は逸脱に対し他者から否定的な社会的反作用が加えられ、行為者自身の変化が促されたときに生じるものとした。都Ⅱ2005

4 (3) 参照 ○

例えば、ある真面目な生徒が気の迷いで万引きするというのが第一次逸脱に当たります。その後、周囲から悪者扱いされ続けた結果、「どうせ自分はワルだよ」と自己定義してグレてしまうのが第二次逸脱に当たります。

③ サザーランドは、犯罪は、犯罪傾向をもった集団の中での接触による学習を通じて生まれるとして、貧困を背景に下層階級が起こす組織犯罪をブルーカラーの犯罪と名付けて論じた。都Ⅱ2005

4 (4) 参照 ×

E.H.サザーランドは「ホワイトカラーの犯罪」を論じた人物です。

④ A.K.コーエンは、非行集団には特有の価値観や社会規範があるわけではなく、中産階層と同じ価値観や社会規範を共有しつつも、その下に特有の行動様式を持っているにすぎないとする非行下位文化理論を構築し、非行集団特有の行動様式は非行集団内での人間的接触の希薄化がもたらしているとした。国税2007

4 (4) 参照 ×

非行集団には中産階級の文化に対抗的な特有の価値規範（非行下位文化）があります。また、非行集団特有の行動様式は、非行集団内での人間的接触が濃密になり非行下位文化が浸透することにより拡がっているとしました。

⑤ T.ハーシは、非行研究において、人の社会的つながりを、愛着、投資、まきこみ、規範概念の四つの要素に分解し、人は他者や社会からの期待や要求である「まきこみ」を過度に受けると、その束縛から逃れようとして逸脱行動を行いやすいとした。国税2007

4 (5) 参照 ×

ハーシは「まきこみ」は逸脱行動を防ぐと論じました。

過去問にチャレンジ

問題1 ★ **デュルケームの自殺論に関する記述として、妥当なのはどれか。**

区Ⅰ 2009

❶ 宿命的自殺とは、社会が強い統合度と権威をもっていて、個人に死を強制したり、奨励したりすることによって生じる自殺の類型であるとしたが、この例として自己犠牲や殉死が挙げられる。

❷ デュルケームは、マートンが社会学の概念として定式化したアノミー概念をさらに発展させ、自殺の類型として示した。

❸ 集団本位的自殺とは、社会の統合や連帯が弱まり、個人が集団生活から切り離されて孤立する結果として生じる自殺の類型であるとした。

❹ デュルケームは、統計からプロテスタント、都市居住者、独居者などに自殺が多いことに注目し、「自殺率は、個人が所属している集団の凝集性に正比例して増減する。」という定式をたてた。

❺ アノミー的自殺とは、社会の規制が弛緩（しかん）したり、崩壊したりして、個人の欲求への適切なコントロールが働かなくなる結果、際限のない欲求に駆り立てられる個人における幻滅、虚しさによる自殺の類型であるとした。

【解答・解説】

正解 ❺

自殺論の内容の理解が問われる問題です。

❶ ×　これは、**集団本位的自殺**に関する記述です。

❷ ×　R.K.マートン（1910～2003）は、É.デュルケム（デュルケーム、1858～1917）が社会学の概念として定式化したアノミー概念をさらに発展させて、アメリカ社会を分析しました。

❸ ×　これは、**自己本位的自殺**に関する記述です。

❹ ×　「自殺率は、…集団の凝集性に正比例して増減する」ということはつまり、凝集性が強まるにつれて自殺率は増加し、凝集性が弱まるにつれて自殺率は減少するということですが、デュルケムは**凝集性が強すぎても弱すぎても自殺率は増加する**と考えています。プロテスタント・都市居住者・独居者の自殺は、**凝集性が弱まるにつれて増加する自己本位的自殺の典型例**です。

補足

カトリックは、教会を介して神と向き合うという教義を持っているため、信者は教会に集まって礼拝します（＝集団の統合力は高い）。一方、プロテスタントは、教会を介さずに個人それぞれが1対1で直接に神と向き合うという教義を持っているため、信者どうしの結束を高める機会は少ないです（＝集団の統合力は低い）。そのため、カトリック社会よりもプロテスタント社会のほうが、自己本位的自殺が増えることとなります。

なお、デュルケムによれば、カトリック社会よりもユダヤ教社会のほうが自殺率は低いです（自殺率は、プロテスタント＞カトリック＞ユダヤ教、となります）。これは当時のヨーロッパでユダヤ教徒が迫害されていた分、ユダヤ教徒社会内部の結束力が高かったためです（＝集団の統合力は高い）。

❺ ○　アノミー的自殺のこの説明は定番で、他の過去問でもこのような言い回しがよく使われています。

問題2 ★

逸脱行動に関するＡ～Ｄの記述のうち、妥当なものを選んだ組合せはどれか。

区Ⅰ 2020

A サザーランドは、非行下位文化論を提唱し、社会構造を構成する文化的目標と、それを達成するために利用可能な制度的手段とが乖離(かいり)する緊張状態をアノミーとして捉え、このようなもとで犯罪等の逸脱が選択されやすいとした。

B デュルケームは、「自殺論」において、アノミー的自殺とは、社会規範が弛緩(しかん)し、欲望が過度に肥大化した結果として、焦燥感、不満、幻滅等が高じ、そのために生じる自殺であるとした。

C ベッカーは、ラベリング理論を展開し、「社会集団は、これを犯せば逸脱となるような規則を設け、それを特定の人々に適用し、彼らにアウトサイダーのレッテルを貼ることによって逸脱を生み出す」とした。

D コーエンは、分化的接触理論を提唱し、犯罪行動は、人々が犯罪文化に接触することで学習された行動であり、集団における他の人々との相互作用を通じて生じるとした。

❶ A B
❷ A C
❸ A D
❹ B C
❺ B D

【解答・解説】

正解 ❹

出題されているのは定番の論点ですし、組合せ問題ということもあって易問といえます。

A ×　「非行下位文化論」を提唱したのは、E.H.サザーランドではなくA.K.コーエンです。また「社会構造を」以降の記述は、非行下位文化理論ではなく、R.K.マートンのアノミー論に関する記述です。

B ○　ここで「アノミー」とは、「無規範」を意味する言葉です。

C ○　H.ベッカーによれば、多数派が定めた規則の恣意的な運用により、特に少数派が逸脱ラベルの適用対象になりやすいです。

D ×　「分化的接触理論」を提唱したのは、コーエンではなくサザーランドです。

問題3 **逸脱行為に関する記述として、妥当なのはどれか。**

★

区Ⅰ 2013

❶ コーエンは、社会的絆を、愛着、コミットメント、巻き込み、規範観念の４つの要素に分解し、青少年を対象とした自己申告データを使って、そのそれぞれが非行に対する抑制効果をもつという仮説を検証した。

❷ サザーランドは、犯罪的文化との接触が犯罪行動の基本的原因であるとする分化的接触理論を提唱し、下層階級の人々が行う犯罪で、名望ある社会的地位の高い人物が被害者となるものを「ホワイトカラー犯罪」と命名した。

❸ レマートは、法違反の敢行が行為者に自覚された逸脱を「第一次的逸脱」、同調を難しくさせる諸要因による自覚されない逸脱を「第二次的逸脱」と名付けて、両者を区別した。

❹ ハーシは、青少年の非行集団に共通してみられる下位文化を分析し、それがアメリカ社会において支配的な中流階層の行動基準に対抗して形成された下流階層の集団的問題解決の様式であるとした。

❺ ベッカーは、社会集団は、これを犯せば逸脱となるような規則を設け、それを特定の人々に適用し、彼らにアウトサイダーのレッテルを貼ることによって逸脱を生み出すとした。

【解答・解説】

正解 ❺

細かい内容も出題されているものの、❺が明確に正解なので一本釣りでいける問題です。

❶ ×　これは、T.ハーシの絆の理論に関する記述です。

❷ ×　E.H.サザーランドのいう「ホワイトカラー犯罪」とは、名望ある社会的地位の高い人物（ホワイトカラー）が「犯罪者」となるものを指します。サザーランドは、犯罪は下層労働者階級に集中して発生するというそれまでの通念を否定して上層・中層の組織的犯罪の多さを立証し、この犯罪は被害額という点でも社会制度に対する信頼を失わせるという点でもはるかに悪質であると主張しました。

❸ ×　E.レマートは、法違反の敢行が行為者に自覚されない逸脱を「第一次的逸脱」、自覚された逸脱を「第二次的逸脱」と名づけました。

❹ ×　これは、A.K.コーエンの非行下位文化理論に関する記述です。

❺ ○　H.ベッカーのラベリング論のこの説明は定番で、他の過去問でもこのような言い回しがよく使われています。

問題4 ラベリング理論に関する記述として、妥当なのはどれか。

★★

区Ⅰ 2002

❶ ラベリング理論では、犯罪を行う人間について社会的・家庭的環境に問題があるとされていた従来の考え方を否定し、犯罪とは無縁のようにみえる社会的・経済的上層階級者であるホワイトカラーの犯罪を理論的に説明した。

❷ ラベリング理論では、人の社会的なつながりを愛着、投資、まきこみ、規範概念の四つの要素に分解し、それぞれが非行に対する抑制効果を持つという仮説を立て、青少年を対象とした自己申告データを使ってそれを検証した。

❸ ラベリング理論では、成功という文化的目標と、その達成のためにアクセスできる制度的手段とのギャップが最大になるとき、目的のために手段を選ばない革新が物質的利益目当ての犯罪や非行を引き起こすとした。

❹ ラベリング理論では、逸脱行動を行うことによって得る利益が、それを行った結果、罰を受ける確率や受けるかもしれない罰の大きさを上回れば、人は逸脱行動を行うとした。

❺ ラベリング理論では、逸脱は、社会的に構成されたものであり、特定の人々によって形成された規則を特定の人や行為に適用することによって生み出されるとした。

【解答・解説】

正解 ❺

細かい内容の選択肢はあるものの、テーマが限定されているため、**ラベリング理論**が、非行の直接の要因や犯罪者の特性を研究するのではなく、**ある行動を犯罪や逸脱とみなし、そうした行動を起こした者を犯罪者と名づける（ラベルを貼る）社会の側に着目する立場だ**と理解していれば、正解にたどりつけます。関係ない話が出てきたら次の肢に移れば大丈夫です。

❶ ×　これはE.H.サザーランドの「ホワイトカラーの犯罪」の議論であり、ラベリング理論ではありません。

❷ ×　非行や逸脱行動を「する」要因ではなく「しない」要因を考察するのは「コントロール理論」で、T.ハーシが代表的な論者です。ハーシは犯罪の原因を、社会と個人のつながり（他者への愛着、それまで投資したものを失うことへの懸念、日常の活動への時間とエネルギーの投入、遵法意識）の強弱によって説明しているため、「社会的絆の理論」とも呼ばれます。

❸ ×　これは、R.K.マートンに関する記述です。

❹ ×　刑罰が犯罪の抑制に役立つというこのような立場は、古典的・通俗的な犯罪観です。制裁による逸脱抑止は、ごく一般的な社会統制となります。

❺ ○　同じ行動でも、社会・時代によって犯罪とされたりされなかったりします（例えば禁酒法など）。このことは、逸脱行動か否かは、行動それ自体の性質ではなく、その社会の規範によって規定されることを示しています。ラベリング理論はこの点を重視し、逸脱行動を起こす者よりも、その行動を逸脱行動だと判定する側（社会）に着目します。

問題5 ★★

É.デュルケムの自殺論に関する次の記述のうち、妥当なのはどれか。

国税2003

❶ 自殺は、個人的行為であるとはいえ、これを集合的にみれば、それぞれの社会は特徴のある自殺率を示している。そしてその変化もまた、ランダムではなく一定の形相化した運動を示す。いかなる類型の自殺も、個人がその一部を成す社会集団の統合が強くなるほど多くなる。

❷ 「宿命的自殺」は、生を空虚に感じ、意気消沈や憂うつに襲われて自殺に赴くといったような常軌を逸した個人化から生じる特殊な自殺である。自殺者が属している社会集団の凝集性が弱い場合、個人はそれに依存しなくなり、自分自身にのみ依拠するようになることが背景にある。

❸ 「集団本位的自殺」は、自殺者の属する集団の凝集性や統制力が強く、その強さが成員に圧力を加えて自己没却的な自殺に走らせることをいう。したがって、この「集団本位的自殺」は「自己本位的自殺」と全く性質を異にしており、両者の混合類型は考えられない。

❹ 「アノミー的自殺」は、ある社会が突然の危機に見舞われ、無規制状態に陥った場合に行われる自殺であり、大恐慌のような場合ばかりではなく、逆に急速な繁栄、いわゆる「幸福な危機」においても訪れる。

❺ 我が国の自殺について、É.デュルケムは「愛他的自殺」の一例として取り上げている。我が国の自殺率は世界有数の高さであり、明治期以降の自殺率の推移をみると、第二次世界大戦直後に最高となり、その後は一貫して減少している。

【解答・解説】

正解 ❹

細かい内容が書かれており、すべてを検討すると混乱してしまいますが、正解肢は基本的な論点なので迷わずに選びたいところです。

❶ ×　「いかなる類型の自殺も…社会集団の統合が強くなるほど多くなる」という箇所が誤りです。集団本位的自殺は社会集団の統合が強くなりすぎて起こる自殺ですが、自己本位的自殺は統合が弱くなりすぎて起こる自殺です。つまり、統合が強くなるほど自己本位的自殺は少なくなります。また、アノミー的自殺と宿命的自殺は、統合ではなく規範を変数として増減します。É.デュルケムは生物のアナロジーで社会を見ているため、中庸を最良のものとします。例えば人間の体温が、32℃でも40℃でも体に負担をかけ、36℃ぐらいがちょうどいいのと同様に、社会集団の統合も、強すぎず弱すぎずバランスが取れているときが一番自殺は少なくなります。

❷ ×　これは、「自己本位的自殺」の説明です。「常軌を逸した個人化」、「社会集団の凝集性が弱い場合」で判別しましょう。

❸ ×　混合類型も存在します。M.ウェーバーの「理念型」と同様に、デュルケムも現実には複数の類型が混合し得ると考えています。デュルケムによれば、自己本位主義と集団本位主義は、それ自体としては相反する両極ですが、ときには両者の作用が結びつくこともあります。例えば、近代化が進展しつつ神秘主義が興隆する状況が挙げられます（いまの日本でもオカルト雑誌の出版や新興宗教は盛んです）。常軌を逸した個人化の結果、人生の目標を失ったことで（＝自己本位的）、今度は神秘主義に傾倒する場合（＝集団本位的）となります。

❹ ○　本来、繁栄は望ましいことですが、急速すぎる繁栄は危機的状況を招きます。

❺ ×　自殺死亡率は近年まで、高い水準で推移していました。明治から大正・昭和初期にかけて緩やかに増加傾向にあった自殺率は1930年代後半より減少し始め、太平洋戦争の激化とともに急減しました（戦争末期および敗戦直後の年の統計はありません）。その後、日本経済が高度成長の軌道に

乗る1950年代に入って急上昇し、1960年代に入って急減しましたが、バブル景気前の1980年代後半に上昇、1990年付近は減少、不況が長期化・深刻化した1990年代後半になると急激に増加し始め、2003年には過去2番目の数値を記録（過去最悪は1958年）、男性に限定すると過去最悪の数値を記録しました。主要国の中では日本の自殺率は、韓国、ロシア、ハンガリーに次いで高いです。ただし、近年は低下傾向にあります。

補足

なお、「愛他的自殺」は「集団本位的自殺」の古い訳語で、「自己本位的自殺」もかつては「利己的自殺」と訳されていました。もとのフランス語を直訳するなら、むしろそうするほうが自然で、「集団本位的自殺」、「自己本位的自殺」はいずれも、デュルケムの主張内容を汲み取ったうえで当てた訳語といえます。『自殺論』では、集団本位的自殺（愛他的自殺）の例として日本人の切腹が挙げられています。

日本の自殺死亡率の推移（人口10万人あたり死亡数）

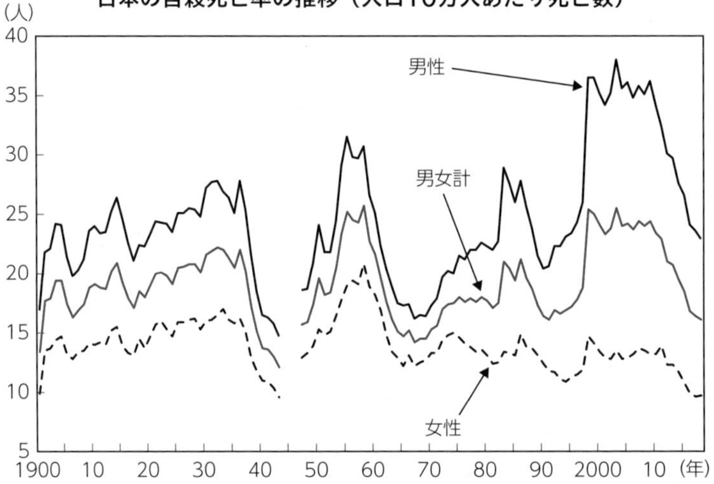

厚生労働省「自殺統計の概況：人口動態統計特殊報告」および「人口動態統計の概況」を参考に作成

MEMO

問題6 **逸脱行動研究に関する次の記述のうち、妥当なのはどれか。**

★★

国般2005

❶ シカゴ学派の社会解体論は、警察などの社会統制機関の機能低下が、犯罪や非行の原因であると論じる。

❷ E.サザーランドの分化的接触理論は、マス・メディアに接触することで、逸脱行動が学習され、組織化される点を強調した。

❸ R.マートンのアノミー論は、社会システムが個人に提供する文化的目標と制度的手段との乖離が、逸脱行動の原因であると論じる。

❹ H.ベッカーのラベリング理論は、少年が、逸脱下位文化に接触するだけで、周囲から逸脱者の仲間であるとみなされていく社会過程を論じた。

❺ E.レマートのいう第二次的逸脱とは、最初の逸脱行為が発覚しなかったために、繰り返して行われるようになった逸脱行為を指す。

【解答・解説】

正解 ❸

細かい内容が問われています。また、❹が明確に誤りと言い切れないために迷ってしまいますが、素直に読んでいけば❸が選べます。

❶ × シカゴ学派の社会解体論では、**急激な都市化・産業化や移民をきっかけに規範・価値観が混乱 → 社会解体**（＝集団成員に対して、既存の社会的行動規則が及ぼす影響力の減退）**→ 犯罪や非行が増える**、と説明します。ただし、シカゴ学派の社会解体論を知らなくても、彼らの都市社会学が都市化に伴う変動を研究したことを知っていれば、「警察などの社会統制機関の機能低下」は的外れだと想像できます（そもそも警察制度は近代の産物です）。なお、シカゴ学派については第５章第３節を参照してください。

❷ × E.H.サザーランドの分化的接触理論では、遵法的文化から離れて（＝**分化**して）**犯罪的文化に接触**することで、犯罪への動機・技術・態度などが学習されて犯罪行動が生じると捉えます。このように、生物学的・心理学的要因ではなく社会的要因で犯罪を説明しようとするのは、社会学的な発想といえます。

❸ ○ 「社会システム」が気になる人がいるかもしれませんが、R.K.マートンも社会の体系性を想定しています。それがなければ「順機能／逆機能」など論じることはできません。

❹ × 少年の逸脱下位文化を論じた主要な人物はA.K.コーエンです。ただし、この肢の内容はラベリング理論の見方と矛盾していないため、明確に「誤り」と言い切るのは難しいです（H.ベッカーは存命であり、どこかでこのような主張をしている可能性もあります）。とはいえ、公務員試験の範囲では「少年の逸脱下位文化」と結びつけて出題されるのはコーエンですし、❸に誤りの要素が見当たらないため、❹は外れることとなります。

❺ × E.レマートのいう第二次的逸脱とは、**最初の逸脱行為が発覚した**ために、他者から否定的な社会的反作用（スティグマ付与、処罰、隔離など）を加えられた結果として、本人が逸脱者としてのアイデンティティを持つに至る事態を指します。

問題7 **逸脱理論に関する次の記述のうち、最も妥当なのはどれか。**

★★

国般2009

❶ H.S.ベッカーは、逸脱とは、「逸脱」とみなされる行為やその行為者の性質だけで判断されるのではなく、その社会において権力をもつ集団が「逸脱者」というレッテルを貼ることによってつくり出されると論じた。

❷ R.K.マートンは、経済の急成長のような社会生活条件の急変によって起こる人々の欲求の異常な肥大をアノミーと呼び、社会学の概念として初めて用いるとともに、自殺などの逸脱行動とアノミーとの関連を重視した。

❸ E.H.サザーランドは、信用と権力を手にした高い社会的地位にある人々を狙った犯罪をホワイトカラー犯罪と定義した。ホワイトカラー犯罪は、社会経済が不安定なときに多く発生し、治安の悪化など社会に大きな影響を及ぼすことを指摘した。

❹ 社会統制理論とは、人間の行動は本来的に順社会的であるが、過度な統制が行われることによって個人の抱く願望が満たされない状況に陥れられた場合、その不満を解消しようとして逸脱行動に走る傾向を指摘した理論である。

❺ 非行下位文化論とは、経済的に低い地位を占める人々が、その生活上の不安定性から、流動的な孤立化した個人となり、その結果生まれる心理的特性によって、非行に走る傾向を指摘した理論である。

【解答・解説】

正解 ❶

逸脱行動論に登場する論者はだいたい決まっているので、特徴を把握しておきましょう。

❶ ○　「ラベル」（レーベル）は英語、「レッテル」はオランダ語の表現で、互換的に使われます。

❷ ×　これは、É.デュルケムに関する記述です。

❸ ×　E.H.サザーランドのいうホワイトカラー犯罪とは、ホワイトカラーを対象にした（ホワイトカラーが被害者となる）犯罪ではなく、ホワイトカラー自身が加害者となる犯罪のことです。サザーランドは、犯罪は下層階級に集中しているという通念を否定して、上中層階級の組織的犯罪の多さを実証しました。

❹ ×　問題文とは逆に、社会統制理論は、人間は**生来的に逸脱傾向を持っており**、放任しておけば必然的に逸脱行動が生じるため、**何らかの統制**（コントロール）**が必要だ**と捉える理論です。例えばT.ハーシは、愛着・関与・包摂・信頼という社会的な絆があるからこそ犯罪が抑制されているのであって、これが弱まれば人間は生来的な傾向に従って逸脱行動に走るという「社会的絆の理論」を主張しています。

❺ ×　下位文化（サブカルチャー）とは、社会全体ではなく社会の一部の構成員により担われている文化を指し、非行下位文化理論とは、下層階級の少年たちが、下層階級特有の破壊主義的・快楽主義的文化の影響を受け同調した結果として非行に走るという理論です。つまり、孤立したからではなく集団に同調したからこそ非行に走っているとしているのであり、心理特性ではなく文化的・社会的要因により少年非行を説明する立場です。

問題8 逸脱に関する次の記述のうち、妥当なのはどれか。

★★

国般2020

❶ E.H.サザーランドは、犯罪に関与するのは下層の人々に集中するというそれまでの通説を否定し、上・中層の組織的犯罪の顕著さを指摘した。そして、「名望ある社会的地位の高い人物が職業上犯す犯罪」というホワイトカラー犯罪の概念を提唱した。

❷ W.F.ホワイトは、社会集団は逸脱に関する規則を設け、この規則から外れた者に対して、負の烙印（スティグマ）を与えることによって、その者の危険性や劣等性が正当化されることで、差別や偏見が生じることを指摘した。

❸ T.ハーシは、犯罪や逸脱の生成に関して、家族や友人といった親しい間柄にある人々との軋轢（あつれき）に端を発するものを「第一次的逸脱」、会社などの組織において価値観の相違や他者からの批判などに端を発するものを「第二次的逸脱」と名付けた。

❹ C.ロンブローゾは、犯罪者は生まれつき精神的、身体的な一定の特徴を持っているとする生来性犯罪者説を否定した。彼は、犯罪者の生活環境に関する調査の結果、貧困家庭出身者が多かったことから、生育環境によって犯罪者が生まれるとした。

❺ A.K.コーエンは、逸脱とは行為そのものの本来的な性質ではなく、特定の行為や行為者を逸脱とみなし、それらにラベルを付与することによって、その人が実際に犯罪や逸脱行動をしにくくなっていくとするラベリング理論を提唱した。

【解答・解説】

正解 ❶

細かい内容も出題されていますが、正解肢が明確なので一本釣りできるでしょう。

❶ ○　「ホワイトカラー」（事務労働者）は、「ブルーカラー」（肉体労働者）と対比される概念です。詳しくは、第３章第１節で扱います。

❷ ×　全体的には、W.F.ホワイトではなく、H.ベッカーが提唱したラベリング理論に関する記述になっています。ただし、「スティグマ」はE.ゴフマンのキーワードです。

❸ ×　まず、逸脱を「第一次的／第二次的」に分けて論じたのは、T.ハーシではなくE.レマートです。また、第一次的／第二次的逸脱の説明も違います。レマートのいう「第一次的逸脱」とは人々の逸脱行動そのもの、「第二次的逸脱」とは人々の精神構造・アイデンティティの逸脱を指します。

❹ ×　C.ロンブローゾ（1835～1909）は、生来性犯罪者説を**提唱**した人物です。したがって彼は、生育環境ではなく、本人の生まれつきの特性によって犯罪行動が生じると考えました。

❺ ×　ラベリング理論を提唱したのは、A.K.コーエンではなく、H.ベッカーです。ただし、「その人が実際に犯罪や逸脱行動をしにくくなっていく」という箇所は、ラベリング理論の主張とずれています。むしろ周囲から「逸脱者」というラベルを付与されることによって、本人が「自分は逸脱者だ」というアイデンティティを持つようになり、逸脱行動を繰り返しやすくなるとしています。

問題9 逸脱に関する次の記述のうち、妥当なのはどれか。

★★★ 国般2003

❶ 従来、犯罪問題として念頭に置かれていたのは、街頭犯罪や暴力犯罪など、主として下層階級に多くみられる犯罪であった。それに対して、E.サザーランドは、横領、贈収賄、価格操作などホワイトカラーがその地位を利用して行う犯罪を「ホワイトカラーの犯罪」として分析し、犯罪研究に階級的バイアスがあったことに注意を促した。

❷ R.K.マートンは、アメリカ社会において文化的目標と制度的手段との乖離がアノミーを生み出しているとして、こうした社会状態に直面する個人の適応類型を提示している。彼は、例えば、文化的目標は受容するが制度的手段を拒否する類型を「革新」、文化的目標と制度的手段の両方を拒否する類型を「儀礼主義」と呼んでいる。

❸ A.コーエンは、下層階級出身の少年が、中産階級出身の少年とは異なった問題に直面し、そこから独特の非行下位文化が形成されると論じた。非行下位文化においては、中産階級の価値の多くはせん望の的となり、禁欲主義や個人的努力などが称揚される。この意味で、逸脱は、中産階級の価値への「過剰同調」として表れるのである。

❹ 非行少年は、同調行動をとる少年と全く異なる下位文化に属しているわけではなく、ふだんは同調行動をとりながら、盛り場などの特定の場所において時折、非行に走る。F.スラッシャーは、このような少年ギャング集団の行動特性を「ドリフト（漂流）」ととらえ、環境の整備だけでは非行は防止できないと主張した。

❺ ある少年が周囲の人々から「良い子」であるとみなされると、その少年はその期待にこたえて実際に良い子になり、「不良」とみなされると実際に不良になる。H.ベッカーは、このような「自己破壊的予言」に着目して、「不良」といった逸脱ラベルをはられることが、逸脱行動の発生原因となるという「ラベリング理論」を提唱した。

【解答・解説】

正解 ❶

❸と❹の出題内容は細かいですが、問題文をよく読めば矛盾に気づくはずです。単にマイナーな論者・論点を出して難しくするのではなく、国家一般職試験では社会学的な思考力や論理を試す出題が多いため、細かすぎる事項まで覚えなくても対応できます。

❶ ○　犯罪は下層階級に集中していると見られがちですが、中・上層階級もさまざまな罪を犯していることをE.H.サザーランドは明らかにしました。

❷ ×　文化的目標と制度的手段の両方を拒否する類型は「**逃避主義**」です。

❸ ×　禁欲主義や個人的努力などの中産階級的な価値がせん望の的となり「過剰**同調**」するのなら、**逸脱**はしないはずです。

❹ ×　「ドリフト（漂流）」理論を提唱したのはD.マッツァ（1930～2018）です。マッツァによれば、非行は非行下位文化に同調する結果として起こるのではありません。非行少年の多くは原則的には社会の価値や規範に従っていますが、完全に内面化していないため一時的に非行をするにすぎず、順法行為と違法行為の間を「漂流」しているようなものとしています。なお、F.スラッシャーも少年非行を研究したシカゴ学派の社会学者です。

ヒント

これらは細かい知識であり、試験対策では覚える必要はありませんが、「盛り場などの特定の場所において…非行に走る」ということはつまり、「特定の場所」が非行の要因になっていることになります。それなら、環境を整備すれば非行を防止できるはずです。

❺ ×　「自己破壊的予言」は、R.K.マートンの用語です。これは、例えば「勝負に勝てる」と予想（予言）した結果、気が緩んで勝負に負けてしまう（予言が外れる）場合を指し、「自己成就的予言」（予言が本当になる）と対をなす概念です。ラベリング理論は、ある人が「不良だ」とみなされることで本人が「不良」アイデンティティを持ってしまうという議論ですから、むしろ「自己成就的予言」に近いです。なお、「自己成就的予言」については、第5章第2節を参照してください。

第3章

資本主義と産業社会

階級と階層

産業社会論と消費社会論

1 階級と階層

学習のポイント

・階級と階層の違いと、ブルデューのハビトゥス・文化資本の概念については、受験先を問わず理解しておきましょう。
・それ以外は発展的な内容なので、優先順位は下がります。

1 身分から階級へ

(1) 身　分

身分とは、**宗教・慣習・法制などにより秩序づけられた上下関係**のことです。近代以前の社会では、それぞれの人間に身分があり、それに応じて人生が決まっていました。**身分の流動性は極めて低い**ものでした。

例　中世ヨーロッパの封建制、日本の江戸時代の身分制度、インドのカースト制

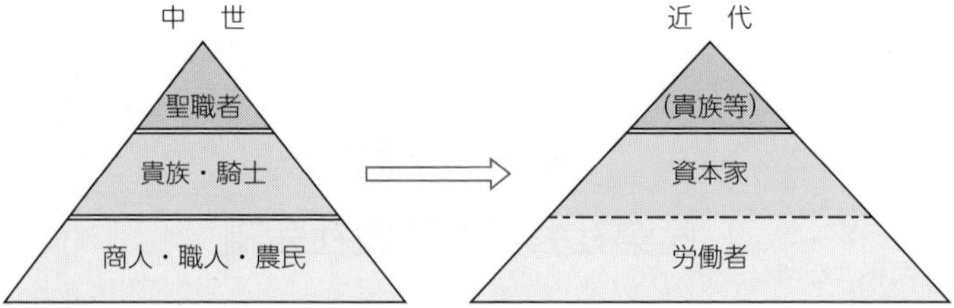

(2) 階　級

階級とは、**生産手段の所有／非所有を基準にして決まる上下関係**です。産業革命以後、経済発展が生じると、宗教権力が衰退し、生産手段の所有・非所有が決定的な分断線となりました。生産手段の所有者が**資本家階級**（**ブルジョアジー**）であり、非所有者が**労働者階級**（**プロレタリアート**）です。

(3) 窮乏化理論

K.マルクスによれば、資本主義社会は高度化するにつれ、資本家は弱い資本家を合併し強大化し、逆に労働者階級はますます搾取され貧困化するため、**階級の対立は激化**します。これを**窮乏化理論**といいます。自営農民、小工業者、小商人などの（旧）中間階級も労働者階級に転落し、階級は二極分化していきます。

マルクスは、二極分化による**対立・矛盾が最大限に達したとき、労働者が団結して資本家支配を打倒する社会主義革命が起こる**と予言し、**自分の階級の歴史的使命を自覚し、革命のために身を投じる労働者**のことを**対自的階級**（自分に向き合い、客観的使命を自覚する階級）と呼び、**無自覚な人々**を**即自的階級**と呼びました。

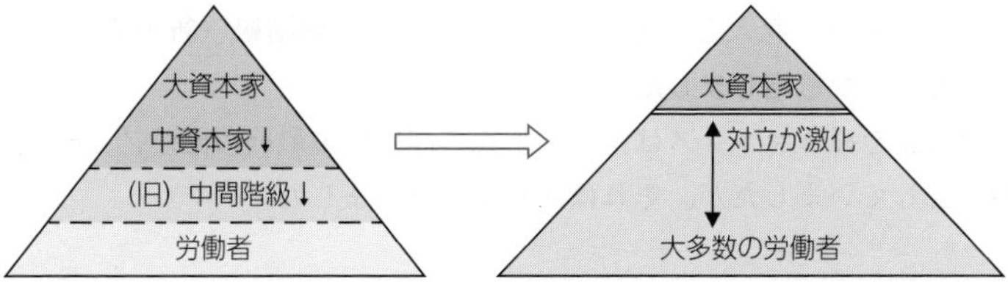

確認してみよう

1　マルクスは、階級意識をもつに至った階級を即自的階級とよび、階級構成員が対自的階級から即自的階級に転化したとき、階級闘争が始まるとした。都Ⅰ 2005

1 (3) 参照　×

階級意識を持つに至った階級は、対自的階級と呼ばれます。また、即自的階級から対自的階級に転化したとき、階級闘争が始まるとしました。

2　K.マルクスは、労働者階級を対自的階級と呼び、対自的階級としての労働者は、自己の社会的地位・要求・歴史的使命・政治的任務を自覚し、資本家階級を打倒することによって自己を解放する能力を獲得したとき、自覚段階に達して即自的階級になると考えた。国税2004

1 (3) 参照　×

「即自的階級」の説明と「対自的階級」の説明が逆になっています。

2 中流化の時代

しかし社会主義革命が成功したのは、産業が未発達で農業を基盤とし、奴隷制的労働が行われていた地域（ロシアや中国など）でした。**産業化が進んだ地域**（ヨーロッパ、アメリカ、日本）**では階級対立はあまり先鋭化せず**、専門知識や技能に基づく安定した職業・収入と一定の資産を持った**新中間階級（新中間層）、いわゆるホワイトカラーが急増しました。**

発展段階論を採るマルクスは、資本主義の高度化の最終段階で社会主義革命が起こると予言していましたが、それは外れてしまいました。

ホワイトカラー (white collar) ＝新中間階級	・**事務労働者** ・**直接、物を生産しない職種の雇用労働者**であり、管理職・専門職・事務職が該当する ・白襟の服を着ていたことからついた名称
ブルーカラー (blue collar) ＝労働者階級	・**肉体労働者** ・**直接、生産工程に就く職種の雇用労働者**であり、製造業・建設業・鉱工業などの現業職が該当する ・青襟の作業服を着ていたことからついた名称

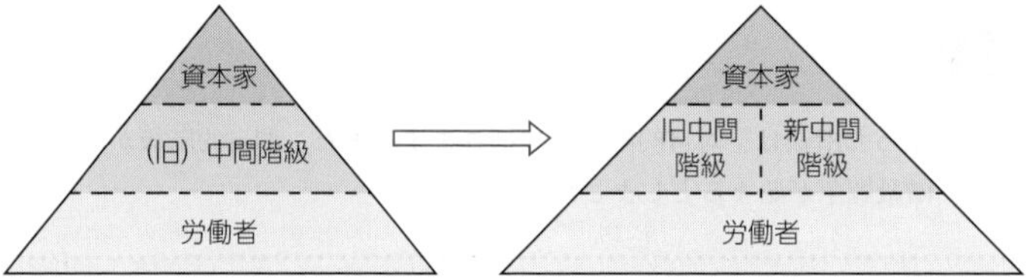

(上流)	(貴族等)	―	―
中流	資本家階級	資本・生産手段を所有している ＝自営	所有が中規模以上
	旧中間階級		所有が小規模
	新中間階級	資本・生産手段を所有していない ＝雇用労働	直接、物の生産に携わっていない
下層	労働者階級		直接、物の生産に携わっている

(1) M.ウェーバーの階級論

K.マルクスは、社会の不平等状態に関する**区分を一元的に捉えて階級論を展開**しましたが、**M.ウェーバー**は、それを階級状況と身分状況の**二つに分けて論じま**

した。

階級状況	経済的な所有状況や獲得・運用能力による区分（＝**経済的**な**指標**による**区分**）
身分状況	生活の様式・教育の方法・職業威信による区分（＝**社会的**な**指標**による**区分**）

ウェーバーは、階級をさらに財産階級（＝資産の有無に注目した区分）・営利階級（＝財貨の運用度合いに注目した区分）・社会階級（＝社会移動に注目した区分）の三つに区別しました。このように、**社会的な上下の評価に多元的な尺度を用いる**点から、ウェーバーは**階層理論の源流**と位置づけられています。

(2) （社会）階層

階層1) とは、**全体社会の中で同一の社会的資源の配分を受け社会的地位を等しくする者の集合**（例えば「同じぐらいの年収の人々の集合」）であり、研究者の測定手法によってさまざまに捉えられる層です。**階級**は**歴史的・実体的・相互対立的な存在**として概念化されていますが、**階層**は**非歴史的・操作的・非対立的な概念**といえます。なお、階層を扱う理論を**成層理論**と呼ぶこともあります（**階層**は**個々の層**、（社会）**成層**は**層の重なり全体**を指します）。

1) 例えば、「階級」である資本家と労働者はそれぞれ自分自身を「資本家だ」、「労働者だ」と意識しており、お互いに異質な存在であり、利害も対立しています。それに対して、「階層」は研究者が恣意的な問題設定に応じて操作的に分けただけのグループであり、当事者自身に集団としての意識があるわけではありません。例えば、年収ごとにグループ分けして階層ごとの違いを分析することはよくありますが、年収300万円台の人々と年収400万円台の人々がそれぞれ集団としての仲間意識を持ち、お互いの集団を敵視しているとはいえません。

(3) 地位の非一貫性

先進資本主義社会では、人々の欲望を実現させる資源も多元化しています2)。あらゆる資源を身につけた人もいますが、資本主義が発達し民主化が進んだ社会では、資源が分散され、**一人ひとりを見ると資源に偏りがある**のが普通になりました。これを**地位の非一貫性**といいます。

現代社会においては、**上方一貫層**（すべての資源を持つ）**と下方一貫層**（どの資源も持たない）**が少なくなり、すべては持たないもののどれかをある程度は持っている人々**（**中間層**）**が増えました。**

2) 例えば、所得・財産などの**経済的資源**、権力・威信などの**関係的資源**、教育・教養などの**文化的資源**といったように多方面にわたります。

⑷ 階級対立の制度化

マルクスの窮乏化理論によれば、資本主義が高度化するにつれて資本家と労働者の階級対立は激化していくはずでしたが、実際には**労働争議は減少傾向にあります。**この状況を、**T.ガイガー**（1891～1952）や**R.ダーレンドルフ**（1929～2009）は、**「階級対立の制度化」**と捉えました。

資本主義が成熟するにつれて資本家と労働者はそれぞれ組織化されていき、それに伴い**お互いの関係にも一定のルールが形成**されていきます（団体交渉制度や労働者の経営参加制度など）。つまり労資の対立関係も、**制度化されることにより沈静化していった**ということです。

確認してみよう

① 階層とは、人々を収入、職業、学歴などによって序列化したときに、同じ区分に入る人々の集合体をいい、各階層間では、歴史的に、異質的・敵対的な意識関係が生じている。都Ⅰ 2002

2 (1) 参照 ×

歴史的に、異質的・敵対的な意識関係が生じているのは階級間です。

② 「地位の非一貫性」とは、社会階層の移動によって、子どもが親に比して社会的に高い階層に上昇したことにより、出身背景と子どもの獲得した社会的な地位との間に一貫性が失われ、アイデンティティの揺らぎが生じることを指摘した議論である。国般2008

2 (2) 参照 ×

地位の非一貫性とは、測定する指標により一個人の社会的地位が異なる事態を指します。学歴は高いが貧乏な人、裕福だが尊敬できない仕事をしている人などの例が挙げられます。

③ T.ガイガーは、マルクス主義を擁護する観点から、高度に発達した産業社会では階級対立が制度化されるとし、その結果、労使間の階級対立が激化し、階級闘争が拡大することによって、マルクス主義社会が到来すると主張

した。国税2004

2 (3) 参照 ×

ガイガーは、「階級対立の制度化」、つまり階級対立の沈静化を主張し、マルクス主義の考えを批判しています。

3 教育による地位達成

(1) メリトクラシー社会

メリトクラシー（meritocracy）**社会**とは、**人材を登用する際にその人物の身分や出自ではなく、能力を基準とする社会**のことです。前近代社会では階層・階級移動は閉鎖的でしたが、基本的にメリトクラシー社会である近代社会では**開放的**です。

また身分や出自といった**個人では変えようのないものを基準とすること**を**属性主義**（ascription）と呼び、**個人の能力や行為によって可変性のあるものを基準とすること**を**業績主義**（achievement）と呼びます。生得的地位（ascribed status）よりも獲得的地位（achieved status）が多数を占める現代社会では、教育機関が担う役割は「有能な人材の選抜と育成」にほかなりません3)。

近代社会にも高い地位と低い地位の格差はありますが、それは「能力」の差ということで正当化されています。例えば、**K.デイヴィス**と**W.ムーア**などの**機能主義**に基礎を置く**成層理論**では、**階層分化・格差の生成は分業の進展に必然的に伴う現象**だと考えます。

3) 生得的地位は属性的地位・帰属的地位、獲得的地位は達成的地位と呼ばれることもあります。

(2) 学校に適した家庭／適さない家庭

イギリスの文化社会学者**P.ウィリス**（1945～　）は著書『ハマータウンの野郎ども』において、労働者階級の子弟が、労働者階級の文化を受け継いで、学校の優等生をからかい格好悪いとする視点を身につけることで、結果として上級の学校に行く意欲をなくし、親と同じような低賃金労働者になるという循環を明らかにしています。

⑶ 再生産

フランスの社会学者・哲学者**P. ブルデュー**（1930〜2002）は、著書**『ディスタンクシオン』**において、行動への気質・趣味判断・ものの考え方が家庭において子どもへ伝わり、経済資本（金銭的な資産）と並ぶ**文化資本**（文化的・習慣的な資産）**が親から子へ相続されている**と指摘しました。このような両親から受け継がれる趣向・慣習を**ハビトゥス**といいます。

学校の試験をはじめとして、高い社会的地位を得るための選抜基準を作成しているのは、すべて高学歴・高地位の人々です。試験は、いくら客観的に見えても、特定の階層の人たちの知識と考え方を身につけているかどうかを審査しています。選抜の場面では、そうした文化資本が大きくものをいうため、文化資本を持った者は有利になり、**自由な競争が行われているように見えても、結局は階層が再生産されています。**

確認してみよう

① 達成的（獲得的）地位とは、本人の努力によって獲得される地位であるのに対して、属性的（帰属的）地位とは、本人の努力によっては変更不可能な地位である。国般2005

3 ⑴ 参照 ○

属性的地位は、個人の能力や努力に関係なく、血縁・性・人種・カースト等によって生誕と同時に決まる地位をいいます。

② 一般にある人物が「何であるか」ということを基準に、その人物を評価する事を属性主義（ascription）という。これに対して「何をするか」ということを基準に、その人物を評価することを業績主義（achievement）という。ある人物を学歴を基準に評価する学歴主義は、典型的な属性主義の一つである。国般1999

3 ⑴ 参照 ×

学歴主義は、典型的な業績主義の一つです。入学時点で学力さえあれば高学歴を得ることもできたはずであり、その意味で学歴は「業績」に当たります。

③ P.ブルデューは、実践的・慣習的行為の積み重ねによって形成される態度をハビトゥスと名付けた。そして、人々はこのハビトゥスを土台とすることで、社会構造とは無縁な行為を自由に展開することができるとした。国般2012

3 (3) 参照 ✕

ハビトゥスは、社会構造の影響下で半ば無意識的に身についた態度をいいます。それゆえ、ハビトゥスに基づいて生み出される行為は社会構造と無縁とはいえません。

④ P.ブルデューは、人間の行為全般を、後天的に獲得され、意識せずに働く習慣的行動、すなわち「ハビトゥス」に還元する見方を批判し、人間の行為は、高度な精神的・文化的作用によるものであるとして、行為者の意図や主体性を重視した。国税2006

3 (3) 参照 ✕

ハビトゥスは行動そのものではありません。社会的・文化的構造に規定され、実際になされる習慣的行動は「プラティーク」といいます。また、ブルデューはハビトゥス還元主義です。

⑤ P.ブルデューのいう「文化資本」とは、金融・不動産の所有ではなく、絵画・骨董品などの文化的な財の所有とその投機的な価値の増大によって経済的な格差が拡大するメカニズムに着目した、現代の高度消費社会における階層を分析するための概念である。国般2008

3 (3) 参照 ✕

文化資本は、文化的な財の投機的な価値に注目した概念ではありません。問題文の説明では、文化的な財の経済的側面に注目しているため、不適切です。

4 その他の基礎的な用語

社会移動	・異なる時点間で**社会の成員がその社会的地位を移動すること**（地理的移動とは異なる） ・世代間移動および世代内移動の両方を包括する用語
世代間移動	**・子が親と別の階層へ移動すること** ・親が農家で子がサラリーマン、など
世代内移動	**・一生の間に本人が別の階層へ移動すること** ・会社員が脱サラして自営業、など
開放性／閉鎖性	・階層・階級移動のしやすさ／しにくさ

過去問にチャレンジ

問題1 **階級又は階層に関する記述として、妥当なのはどれか。**

★

区Ⅰ2014

❶ 生産手段の所有、非所有によって区別される社会集団が「階層」であり、社会的地位を構成している職業威信、所得、学歴などの地位指標によって区別される集団が「階級」である。

❷ 資本主義の高度化につれて、所有と経営の分離や労働者層の技能別分化が起こったことにより、社会成層の中間部分に新たに出現した現業部門の生産労働者のことを「新中間層」という。

❸ マルクスは、生産関係において客観的に規定された階級に属する人々が、階級帰属意識を持ち、他の階級との階級闘争の必然性を意識することを階級意識と規定し、この階級意識を持たない状況にある階級を即自的階級とし、階級意識を持つに至った階級を対自的階級として区別した。

❹ ウェーバーは、階級は資産の有無によって成立するのではなく、生活様式や名誉や社会的評価の差異によって成立するので、階級と身分は同概念であるとした。

❺ デービスとムーアは、重要な課題に取り組む人は社会的な使命感や仕事の達成感を動機としているのであって、高い報酬だけが誘因になっているわけではないとし、階層や不平等の存在が機能的であるとする機能主義の理論を否定した。

【解答・解説】

正解 ❸

階級と階層に関する基本的な論点を挙げた問題です。M.ウェーバーの階級論はK.マルクスほど有名ではありませんが、この機会に覚えておきましょう。

❶ ×　生産手段の所有／非所有によって区別される社会集団が「階級」であり、社会的地位を構成している職業威信・所得・学歴などの地位指標によって区別される集団が「階層」です。

❷ ×　「新中間層」（ホワイトカラー）は、非現業部門の事務労働者を指す言葉です。一方で、現業部門の生産労働者（ブルーカラー）は、資本主義の高度化以前から存在していました。

❸ ○　マルクスは、労働者たちが即自的階級から対自的階級へと移行していくことによって社会主義革命に至ると考えていました。

❹ ×　ウェーバーは、階級と身分を区別しました。ウェーバーは、階級状況を、経済的な所有状況や獲得・運用能力による区分（＝経済的な指標による区分）、身分状況を、生活の様式・教育の方法・職業威信による区分（＝社会的な指標による区分）としました。ここで言われている「身分」とは、封建的な身分のことではなく、社会指標に基づいた上下の位置関係で、地位（status）のことだと理解してよいでしょう。

❺ ×　アメリカの社会学者であるK.デイヴィス（デービス）とW.ムーアは機能主義の立場から、階層や不平等は人々に上昇意欲を与えて有能な人材が重要な役割に配置されるようにするとして、その存在は機能的だと主張しました。

問題2 階級又は階層に関する記述として、妥当なのはどれか。

★

区Ⅰ2017

❶ 階級とは、生産手段の所有、非所有とそれに由来する生産関係における地位の違いに基づき搾取、被搾取の関係に立つ集団であるが、実体的な集団ではなく、操作的な概念である。

❷ 階層とは、職業、収入、学歴などの社会的資源が不平等に配分されているとき、同種の社会的資源が同程度に配分されている社会的地位ないし人々の集合であり、階層と階層の間には異質的で敵対的な関係が設定される。

❸ マルクスは、まだ自らの地位や利害について自覚していない階級を対自的階級と呼び、自覚段階に達した即自的階級と区別して、対自的階級が即自的階級に転化するには、階級意識と階級組織が形成されなければならないとした。

❹ ダーレンドルフは、産業社会の成熟とともに、労働者、資本家いずれの階級にあっても、労働組合や経営者団体のような組織が形成され、階級闘争に一定のルールができあがると、階級闘争の激しさが増すとした。

❺ デービスとムーアは、社会成層の中で上位を占める人々は社会の中で重要性の高い仕事をしている人々で、高い報酬や威信を得るのは当然であり、社会的地位の不平等の存在こそ上昇志向を動機づけ、社会全体の機能を高めるとした。

【解答・解説】

正解 ❺

全体的に頻出の論点が並んでいますので、消去法で選ぶことができるでしょう。

❶ ×　階級は、実体的な集団とされます。操作的に定義されるのは「階層」です。

❷ ×　異質的で敵対的な関係が設定されるのは「階級」です。

❸ ×　「即自的階級」と「対自的階級」が逆になっています。ここで「対自」とは、自分に向き合うこと（対ー自）で自らの地位・利害を自覚すること、「即自」とは、自分に向き合わずにそのままの自分（即ー自）であるために自らの地位・利害を自覚していないことと理解すれば大丈夫です。

❹ ×　R.ダーレンドルフによれば、階級闘争に一定のルールができあがると、ルールの枠内での闘争となるため、階級闘争は弱められていきます。

❺ ○　アメリカの機能主義社会学では、このような論理で社会的不平等を正当化しました。

問題3 **階級・階層に関する次の記述のうち、妥当なのはどれか。**

★★

国般2016

❶ K.マルクスは、社会の歴史を階級闘争によって説明した。資本主義が発達し、生産力が増すことで、生産手段の所有に関係なく、社会は豊かな貴族階級と貧しいプロレタリア階級とに分断され、両者の対立は革命を引き起こすとした。

❷ G.ジンメルは、階級を同一の階級状況にある人々の集団として定義した。彼は、階級を、財産の違いで決まる財産階級、市場状況で決まる営利階級、社会移動の可能性で決まる社会階級の三つに分類し、その中で社会階級が特に重要であると主張した。

❸ 社会移動とは、個人が異なる社会階層に移動することをいう。社会移動には、子どもが親と異なる社会階層に移動する垂直移動と、個人が生涯のうちに異なる社会階層に移動する水平移動とがある。これらの移動は、産業構造の変動に起因する純粋移動の影響を受けて増減する。

❹ 旧中間層とは、資本主義社会において、資本家と賃金労働者のいずれにも属さず、小所有・小経営として存在する、自営農民層などを指す。一方、新中間層とは、企業や官庁などで働く賃金労働者で、事務・サービスなどの業務に従事し、その給与で生計を立てている従業員層を指す。

❺ 文化資本は、家庭環境や学校教育を通じて個人に蓄積される文化的な資本である。文化資本は、経済資本とは異なり、階級の再生産には寄与しないが、衣服などのように身体化されたり、書物などのように客体化されたり、資格などのように制度化されたりする。

【解答・解説】

正解 ❹

やや発展的な内容もありますが、国家一般職の対策としてはこのレベルまで解けるようにしておきましょう。

❶ ×　K.マルクスは、資本主義の発達により、社会は生産手段を**所有する**資本家階級と生産手段を**所有しない**プロレタリア（労働者）階級とに分断され、両者の対立は革命を引き起こすとしました。

❷ ×　問題文のように階級を定義したのは、M.ウェーバーです。ただし、ウェーバーが階級の純粋型としていたのは「営利階級」です。

❸ ×　子どもが親と異なる社会階層に移動するのは「世代間移動」、個人が生涯のうちに異なる社会階層に移動するのは「世代内移動」です。「垂直移動」とは上位または下位の社会階層への移動、「水平移動」とは、同レベルの社会階層の間の移動を指します。また、産業構造の変動に起因する移動は「強制（構造）移動」と呼ばれます。それに対して、社会移動全体から強制移動を差し引いた残りを「純粋（循環）移動」と呼びます。

❹ ○　旧中間層と新中間層の具体例を覚えておきましょう。

❺ ×　P.ブルデューによれば、文化資本も階級の再生産に寄与します。

問題4 階級・階層に関する次の記述のうち、妥当なのはどれか。

★★★

国般2006

❶ K.マルクスは、貴族階級と産業者階級の階級闘争としてフランス革命以後のヨーロッパ社会の政治をとらえ、産業者階級が権力を獲得することで産業社会が到来すると論じた。

❷ サン・シモンは、資本主義社会を資本家階級と労働者階級の二つの階級から成るものとしてとらえ、産業の発展とともに少数の資本家の手に富が集中し、労働者は貧困化すると論じた。

❸ M.ウェーバーは、身分状況は生活様式や教育の方法、職業に基づく威信などによって規定されるのに対し、階級状況は財産の相違や市場における機会によって規定されると論じた。

❹ R.K.マートンは、社会を機能的に分化したシステムととらえ、職業的な地位の高低は、その職業がシステムにもたらす貢献の大きさに応じて成層化されていると論じた。

❺ A.ギデンズは、階級間の力関係により会話の仕方や趣味などの慣習に上下関係が生じ、教育システムの中で民衆階級の子には、上層階級の慣習が象徴的暴力により強制されていると論じた。

【解答・解説】

正解 ❸

難易度の高い問題です。特にC.サン＝シモンの階級論が出題されるのは珍しいですが、K.マルクスの階級論を知っていれば、❶と❷が逆であることがわかります。また、❸や❹の内容は他の試験種でも出題されている論点です。

❶ ×　これは、サン＝シモンに関連する記述です。「産業者」を重視しているところで判断できます。ただし、階級関係の描き方や「フランス革命**以後**」としている点がサン＝シモンの図式とは異なります。

補足

サン＝シモンによれば、フランス革命以前のフランスは、貴族・ブルジョア・産業者の3階級から成っていました。ここで「産業者」に含まれるのは「農業者・製造業者・商業者・学者・芸術家」で、ブルジョアは貴族と産業者の中間的な存在です。フランス革命では、ブルジョアが産業者を味方に引き入れ貴族を追放することで権力者にのし上がりましたが、最終的には産業者が支配階級に上昇すべきと述べました。ただし、この内容は公務員試験ではかなりマイナーであり、覚えるべき優先順位は低いです。

❷ ×　これは、マルクスに関する記述です。ここでは窮乏化理論が述べられています。価格競争になれば中小企業よりも大企業のほうが有利であり、倒産した中小企業を大企業が合併していくことで独占状態が進んでいくという図式を思い浮かべればよいでしょう。

❸ ○　ここで言われている「身分」とは、封建的な身分のことではなく、社会指標に基づいた上下の位置関係です。

❹ ×　これは、K.デイヴィスとW.ムーアの機能主義的階層理論の主張です。

❺ ×　これは、P.ブルデューに関する記述です。ここで「象徴的暴力」とは、本来恣意的であるはずの文化的意味内容を押しつける力のことです（物理的な強制力でないため、「象徴的」という修飾語がつきます）。例えば、どのような言葉遣いを「上品／下品」とみなすかは本来は恣意的なはずなのに、階級間の力関係を背景に「教育」の名のもとに強制・矯正されます。

問題5 社会成層に関する記述として最も妥当なのはどれか。

★★★

労基2007

❶ 社会成層を構成する社会的地位には、客観的地位、認定的地位、主観的地位の三つの次元がある。このうち、認定的地位とは自己を社会成層のどこに位置付けるかという自己判定の問題であり、また、客観的地位とは他人の評価の結果である社会的な名誉や尊敬などの多寡である。

❷ マルクスは、衣食住という人間の基本的欲求ではなく自己実現の欲求を充足させることが社会の第一の任務であるとした。また、生産関係において同一の役割を演ずる人々の集合を階級と規定し、資本主義社会では、二つの主要な階級である地主と労働者が対立するとした。

❸ パーソンズに代表される構造機能主義は、社会的平等のピラミッド構成である社会成層に対して肯定的であるとともに、経済的地位や勢力上の地位は必ずしも社会的地位を象徴するものではないとして価値を認めない立場をとっている。

❹ 全体社会や地域社会における社会的資源の配分状況に応じて成員を段階的に配置した全体像が社会成層であり、そこでの位置を規定するものが社会的地位、同一の社会的地位にあるものの集合が階層である。

❺ ヴェーバーは、社会成層を規定する要因として、階級状況、地位、勢力の三つを挙げている。このうち、勢力とは他者の反対を押し切って自分の意志を通す機会であり、工業化社会にあっては、国家の行政や軍事官僚制機構よりも生産手段の所有こそが最も重要な勢力の源泉であるとした。

【解答・解説】

正解 ❹

難易度が高く、正確な理解が必要とされます。

❶ ×　「自己を社会成層のどこに位置づけるかという自己判定」は主観的地位、「他人の評価の結果である社会的な名誉や尊敬などの多寡」は認定的地位です。公務員試験としてはかなり細かい内容ですが、言葉の意味から考えて、客観的・認定的・主観的と来れば、「**自己**判定」は「主観的」に、「他人の**評価**」は「認定的」に該当すると推測できるでしょう。一方、客観的地位は、経済的地位・勢力・技能水準・学歴水準などによって規定されます。

❷ ×　K.マルクスは、地主ではなく**資本家**と労働者の対立について論じました。また、細かい内容になりますが、彼は衣食住という人間の基本的欲求を充足させることが社会の第一の任務としました。つまり、「ではなく自己実現の欲求」が不適切です。

❸ ×　社会成層は社会的**不平等**のピラミッド構成です。ピラミッドには上下があるのだから、当然ながら平等ではありません。また機能主義は、経済的地位や勢力上の地位も社会的地位を**象徴するものであり価値がある**という立場を採っています。

❹ ○　これが「社会成層」、「社会的地位」、「階層」の一般的な定義となります。

❺ ×　生産手段の所有に注目したのはマルクスです。一方、M.ウェーバー（ヴェーバー）は国家の行政や軍事官僚制機構こそが最も重要な勢力の源泉であるとしました。なお、この問題文では全体的に「勢力」の語を充てていますが、もとのドイツ語はMacht（英語のpower）ですから、「権力」に置き換えても構いません。

2 産業社会論と消費社会論

学習のポイント

・ロストウとベルは社会変動論として、ヴェブレンは階級論としても出題されることがあるので、基本的な主張内容は把握しておきましょう。
・ガルブレイスとボードリヤールは、キーワードを覚えておくだけで十分です。

1 産業社会論

産業社会論とは、社会の中心的な産業が第一次産業（農業など）⇒第二次産業（工業など）⇒第三次産業（サービス業など）へと移行した**第二次世界大戦後の状況に対する議論**のことです。

K.マルクスの窮乏化理論が「資本主義が高度化すれば人々は不幸になる」と考えるのに対して、W.ロストウやD.ベルは「産業が発展すれば人々は幸福になる」と考えます。そして資本主義／社会主義という**経済体制ではなく、産業構造に注目しています。**

(1) テイク・オフ

アメリカの経済学者**W.ロストウ**（1916～2003）は、社会が伝統的社会から高度大衆消費社会へと発展していく過程を段階的に分析しました。彼は、アメリカのケネディ政権とジョンソン政権で大統領補佐官を務めた経済学者です。米ソの冷戦まっただ中という時代背景もあって、旧ソ連が信奉していたマルクスの理論に対抗すべく、1960年の著作『経済成長の諸段階：非共産党宣言』で、アメリカ的な価値観を前面に押し出した経済成長段階説を提唱しました。この段階論の中心的概念は第三期の**離陸**（**テイク・オフ**）で、これを経るかどうかが、高いレベルの経済成長を遂げるか否かの最大のポイントとなるとしています。

伝統的社会	・第一次産業が中心
離陸のための先行条件期	・第二次産業も導入される、離陸のための助走期間
離陸（テイク・オフ）	・経済成長率が急激に上昇する ・主導的産業の形成とともに近代的政治・社会・経済制度の枠組みが出現し、安定した成長が常時期待可能になる

成熟への前進期	・第二次産業（特に重化学工業）が中心
高度大衆消費社会	・第三次産業が中心 ・サービス業への需要が急増

ロストウは経済成長を飛行機の離陸にたとえました。伝統的社会では経済成長はありませんが、離陸のための先行条件期で準備期間に入ります（飛行機が飛ぶ前には助走が必要なのと同様）。やがて離陸期を迎え経済成長率は急激に上昇します。

また、ロストウの考えでは、富裕国／貧困国の違いは、単に離陸の順番が前か後かという違いにすぎません。そもそも先進国／発展途上国という言葉自体がこの考え方に基づいています。

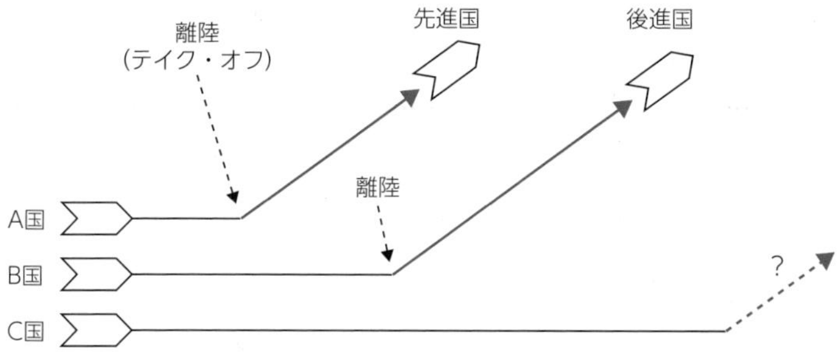

⑵ 脱工業社会（脱産業社会）

先進資本主義諸国は、**工業社会**（第二次産業、特に大規模機械化工業が中心）**から脱工業社会**（知識・サービス産業などの第三次産業が中心）**へと移行**してきました。

アメリカの社会学者**D.ベル**（1919～2011）は、**脱工業社会では理論的知識が社会の中心**に据えられており、政策決定や技術革新に関わる科学的知識とそれに携わる**テクノクラート**（技術官僚）が重要になるとしています。

⑶ 豊かな社会

一方、産業発展のマイナス面を見据える学者も存在します。アメリカの経済学者**J.ガルブレイス**（1908～2006）は、彼が「**豊かな社会**」と呼ぶ先進諸国においては、不必要なまでに消費への欲望がかき立てられていると指摘しました。

特に、巨大企業が操る**マス・メディアのメッセージにあおられて**（依存して）**消**

費が促進される現象を**依存効果**と呼んで、そのいきすぎに警鐘を鳴らしました。

確認してみよう

① 近代以前の社会から近代社会への移行の過程を社会学では、近代化という。W.ロストウは近代化を、産業化としてとらえる独自のパースペクティブを提示した。そして①伝統的社会、②離陸のための先行条件期、③離陸期、④成熟への前進期、⑤高度資本主義社会という、経済成長の5段階説を提起した。国般1999

1 (1) 参照 ×

最終段階は「高度大衆消費社会」です。W.ロストウは資本主義／社会主義というマルクス主義的な図式には乗らず、あくまで産業構造の発展という観点から経済成長を論じました。

② ベルは、社会変動を社会の構造的分化の発展過程としてとらえ、脱工業化社会の特徴は、理論的知識が社会の革新や政策形成の源泉としての役割を果たさなくなったことにあるとした。区Ⅰ2004

1 (2) 参照 ×

D.ベルは、脱工業化社会の特徴として、理論的知識が重要な役割を果たすことにあるとしています。

2 消費社会論

(1) 誇示的消費

T.ヴェブレン（1857～1929）は、『**有閑階級の理論**』などを著したアメリカの経済学者・社会学者です。ヴェブレンは、**有閑階級**（上流階級）**が富と特権を誇示するために行う消費**のことを**誇示的消費**と呼びました。

上流階級は、豪華に飾り立てた実用的でない馬車や動きにくい服装をわざわざ好んで購入します。これらは使用価値（＝それを使うことで得られる即物的な効用）というよりは、それを持っていることで周囲に社会的地位を示すことができる、といった象徴的な価値のほうに重点があります。

ヴェブレンが念頭に置いていたのは19世紀の欧米社会ですが、誇示的消費の習慣は高度大衆消費社会では上流階級にとどまらず、より多くの社会層に広まりました。

(2) 消費社会の神話と構造

J. ボードリヤール（1929 ～ 2007）は、『**消費社会の神話と構造**』などを著したフランスの哲学者・思想家です。ボードリヤールは、ヴェブレンが着目した商品の象徴的な価値について考察を進めました。

現代社会において、人々は商品そのものに備わった価値というよりは**その商品と他の商品との差異を重視**しており、さらに**機能的差異ではなく記号的差異に基づいて商品を選択している**と指摘し、これを**記号消費**と呼びました。

衣服や装飾品などのブランドは、使用価値より記号的な価値を体現しています。また、自動車のように一見実用性を重視しているように見える商品でも、単に人を乗せて走行するという機能だけではなく持ち主の社会的地位や趣味のよさを表す記号となっています。

確認してみよう

① M. フーコーは、「消費社会の神話と構造」において、消費社会の構造を記号論的に分析し、現代における消費とは、欲求による経済的消費ではなく、欲望による記号＝モノの消費であると定義した。都Ⅰ 2005

2 (2) 参照 ×

これはM. フーコーではなくJ. ボードリヤールに関する記述です。

過去問にチャレンジ

問題1 ★

消費文化に関する次の文の空欄A～Dにあてはまる語句の組合せとして、妥当なのはどれか。

都Ⅰ2003

消費文化には、二つの典型的な形態として、高級消費文化と大衆消費文化がある。

19世紀末、ヴェブレンは、高級な消費文化をもつ有閑階級が贅沢な消費を行う消費態度を［　A　］消費とよんだ。

しかし、20世紀以降、軽工業から重工業への移行を完了した後、高度産業社会に突入した先進産業諸国においては、大量生産と大量消費が支える大衆消費社会が成立し、［　B　］がいうところの「高度大衆消費時代」が実現されるに至る。

20世紀後半、現代における消費を社会学的に分析したボードリヤールは、「消費社会の神話と構造」を著し、［　C　］を駆使して、言語活動として消費を定義し、高度大衆消費社会において、人々は、商品の実用的価値より、商品における［　D　］を重視して、消費を行うとした。

	A	B	C	D
❶	依存的	ガルブレイス	記号論	同一性
❷	依存的	ロストウ	コミュニケーション論	差異性
❸	誇示的	ガルブレイス	コミュニケーション論	差異性
❹	誇示的	ロストウ	コミュニケーション論	同一性
❺	誇示的	ロストウ	記号論	差異性

【解答・解説】

正解 ❺

空欄補充の問題であるため解答はしやすいですが、J.ボードリヤールはやや細かいです。ボードリヤールの主張内容は難解ですが、公務員試験で解答するうえでは、「記号」、「差異」というキーワードだけ頭に入れておけば事足ります。

A　「誇示的」が該当します。この時代の一般大衆はまだ生活するのに精一杯でしたから、無駄遣いを競い合うようなことができるのは有閑階級だけでした。しかし「高度大衆消費社会」が実現されるに至り、一般大衆の消費行動にも誇示的消費が見られるようになりました。

B　「ロストウ」が該当します。

C　「記号論」が該当します。「記号論」とは、社会現象・文化現象を記号という観点から研究する学問分野です。ボードリヤールによれば、モノは特定の使用価値を持つだけではなく、記号としての価値も持っています。例えば自動車は、単に人を乗せて走行するという機能を持つだけではなく、持ち主の社会的地位や趣味のよさを表す記号ともなっています。つまり、車を買って乗り回すこと（＝消費）が、同時に周囲に本人の社会的地位や趣味のよさをアピールするという言語活動（コミュニケーション）になっているともいえます。

D　「差異性」が該当します。ボードリヤールは、商品を買うときには、他人と少し違うモノを身につけることによって他人と少し違うスタイルを演出することも重要になるとしています（＝差異性の重視）。例えば、服を買うときには、実用的価値（動きやすいか、保温性は高いか、など）を重視する人よりも、他の人たちが着ているモノとは違う、適度に個性的なデザインであることを重視する人のほうが多いと思われます。

問題2 ★★

ボードリヤールの消費社会論に関する記述として、妥当なのはどれか。

都Ⅰ 2006

❶ 彼は、生産と消費にみられる現代の特徴について、人間の欲望は生産に依存するもので独立のものではないとする依存効果という概念であらわした。

❷ 彼は、有閑階級の人々の消費について分析し、生産と消費との関係を生産力とその統制という唯一の同じ巨大な過程としてとらえた。

❸ 彼は、消費の目的は、他人に対して自己の社会的地位を確認させること、あるいは、地位上昇への願望を託すことにおかれているとした。

❹ 彼は、現代社会における消費とは、個人や集団の単なる権威づけの機能ではなく、モノの機能的な使用や所有であるとした。

❺ 彼は、消費は言語活動であり、消費者は、無自覚のうちに差異のシステムと記号のコードに組み込まれているとした。

【解答・解説】

正解 ❺

一本釣りできる問題です。J.ボードリヤールは細かく出題される学者ではないので、「差異」と「記号」ぐらいを念頭に置いて選択肢を見れば、そのまま❺で即決できます。

❶ ×　これはJ.ガルブレイスの主張内容です。彼は「豊かな社会」となった先進産業社会で未だに人々の欲望が満たされない理由について、生産主体である企業の巧みな戦略によって（依存して）消費者の欲望が喚起されているからだとしました。また、このことを「依存効果」と呼んで、そのいきすぎに警鐘を鳴らしました。

❷ ×　「有閑階級」の消費行動を論じたのは、T.ヴェブレンです。ただし「生産力とその統制」は関係ありません。

❸ ×　消費と社会的地位の確認を関連させて論じたのもヴェブレンです。

❹ ×　ボードリヤールは、「モノの機能的な使用や所有」ではなく「記号的な差異」に注目しました。

❺ ○　「差異」と「記号」というキーワードから判別できます。

問題3 次は、階級と文化に関する研究を行った人物についての記述であるが、A、B、Cに当てはまる人名の組合せとして妥当なのはどれか。
★

国税2011

A 著書『ハマータウンの野郎ども（Learning to Labour）』において、イギリスの労働者階級出身のいわゆる落ちこぼれ中学生が、労働者階級の父親たち譲りの反学校の文化を取り入れ、学校的なものを否定し自ら進んで労働者となっていくことを示し、階級の再生産の過程を明らかにした。

B 個人が特定の社会階級、特に有閑階級に属していることを誇示するために、財やサービスを惜しげもなく無駄に消費する行為を「誇示的消費（conspicuous consumption）」と呼び、現代の大衆消費社会における消費の機能変化を指摘した。

C 社会的地位の維持、上昇に寄与する文化を「文化資本」と呼び、学校教育制度は、文化資本をもつ者を高い階層へと配列しつつ、もたない者をそこから締め出す階級再生産の装置となっていると論じた。

	A	B	C
❶	ウィリス（Willis, P.）	ヴェブレン（Veblen, T.B.）	ブルデュー（Bourdieu, P.）
❷	ウィリス（Willis, P.）	ボードリヤール（Baudrillard, J.）	マルクス（Marx, K.H.）
❸	ホワイト（Whyte, W.F.）	ヴェブレン（Veblen, T.B.）	ブルデュー（Bourdieu, P.）
❹	ホワイト（Whyte, W.F.）	ボードリヤール（Baudrillard, J.）	ブルデュー（Bourdieu, P.）
❺	ホワイト（Whyte, W.F.）	ヴェブレン（Veblen, T.B.）	マルクス（Marx, K.H.）

【解答・解説】

正解 ❶

学者名と代表的なキーワードの組合せで解ける問題です。

A　「ウィリス」が該当します。一方、W.F.ホワイトは、アメリカのボストンのスラム街でイタリア系移民の若者を参与観察した著作『ストリート・コーナー・ソサエティ』で有名な学者です。詳しくは第7章で扱います。

B　「ヴェブレン」(1857～1929) が該当します。一方、ボードリヤール (1929～2007) も消費社会について論じたものの、時代はかなり後になります。

補足

ボードリヤールは、現代の消費社会の構造や意味を論じ、それが「ハイパー・リアル」な情況を呈しているとしました。ハイパー・リアルな状況では、モノは、それがどのように使えるか（効用）というよりは、例えばどのように「かっこいいか」（記号化）によって価値が決まります。また実体的なモノが存在すると考えることは不可能かつ無意味であり、モノに付随する記号の意味は常に「浮遊」します。そして実体的なモノを仮定できないとすると、もともと何かがあって、それのコピーがあるという関係で事態を認識することはできなくなる、つまりオリジナルとコピーの区別はなくなる（シミュラークル）としました。

C　「ブルデュー」(1930～2002) が該当します。K.マルクス (1818～83) が活躍したのは、その100年以上前です。

問題4 ★★★ **消費・文化に関する記述A～Dのうち、妥当なもののみを全て挙げているのはどれか。**

国般2017

A 誇示的消費とは、G.ジンメルが『有閑階級の理論』で用いた言葉である。個人的な能力を誇示し、そのことで名声を獲得しようとするタイプの消費であり、現代社会では余り見られないが、伝統的な社会ではしばしば観察された。

B シミュラークル／シミュレーションとは、『ディスタンクシオン』の著者であるJ.ボードリヤールが用いた概念である。シミュラークルとは、現実の模像であるシミュレーションが映し出す現実そのものを意味し、現代社会における原像の特権性を示す概念である。

C カルチュラル・スタディーズは、文化と政治・経済的要因とを切り離して捉え、文化の純粋な文化性を探求しようとする研究であり、フランスを中心に研究が進められた。代表的な研究著作として、M.フーコーの『読み書き能力の効用』が挙げられる。

D 対抗文化とは、既成の支配的文化に対抗する文化、あるいはそれを創出する運動のことを意味する。1960年代に米国の若者たちが担ったヒッピー文化は、大人たちの既成観念や伝統的な規範に対する抵抗を含んでおり、対抗文化の一例として挙げられている。

❶ B
❷ D
❸ A、B
❹ A、C
❺ C、D

【解答・解説】

正解 ❷

難問ですが、国家一般職や国税専門官・財務専門官ではこのレベルの出題もありうるので、解説をよく読んでおきましょう。

A ×　『有閑階級の理論』で「誇示的消費」という概念を提示したのは、G.ジンメルではなくT.ヴェブレンです。また、誇示的消費は、個人的な**能力**を誇示するのではなく、実用性に乏しい財・サービスを消費することで自らの**経済力・社会的地位**を誇示する消費で、**現代社会**でも多く見られます。

B ×　『ディスタンクシオン』を著したのはP.ブルデューです。J.ボードリヤールは「シミュレーション」という用語で、現代消費社会が、現実の単なる模像（コピー）**ではなく**、むしろ現実との関連を持たない記号の世界となっていることを示そうとしました。

ヒント

例えば、かつての携帯電話は「どこでも通話ができる」という現実的機能から購入されてきましたが、今日のスマートフォンは機能自体に大した違いはなく、色違い・モデル違いのスマートフォンどうしという各種記号相互の比較考量の結果購入されます。そこでは、通話機能という現実との関連性が大きな意味を持たなくなっていて、現代消費社会はこのように現実と切り離された記号から成り立つ「シミュレーション」の世界であるとしました。このとき現実から切り離されて記号と化したモノのことを「シミュラークル」と呼びますが（「シミュラークル」は、フランス語で「虚像」、「まがいもの」を意味する言葉）、これは、現代社会における（現実という）原像の特権性を否定する概念ということができます。

C ×　カルチュラル・スタディーズは、文化と政治・経済的要因を**関連づけて**捉える研究であり、イギリスを中心に研究が進められました。また、『読み書き能力の効用』を著したのは、R.ホガートで、フーコーは立場が異なります。ともあれ、社会学で登場する学説なのですから、政治的・経済的・社会的要因と無縁な（切り離された）文化などという議論ではないだろうと予想できるでしょう。

D ○　対抗文化の例は他に、エコロジー運動などが挙げられます。

問題5 **消費行動・文化に関する次の記述のうち、妥当なのはどれか。**

★★★

国般2003

❶ 実際には経済力がないのに、経済力があるかのように見せかけて、社会的名声を獲得しようとする行動をT.ヴェブレンは誇示的消費と呼んだ。彼は、匿名性の高い都市社会においては、互いに他人の経済力を正確に知ることはできないから、没落した有閑階級が誇示的消費によって社会的名声を維持していると批判した。

❷ 大量生産社会においては、製品が規格化され画一的になるため、個性的な消費が困難になる。しかし、画一的な消費に満足できない消費者は、小さな差異に敏感になり、少しだけ他者と差別化を図ろうとする。D.リースマンは、『孤独な群衆』において、内部志向型人間の持つこのような消費者心理を「限界的差異化」と呼んだ。

❸ 豊かな社会においては、様々な様式で消費への欲望がかき立てられる。マス・メディアに接触することで消費の欲望がかき立てられることを、J.デューゼンベリーは「デモンストレーション効果」と呼んだ。これに対し、友人や隣人など、身近な人の消費行動に接して消費の欲望がかき立てられることを、J.ガルブレイスは「依存効果」と呼んだ。

❹ 高度情報社会においては、価値の源泉はもはやモノではなく、音楽や画像などの情報である。このような情報の持つ価値をJ.ボードリヤールは「記号価値」と呼び、記号価値を消費することを「記号消費」と呼んだ。自動車のグレードや装飾品のブランドは記号価値を持たないが、ゲームソフトやビデオソフトには記号価値があるとされる。

❺ 上流階級の趣味は「洗練」されているが、下層階級の趣味は「低俗」であるというように、趣味にも階層による差異がある。このような現象に注目したP.ブルデューは、出身階層における文化資本の違いが趣味にみられるような審美的な感覚にまで影響を及ぼし、ハビトゥスの形成を通じて社会階層が文化的に再生産されていると論じた。

【解答・解説】

正解 ❺

各論者の主張内容をよく理解していなければ解けない難問です。特に❸の内容は細かいです。

❶ ×　T.ヴェブレンのいう誇示的消費は、没落などしておらず、実際に経済力がある人々が、富と特権を誇示する（見せびらかす）ために行う消費のことを指します。

ヒント

支配階級は例えば、あまりにも豪華に飾り立てることで速く走れない馬車や、動きにくい服装といったものを好んで購入します。これらは使用価値（それを使うことで得られる即物的な効用）というよりは、象徴的な価値のほうに重点があります。ヴェブレンによれば、有閑階級の婦人にあえて窮屈なコルセットを付けさせて、飾りの付いた動きにくい服装（とても家事などできそうにない服装）を着させていることにより、有閑階級の男性は「婦人を一年中遊ばせていてもかまわないぐらい我が家は金持ちなのだ（家事の一切は召使いにやらせているのだ）」ということをアピールしているのだといいます。

❷ ×　ここで書かれているのは、他人志向型人間の特徴です。内部指向型人間はこんなに他者のことを気にしません。ただし「限界的差異化（限界的特殊化）」についての記述は妥当です。D.リースマンによれば、現代人は他者との違いを際立たせようと競争しますが、その競争は他者の参加と承認を得ることを目的としているため、その差は目立ちすぎないものでなければなりません。スーツの柄にこだわることや自動車のメーカーや車種にこだわること等は適切ですが、スーツを着ない、車社会を否定する、といった「過激」な行動は限界的差異化の域を超えてしまいます。

❸ ×　J.デューゼンベリーの「デモンストレーション効果」とJ.ガルブレイスの「依存効果」の内容が逆になっています。ガルブレイスは、現代の先進国では基本的な衣食住はほぼ満たされているにもかかわらず消費者の欲望がとどまるところを知らないのは、生産主体である企業の巧みな戦略によって（依存して）消費者の欲望が喚起されているからだとして、このことを「依存効果」と呼びました（＝**企業**の**影響**による**欲望喚起**）。一方、

デューゼンベリーは、**消費者**の**相互接触**による**欲望喚起**を「デモンストレーション効果」と呼びました。

❹ ×　前半もやや曖昧な表現ですが、後半は明らかな間違いです。「自動車のグレードや装飾品のブランド」は、記号的価値そのものです。「ステータス（地位）・シンボル」といわれるように、車のグレードは、それに乗る人の社会的地位を表す記号となります。また、機能的には同じバッグでもブランドのマークが付いていれば値段が跳ね上がるのは、ブランドが記号的（象徴的）な価値を持っているからです。

❺ ○　P.ブルデューは、階層を区分する際には経済資本（所得や財産）だけでなく文化資本にも着目すべきだと説きました。

ヒント

例えば、小さいころからピアノでも習っていればクラシック音楽に強い興味を持つでしょうが、そうでなければただの眠い音楽になるかもしれません。小さいころからテレビの科学番組に親しんでいれば学校の理科の時間は楽しく過ごせるかもしれませんが、そうでなければ興味の持てない科目で終わるかもしれません。小さいころから家庭内で英語が飛び交っていたり親の海外赴任などで英語圏で暮らした経験があったりすれば、学校の英語の時間は苦にならないかもしれません。

このように、趣味判断や学習への興味もまた、出身階層の影響を強く受けているとブルデューは考えます。そして、入試をはじめとする試験が、実は上流階層のハビトゥスを身につけているかどうかを判定する役割を果たしており、上流階層の子弟に圧倒的に有利であるとして、一見客観的な能力判定の制度が階層の固定化に寄与していると指摘しました。

第4章

社会集団の社会学

社会集団論

組織・労働

1 社会集団論

学習のポイント

- 前近代集団／近代的集団の対比とマッキーヴァーの集団類型については、最頻出なのでキーワードを確実に覚えておきましょう。特にテンニースとマッキーヴァーは重要です。
- サムナーの集団類型やマートンの準拠集団論も確認しておきましょう。

1 前近代的集団と近代的集団

前近代社会から近代社会への移り変わりとともに、形成される社会集団に変化が見られました。前近代社会の集団（基礎集団）と近代社会の集団（機能集団）には、次のような性質があります。

前近代的集団（基礎集団）	近代的集団（機能集団）
・**意志に関係なく所属** ・人間関係が**全面的** ・**自然的** ・役割・機能が**未分化** ・**閉鎖的**（加入・脱退が困難）	・**自分で所属を選択** ・人間関係が**限定的** ・**人工的** ・役割・機能の**分化** ・**開放的**（加入・脱退が容易）

以下は、各学者がそれぞれの社会集団に割り当てた概念と、その区分のポイントを示したものです。

	前近代的集団（基礎集団）	近代的集団（機能集団）
F.テンニース 1) （1855～1936） 結合の基礎にある意志の性質で区分	**ゲマインシャフト**（共同社会） ・**本質意志**による目的的な結合 ・家族・村落・中世都市・教会など	**ゲゼルシャフト**（利益社会） ・**選択意志**による手段的な結合 ・近代的企業組織・大都市・国民国家など
C.H.クーリー他 （1864～1929） 接触の仕方で区分	**第一次集団** ・親密で対面的な結びつき・協同 ・家族・近隣・子どもの遊び仲間など	**第二次集団** 2) ・特定の目的のための合理的な組織 ・政党・企業・労働組合・国家など

	前近代的集団（基礎集団）	近代的集団（機能集団）
高田保馬 (1883～1972) 結びつき方で区分	**基礎社会** ・基礎的・自然的な血縁・地縁 ・家族・村落・都市・国家など	**派生社会** ・人為的・派生的な結びつき ・宗教集団・政党・企業・慈善団体など
F.ギディングス (1855～1931) 発生の仕方で区分	**生成社会** ・血縁・地縁による結びつき ・家族・村落・国民社会など	**組成社会** ・特定の目的達成のための結びつき ・教会・職業集団・労働組合・国家など

補足

四者とも、「家族」を基礎集団の例に割り当てている点がポイントです。

1）一般に都市は近代的類型ですが、**中世都市はゲマインシャフト、大都市はゲゼルシャフト**と分類されている点に注意しましょう。なお、テンニースは、社会結合がゲマインシャフト優位の時代からゲゼルシャフト優位の時代へと移行していくと捉えていました。しかし彼は**ゲゼルシャフトを消極的に評価**しており、それに代わって来るべき社会結合として**ゲノッセンシャフト**（協同体）という概念を提示しています。これはゲマインシャフトとゲゼルシャフトを綜合したもの（長所を併せ持ったもの）であり、平等な人々の契約に基づく協同組合のような結合体を意味します。

2）第二次集団は、K.デイヴィスなどクーリーより後の論者が付け加えた概念です。

確認してみよう

① 集団の社会学では、集団を基礎集団と機能集団とに分類することが通例である。基礎集団が自生的に形成され、メンバー間の直接的接触を前提とするのに対して、機能集団は人為的に形成され、メンバー間の間接的接触を特徴とする。M.ウェーバーが官僚制組織として問題にしたのは、前者である。 国般2001

1 参照 ×

官僚制組織は、人為的に形成された機能集団に当たります。「自生」は、植物等が栽培によらず自然・天然に生え育つ状態を指す言葉です。

② F.テンニースは、社会的結合の形態をゲマインシャフトとゲゼルシャフトに区別し、村落はゲマインシャフトであるが、中世都市はゲゼルシャフトであると論じた。国般2005

1 参照 ×

中世都市もゲマインシャフトに当たります。「中世都市」は、11世紀ごろからヨーロッパに成立していた都市共同体であり、数万人規模であったため、自治的な共同体の機能を保つことができました。

③ C.クーリーは、幼少期において人格形成に最も重要な影響を与える存在としての家族を第一次集団と規定し、青年期から成熟期に人格形成に二次的な影響を与える遊び仲間や近隣社会などを第二次集団とした。これらの集団に共通する特徴はフェイス・トゥ・フェイスの直接的な接触である。労基2008

1 参照 ×

クーリー自身は「第二次集団」という言葉を示していません。また、特徴づけも違っており、クーリーは、家族・遊び仲間・近隣社会をいずれも第一次集団の例として挙げています。

2 マッキーヴァーの社会類型

アメリカの社会学者**R.M.マッキーヴァー**（1882〜1970）は、社会集団を次のように類型化しました。

コミュニティ	アソシエーション
・**類似・共同関心**によって成立する ・**範囲が生活の全領域**にわたり、**包括的・自生的** ・村落・都市・**国民社会**など	・**特殊・分有関心**によって形成される ・コミュニティの共同生活を達成するための**器官として派生** ・**家族**・教会・政党・**国家（機構）**など

コミュニティとアソシエーションは、**基礎集団／機能集団の対比ではあるものの、前近代的集団／近代的集団とは異なります**。一定の地域性を持ちその中でひととおり生活が完結する集団（＝コミュニティ）か、それとも生活の一部を占めるだけの

集団（＝アソシエーション）かという区別です。そのため、前項の区分と違って、マッキーヴァーの類型では**家族はアソシエーションに該当**します。

なお、「国家」には、人々の共同体としての側面と政治的組織体としての側面があります。このうち、前者を国民社会・ネーション（nation）、後者を国家機構（state）と呼びます。マッキーヴァーは、**国民社会をコミュニティ、国家機構をアソシエーションとしており、国家を唯一絶対的な存在と捉えていない**（たくさんある組織の一つと捉えている）ため、**多元的国家論者**とされます。ただし彼は、「国家は他のアソシエーションとは同列ではなく優越している」とも考えています。

コミュニティはアソシエーションの母体であり、アソシエーションはその器官なので時代の変化によって交代するわけではありませんが、マッキーヴァーも集団関係の変化は論じています。成員の個性と社会性が発達することによりコミュニティも発達し、それに伴う社会関係の分化と拡大によりアソシエーションも無数に現れるようになり、それを覆う世界大のコミュニティが形成されるというのです。

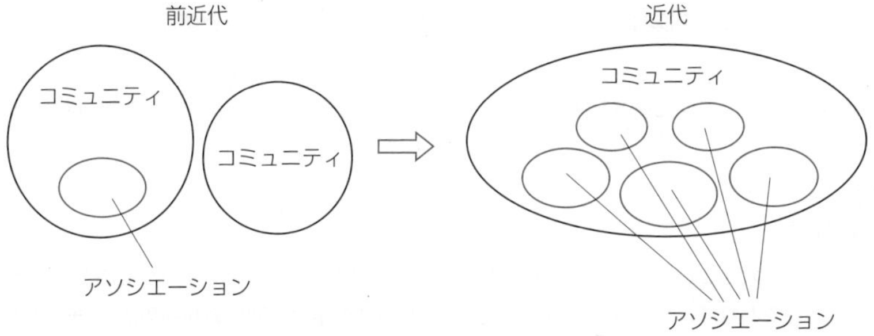

確認してみよう

① R.マッキーヴァーは、村、町、国などのより広い範囲の共同生活の領域を表す概念をアソシエーション、アソシエーションを共通基盤としてその上に人々の意思によって形成される教会、学校、労働組合などの人的結合体をコミュニティとした。国税2005

2 参照 ×

「アソシエーション」と「コミュニティ」が逆です。なお、ここでは単純に「国」と表記されていますが、本来なら「国民社会」と表記すべきです。

②　R.マッキーバーは、共同生活が営まれている地域であるコミュニティと特定の関心に基づいて成立するアソシエーションとを区別し、国家はコミュニティの器官であるとした。国般2005

2 参照 ○

「コミュニティの器官」とはつまりアソシエーションのことなので、ここでは「国家はアソシエーションであるとした」と書かれていることになります。

3 サムナーの社会類型

W.サムナー（1840～1910）は、社会集団を次のように類型化しました。

内集団	外集団
・個人がそこに所属し、帰属感や愛着心を持ち、**「われわれ」として仲間意識を持つ集団**	・自分はそこに所属しておらず、違和感や敵対心を持ち、**「かれら」としか意識し得ない集団**

補足

内集団の大きさは不定形で、状況により範囲が変わります。例えばスポーツを応援するとき、高校野球であれば、最初は自分の出身校を応援し（その学校の関係者が内集団）、チームが負ければ同じ県の代表を応援し（県民が内集団）、また負ければ同じ地方の代表を応援する（その地方が内集団）、ということがあります。オリンピックなら日本全体が内集団となります。

確認してみよう

①　メイヨーは、社会集団を内集団と外集団とに分類し、ある個人が、愛着心を持ち所属する人々を「われわれ」として意識しうる集団を内集団、違和感や敵意を持ち所属する人々を「彼ら」としてしか意識しえない集団を外集団とした。区Ⅰ2007

3 参照 ×

これはサムナーの主張内容です。一方で、メイヨーは、人間関係論アプローチを生み出した産業社会学者で、第2節で扱います。

4 組織集団と非組織集団（未組織集団）

P.A. ソローキン（1889 ～ 1968）は組織集団と非組織集団を区別しました。この節で扱った集団はいずれも、**ある程度継続的な成員間の相互作用、共同目標、地位と役割の分化、地位と役割を規定する規範、地位と役割に基づく協働関係がある**組織集団です。

狭い意味では社会集団＝組織集団ですが、広い意味では上記の要素を持たない非組織集団（群集・公衆・大衆などの非組織集団）も社会集団に含まれます（非組織集団については第5章第1節参照）。

- 広義の社会集団
  - 非組織集団
  - 組織集団（狭義の社会集団）
    - 基礎集団
    - 機能集団

5 準拠集団と予期的社会化

(1) 準拠集団論

R.K. マートンは、社会集団の分析において**準拠集団**という概念を提起しました。準拠集団とは、**個人が自らの判断や意思決定の基準として拠り所にしている社会集団**のことです。ある個人が何を準拠集団とするかはそのときどきによって変動します。

一般には、個人は家族や友人集団、近隣集団など、実際に本人が所属している集団の影響を受けることが多いですが、**現に所属していない集団**（過去に所属していたがいまは所属していない集団、いまは所属していないが将来所属したいと思っている集団）**が準拠集団になることもあり得ます**。そのため、所属集団／非所属集団と、準拠集団／非準拠集団は別軸の分類となります。

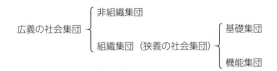

❶所属集団が準拠集団　　　　：一般的
❷所属集団が非準拠集団　　　：自分の住んでいる田舎町が嫌いな少年
❸非所属集団が準拠集団　　　：現段階では住んでいない都会に憧れる少年
❹非所属集団が非準拠集団　　：一般的

補足

❷と❸はセットになることが多いです。上記の例では、現在の所属集団（田舎町）を準拠集団にしたくないため、非所属集団（都会）を準拠集団としています。

(2)　相対的剥奪感（相対的不満）

相対的剥奪感（相対的不満）とは、**個人が期待している水準と現在の水準とのギャップによって感じる不満**をいいます。

個人が現状を不満に思うかどうかは、自分の置かれている境遇の客観的・絶対的な劣悪さではなく、その人の準拠集団の境遇と照らし合わせることによって相対的に決まります。

マートンは、このように準拠集団と相対的剥奪感との関係を分析しました。

(3)　予期的社会化

これもマートンの提起した概念です。**予期的社会化**（先取りした社会化）とは、**将来所属したいと望んでいる集団**（現在は非所属集団かつ準拠集団）**の価値・規範を先取りして学習すること**です。例えば、外資系企業への転職希望者が、転職後を考えて英語の学習に励むようなことが挙げられます。

確認してみよう

① G.ジンメルは、非所属集団に準拠しながらも、その集団への所属から排除されている人間をマージナルマンと呼び、その特徴として、所属集団と準拠集団の不整合から、不満を抱きやすい反面、既成の観念を打ち破る創造性を内包していることなどを指摘した。国般2007

5 (1) 参照 ×

「マージナルマン」という概念を提唱したのはシカゴ学派のR.パークです。また、所属集団と準拠集団を区別して論じたのはR.K.マートンです。

② マートンは、準拠集団とは、人間が行動や評価を決定する際の拠り所となる集団であるとし、自分が実際に所属していない集団は、準拠集団になり得ないとした。都Ⅰ 2004

5 (1) 参照 ×

自分が実際に所属していない集団でも準拠集団になり得ます。例えばアニメの登場人物に憧れてコスプレしている人が、アニメの中の集団に所属しているわけではなくても、自分の価値観の拠り所にすること（準拠集団にすること）はできます。

③ マートンは、準拠集団論を展開し、準拠集団は人が自分を関連づけることにより影響を受ける集団であり、準拠集団と相対的不満との関係を否定した。都Ⅰ 2008

5 (2) 参照 ×

マートンは、準拠集団と相対的不満との関係を論じました。ここで「相対的不満」（相対的剥奪感）とは、ある個人がおかれた境遇の客観的・絶対的な劣悪さによってではなく、その人の抱く期待水準と達成水準との相対的な格差によって感じる不満のことです。人々が抱く期待水準は準拠集団によって与えられます。

6 ネーションとエスニック・グループ

「**ネーション**」とは**国家**、**国民**、**民族**などを意味する語です。**B.アンダーソン**（1936～2015）は、ネーションは「**想像の共同体**」であると述べました。我々は1億人以上の日本国民全員と面識があるわけではありません。その意味で、ネーションという共同体はあくまで想像上のものにとどまります。かつて、共同体は直接面識がある範囲に限られていましたが、近代的な印刷技術の登場で、同じ言葉で書かれた同一の書物や新聞を無数の人々が同時期に読むようになり、一体感が形成されたといえます。**ネーションを重んじる思想や運動**を**ナショナリズム**といいます。

一方、「**エスニック・グループ**」とは、**祖先・言語・習慣・宗教・地域などを共有するとされる社会集団**を意味します。**エスニック・グループに関わる自己認識や他の集団と区別される客観的指標**を**エスニシティ**といいます。

過去問にチャレンジ

問題1　**社会集団に関する記述として、妥当なのはどれか。**

★

区Ⅰ 2011

❶ メイヨーは、顔と顔を突き合わせた親密な結び付きと緊密な協力とにより特徴付けられる集団を第一次集団とし、その対比として、意図的に形成される集団で、間接性と非人格性を特質とする集団を第二次集団と規定した。

❷ テンニースは、本質意志により、全人格的融合と信頼に基づく共同的集団をゲゼルシャフトとし、選択意志により、合理的選択と打算による契約に基づく潜在的闘争と不信を含む利益的集団をゲマインシャフトとした。

❸ クーリーは、内集団を個人自らが所属意識を持ち愛情を抱いている集団、外集団を他者に敵意や違和感を持ったり所属意識を感じないような集団とし、前者をわれわれ集団、後者を彼ら集団と名付けた。

❹ マッキーヴァーは、コミュニティは市町村や国のように一定地域に住む人々の共同生活全体のことであり、アソシエーションは特定の成員資格を持つ人々が限定的な利益や便宜を獲得するために人為的につくる機能集団とした。

❺ サムナーは、ホーソン実験におけるインフォーマル組織の発見により、フォーマルな集団の中に自然発生的に形成されたインフォーマルな組織が、フォーマルな組織の生産性を左右するとした。

【解答・解説】

正解 ❹

社会集団論に関する学者名とキーワードの組合せを覚えていれば解ける易問です。

❶ ×　第一次集団を規定したのはC.H.クーリーです。また、その対概念として第二次集団を規定したのはK.ヤングやK.デイヴィスなど、クーリーよりあとの学者になります。

❷ ×　「ゲゼルシャフト」と「ゲマインシャフト」の説明が逆です。

ヒント

本質意志は、人間の身体的な本質に基づき、自然的かつ実在的であり、他者を目的として扱い一体化を求める傾向を持ちます。つまり、人と一緒にいたいという本能のようなものです。F.テンニースはそれを人間の本質と考えていました。この場合、相手と結びつきを持つこと自体が目的となります。例えば、親しい仲間と会話しているとき、「仕事だからこいつと話している」とは考えていません。単純に楽しいから話しているのであり、会話それ自体が目的となります。

選択意志は、知性的な思考に基づき、人為的かつ観念的であり、他者を自己の利害充足の手段として扱う傾向を持ちます。この場合、あくまで別の目的を果たすための手段として他の人と関係するのであって、目的を果たせないのなら仲よくしても意味はありません。例えば会社について、お金を稼ぐためにその集団に属し人間関係を持つ（仕事上必要だから同僚と付き合う）のであって、給料が出ないのなら会社に所属していても意味がないし同僚と付き合う必要もありません。このように、相手と一緒にいることそれ自体が目的ではありません。

❸ ×　内集団と外集団を対比して論じたのはW.サムナーです。

❹ ○　ここでいう「国」とは「国民社会」を指しており、「国家」（国家機構）でないことに注意してください。紛らわしいのですが、R.M.マッキーヴァーは、「国」をコミュニティ、「国家」をアソシエーションとしています。

補足

ここで「国家」とは、政府の機関など、国を運営するための国家機構（state）のことを指します。マッキーヴァーはアソシエーションのことを「コミュニティの共同生活を達成するための器官」としています。「器官」とは、例えば心臓や肺などを指す言葉です。心臓や肺は、それ単独で取り出したら動かなくなります。あくまで人体という全体があることが前提で、その中で一部の機能を果たすために存在しています。

同様に、まずコミュニティがあることが前提で、その一部の機能を果たすためにアソシエーションが成立します。例えば、砂漠の真ん中にいきなり政党を作っても成り立ちません。そこに人々の生活実態（コミュニティ）があることが前提で、その内部で人々の生活の一領域（この場合は政治活動）を達成するために政党などのアソシエーションが成立します。

国家機構も同様で、マッキーヴァーは「国家は他のアソシエーションとは同列ではなく優越している」と考えているものの、国家機構だけで生活は完結しません。官庁職員も夜になれば自分の家に帰ります。国民社会というコミュニティがあることが前提で、その中で国家の運営という一機能を果たすために国家機構というアソシエーションが存在します。

❺ ×　これは、G.E.メイヨーに関する記述です。メイヨーの学説は次節で扱いますが、少なくともサムナーに関する記述ではないことはわかるはずです。

MEMO

問題2 社会集団の類型に関する記述として、妥当なのはどれか。

★

区Ⅰ 2014

❶ クーリーは、社会集団を第一次集団と第二次集団とに分類し、直接接触の親密な感情の強い小集団を第一次集団、間接接触の大規模な人為的集団を第二次集団とした。

❷ テンニースは、社会集団をゲマインシャフトとゲゼルシャフトとに分類し、成員相互の結合の性質が利害的な利益社会をゲマインシャフト、成員相互の結合の性質が情緒的な共同社会をゲゼルシャフトとした。

❸ メイヨーは、社会集団をコミュニティとアソシエーションとに分類し、人間の生活関心の全てを充たす自然発生的な地域社会をコミュニティ、特定の生活関心を充たすために人為的につくられた集団をアソシエーションとした。

❹ マッキーバーは、社会集団をフォーマル組織とインフォーマル組織とに分類し、組織目的を達成するために人為的に編成された体系をフォーマル組織、個人が感情にもとづいて自然につくりあげた集団をインフォーマル組織とした。

❺ ギディングスは、社会集団を生成社会と組成社会とに分類し、血縁と地縁にもとづく自生的に発生した社会を生成社会、類似の目的や活動のために人為的につくられる社会を組成社会とした。

【解答・解説】

正解 ❺

社会集団論に関する出題は、学者名と類型の組合せを覚えておけば、ほとんどの問題には対応できます。

❶ ✕　C.H.クーリーが示したのは「第一次集団」の概念だけです。K.ヤングやK.デイヴィス等の後の社会学者たちが「第二次集団」の類型を示しました。

❷ ✕　「ゲゼルシャフト」と「ゲマインシャフト」の説明が逆です。

❸ ✕　これは、R.M.マッキーヴァー（マッキーバー）に関する記述です。「コミュニティとアソシエーションとに分類」という箇所で判別できます。

❹ ✕　これは、G.E.メイヨーに関する記述です。F.レスリスバーガーとともに参加したホーソン実験を通じて、この2類型を示しました。メイヨーの学説は次節で扱いますが、少なくともマッキーヴァーに関する記述ではないことはわかるはずです。

❺ ○　生成社会は、**生**まれながらに**成**立している社会、組成社会は、あとから**組**織して**成**立した社会というように、漢字の意味で理解しておけば内容を類推しやすいです。

問題3 準拠集団に関する記述として、妥当なのはどれか。

★★

都Ⅰ 2007

❶ 準拠集団は、個人が現在所属している集団のほか、過去において所属した集団や将来所属したい集団も準拠集団に含まれるとされる。

❷ 準拠集団は、個人が対立する複数の集団に同時に所属し、準拠集団とすることはないため、準拠集団の選択に当たっては矛盾や葛藤は起きないとされる。

❸ 準拠集団は、個人と集団との関係により積極的準拠集団と消極的準拠集団とに分かれ、所属集団は常に積極的準拠集団になるとされる。

❹ 準拠集団には、個人が集団の規範に自らの態度を同一化する規範的機能があり、この規範的機能には、集団の規範に反発する機能は含まないとされる。

❺ 準拠集団には、個人が他者を評価する際に、比較の基準を提供する比較機能があり、この比較機能には、自己を評価する機能は含まないとされる。

【解答・解説】

正解 ❶

このようにキーワードの特徴を問う出題の場合、ある種のクセが見られることがあります。正答肢の❶以外にはすべて、否定的な言葉（❷・❹・❺）ないし限定的な言葉（❸）が入っています。これは作問する際、事典から定義の文章を引っ張ってきて、それに否定・限定の語句を入れて間違い選択肢とするプロセスをたどることが多いからです。必ずこうなるとは限りませんが、どうしても答えがわからない場合の目安にしてください。

❶ ○　準拠集団（＝個人が自らの判断や意思決定の基準として拠り所にしている社会集団）と所属集団は別概念で、現在所属していない集団が準拠集団になることはあり得ます。

❷ ×　対立する複数の集団に同時に所属し、両方を準拠集団とすることはあり得ます。例えば結婚後、嫁入りした妻は夫の家に所属しこれを準拠集団としていますが、同時に実家に対しては子として所属しこれをも準拠集団としています。そこで夫の実家と妻の実家の関係が険悪になった場合、妻はどちらの家の味方をしてよいのかわからなくなり矛盾や葛藤に直面することになります。

❸ ×　「常に」という記述が強すぎます。ここで「積極的準拠集団」とは自ら望んで積極的に準拠集団としたくなるような集団、「消極的準拠集団」とはできれば準拠集団としたくないような（準拠集団とすることに消極的になる）集団のことです。例えば、自分の住んでいる農村地域が嫌いな高校生が「この町は嫌いだ、ここの人々とは価値観を共有したくない」と考えていたとすると、「所属集団＝消極的準拠集団」となります。

❹ ×　集団の規範に反発する機能も含みます。ここで「規範的機能」とは、準拠集団が個人の規範の判断基準を提供する機能を指します（問題文中の定義はズレています）。個人が見習うべき模範として準拠集団が機能することもありますが、反面教師となることもあります。

❺ ×　自己を評価する機能も含みます。例えば、都会に憧れる農村地域在住の高校生は、都会の人々と比較して「自分のファッションはまだまだ垢抜けない」と評価するかもしれません。

問題4 ★ **F.テンニースが提起したゲマインシャフトの概念の説明として、最も妥当なのはどれか。**

労基・財務2014

❶ フォーマルな組織内に生じるインフォーマルな集団のことであり、人間の相互接触のあるところではどこにでも発生する、日常的な付き合いのまとまりである。

❷ 特定の類似した関心や目的を持つ人々が、それらを達成するために意図的に結合し形成する人為的集団のことである。例として、学校、営利団体が挙げられる。

❸ 人が自分自身を関連付けることによって、自己の態度の形成や変容に影響を受ける集団である。過去に所属したことのある集団もこの中に含まれる場合がある。

❹ 個人にとって結び付きが弱く、あるいは競争・闘争などの対立関係にあり、「彼ら」、「よそもの」として捉えられる人々のことである。

❺ 人間の有機的で自生的な感情的一体性に基づく結合であり、人々はここでパーソナルで全人格的な結合をしている。例として、家族、村落が挙げられる。

【解答・解説】

正解 ❺

それぞれの社会集団類型の特徴を覚えていれば、簡単に解けるはずの問題です。

❶ ×　これは、G.E.メイヨーとF.レスリスバーガーが参加したホーソン実験により注目されるようになった「インフォーマル集団」に関する記述です。第2節で扱います。

❷ ×　これはF.テンニースの類型でいえば、「ゲゼルシャフト」に関する記述です。

❸ ×　これは、R.K.マートンが論じた「準拠集団」に関する記述です。

❹ ×　これは、W.サムナーが示した「外集団」に関する記述です。

❺ ○　「有機的」、「自生的」、「感情的一体性」、「パーソナル」、「全人格的」という箇所がポイントとなります。

問題5 準拠集団に関する記述として、妥当なのはどれか。

★

国税2008

❶ 感情や気分、習慣、伝統、良心、信仰など生に基礎を持つ意志である本質意志によって結合した集団であり、そこでは、時には反発することがあるにしても、全人格をもって感情的に融合し、親密な相互の愛情と了解をもとに運命をともにする。

❷ 個人が、違和感や敵意を持ち、そこに所属する集団を「かれら」としてしか意識することができない集団である。個人が、帰属感や愛着心を持ち、そこに帰属する人を「われわれ」として意識する集団と対の概念である。

❸ 態度や意見の形成と変容において、自分を関連付けることによって影響を受けるような集団で、家族、友人集団、近隣集団など身近な所属集団から成ることが多いが、直接所属しない集団の影響を受けることもある。

❹ 職場仲間の集団、友人集団などのように、個人的にコミュニケーションをとることが可能な関係を通じて公式な組織の内部に形成される集団で、人格的交流や心理的安定、是認を求める欲求が集団形成の動機となっている。

❺ ある利益に関心を持つ人々が団結して、自己にかかわる特定の利益を達成するために議会や政府に働きかけ、政策決定に影響を与えるために力を行使する集団であるが、一般的に、影響力を行使した結果として生じる政治的責任は負わない。

【解答・解説】

正解 ❸

各選択肢は別の社会集団に関する説明になっているため、準拠集団の大まかなイメージさえあれば一本釣りできる易問です。

❶ ×　F.テンニースの「ゲマインシャフト」に関する記述です。「本質意志」がポイントとなります。

❷ ×　W.サムナーの「外集団」に関する記述です。なお、「そこに帰属する人を『われわれ』として意識する集団」は「内集団」です。

❸ ○　「自分を関連付けることによって影響を受けるような集団」という箇所で判別できます。

❹ ×　G.E.メイヨーの「インフォーマルグループ（非公式小集団）」に関する記述です。「公式な組織の内部に形成される集団」、「人格的交流や心理的安定、是認を求める」がポイントとなります。詳しくは、次節を参照してください。

❺ ×　「圧力団体」に関する記述です。「ある利益に関心を持つ人々が団結」、「政策決定に影響を与えるために力を行使する集団」がポイントとなります。

補足

特定の利害・関心・価値の維持・遂行のために組織化された集団を「利益集団」といいますが、利益集団が自己利益を達成するために議会や政府に働きかけるなど、具体的な圧力戦術を用いる場合、これを特に「圧力団体」と呼びます。これは政治学で学ぶ知識ですが、それを踏まえていなくても、少なくとも「準拠集団ではない」ということはわかるでしょう。

問題6 社会に関する次の記述のうち、妥当なのはどれか。

★★

国般1998

❶ 一般に社会とは、個人の集まりを指す。しかしすべての個人の集まりが、社会というわけではない。諸個人の行為の関係が個々の行為に還元することのできない、固有の集合的な諸現象を生成する場合に社会の存在をみることができる。したがって例えば、「国家」は社会として理解することはできない。

❷ 日本語の「社会」に対応する英語のsociety、ドイツ語のGesellschaft、フランス語のsociétéには、「会社」や「交際」といった意味がある。これは本来、それらが人間の結合を意味する言葉であったことに由来している。例えば、「社交ダンス」(social dancing) はそのような用例の一つである。

❸ ゲマインシャフトとゲゼルシャフトという対概念は、社会の基本的な二類型として用いられている。前者が人々の人格的・非限定的な関係を指すのに対して、後者は非人格的・限定的な関係を指す。その意味で会社はゲマインシャフト的関係の、家族はゲゼルシャフト的関係のそれぞれ代表的な事例である。

❹ 人間の社会関係には「わたしたち」(us) と呼ばれる人々と、「かれら」(them) と呼ばれる人々との関係への分化がみられる。そして「わたしたち」が偏見の対象となるのに対して、「かれら」は美化の対象となる傾向がある。例えばエスノセントリズム (自民族中心主義) は、そのような事例である。

❺ 日本語の「社会」という言葉は英語のsociety、ドイツ語のGesellschaft、フランス語のsociétéなどの訳語として、明治以降に一般化したものである。伝統的な日本語の中で「社会」に対応するのは、「世間」である。「世間」は特定の成員からなる社会関係として、今日でも強い影響力をもっている。

【解答・解説】

正解 ❷

「社会」という概念に関する問題です。少し難解ですが、社会学的知識と常識的知識を働かせれば解答は導き出せます。

❶ ×　「国家」も社会として理解できます。政治領域／社会領域という二分法が用いられることもありますが、政治社会学という分野もあり、広い意味では政治の場も社会の範囲内といえます。さらに、国家においても個々の行為に還元できない固有の集合的な現象は存在しますから、この記述は妥当ではありません。

❷ ○　これらの語源となったラテン語の socius には、「仲間として交際すること」、「僚友」、「同志」などの意味があります。

❸ ×　「家族」と「会社」が入れ替わっています。

❹ ×　エスノセントリズムとは、「わたしたち」（＝**内集団**）を美化し、「かれら」（＝**外集団**）を偏見の対象にする考え方です。しかし、この用語を知らなくても「**自**民族中心主義」という言葉を字義どおりに捉えれば矛盾に気づくはずです。W.サムナーは、内集団への一体感と外集団への対外的な敵意が民族・人種の次元で現れる事態をエスノセントリズムと呼んで問題視しました。

❺ ×　「世間」の成員は特定されていません。「世間」は日本文化に固有の日常語で、「社会」の類概念となります。ですが「世間の目」という言葉から想像できるように、成員は特定されていません。気になるのは隣近所の知り合いかもしれませんし、見知らぬ通行人かもしれません。

問題7 ★★★ **民族、移民、マイノリティに関する次の記述のうち、最も妥当なのはどれか。**

国般2010

❶ 「出生地主義」とは、ある国の領土内において生まれた者に国籍を与える原則を意味し、この立場を採る国では、国内生まれの者に無条件に国籍を与える一方、国外生まれの者には国籍取得が極めて困難である。

❷ 「メルティング・ポット」とは、アメリカ合衆国などで、多様な民族が国内に入ってきて、それらがあたかも鍋の中で、それらの形や個性を失うことなく存在するように、多元的な社会的雰囲気が生み出されることをいう。

❸ 「エスニシティ」とは、国内外から都市への人口の大量流入の結果、多様な文化をもった民族が同じ空間に居住するようになり、お互いの差異を認め合いながら共存関係をつくりだした都市的文化のことを意味する。

❹ 「アファーマティブ・アクション」とは、人種・民族あるいは性別などに基づく差別を積極的に捜査し、発見した場合には厳しい制裁によって、社会的な偏見そのものを否定することを目指した政策だが、個人の内面まで踏み込むことによって強い反発を呼んだ。

❺ 「想像の共同体」とは、近代的な活版技術の引き起こしたコミュニケーションの革命により、国民的な言語が成立することで、その通用する範囲で近代的な国民意識が生み出されることを示した概念である。

【解答・解説】

正解 ❺

難易度は高いですが、近年出題が増えつつある分野ですのでこの機会に主要なキーワードは覚えておきましょう。

❶ ×　現実的には、国外生まれの者でも国籍取得が可能です。ここで、国籍に関する「出生地主義（生地主義）」とは、生まれた国に基づいて国籍を付与する立場です（アメリカ等で採用されています）。一方、「血統主義」とは親の国籍に基づいて子に国籍を付与する立場のことです（日本などで採用されています）。

ただし、出生地主義は、現実には完全に徹底されているわけではなく、併用されている場合がほとんどです。例えば、アメリカでは原則的に出生地主義を採用していますが、アメリカ国民が国外で生まれた場合には補足的に血統主義を採用して、一定の条件を満たせばアメリカ国籍が与えられるようになっています。

❷ ×　これは「サラダ・ボウル」に関する記述です。「メルティング・ポット」は、「人種のるつぼ」とも訳される言葉で、「るつぼ」は物質を溶かすための耐火性の深皿のことです。

補足

アメリカにはもともと先住民が住んでいましたが、それを「新大陸」として「発見」され、ヨーロッパなどさまざまな国から多くの人たちが移民してきていまの合衆国となりました。そのため、アメリカ国内にはさまざまな文化・言語を持つ人たちが集まっています。そのアメリカ文化の姿として当初言われていた言葉が「メルティング・ポット」（人種のるつぼ）です。このころは、多様な人種・民族による多様な文化はアメリカ社会の中で融け合い同化していくことが理想だと考えられていたので、この言葉が用いられていました。

それに対して「サラダ・ボウル」（＝鉢に盛られたサラダ）は以下のような考え方です。当初はアメリカは同化政策を採っていましたが、1960年代の公民権運動以降、少数派集団の発言力が高まり、それぞれの民族が自分たちの文化の特色を残したままで全体を成す文化多元主義を目指すべきだとの考えが強まり、アメリカ社会の姿として「サラダ・ボウル」という言葉が使われるようになりました。

たとえるなら、「メルティング・ポット」の理想像は、じっくり煮込んで固形物がなくなった野菜スープです。味わってみれば、ニンジン・カボチャ・タマネギなど、さまざまな食材が入っていることはわかるものの、どの部分がニンジンでどの部分がカボチャなのかは、もはやわかりません。全体で「野菜スープ」となっています。それと同じように、「メルティング・ポット」のころは、各民族の文化はもとの形をとどめないぐらいまでにアメリカ社会と一体化すべきだと考えられていました。

一方、サラダ・ボウルについては、生の野菜サラダのイメージです。生の野菜サラダの場合、加工されてはいるものの、どの部分がキュウリ、トマト、レタスなのか判別できます。それぞれの特徴を残したままで、サラダという料理は構成されます。それと同じように、「サラダ・ボウル」で表現される文化多元主義の考え方では、各文化の特色を残したままでアメリカ社会を作り上げることを理想とします。

❸ ×　「エスニシティ」とは、祖先・言語・習慣・宗教・地域などを共有するとされる社会集団（＝エスニック集団）への所属意識のことです。

❹ ×　「アファーマティブ・アクション」とは、少数民族や身体障害者などのマイノリティに対して、企業への採用や学校への入学などに当たって、一定枠を優先的に確保することなどによって格差を穴埋めし、積極的に平等を推進する政策のことです。

❺ ○　B.アンダーソンは、「想像の共同体」という概念で国民国家の形成を論じました。

補足

かつて、言語は地域的なものでした。ほとんどの人にとって、言語とは実際に口から発せられる音声＝「言葉」であり、電話やテレビなどがない時代には、言葉を交わす相手は直接目の前にいる人だけで、その中だけで流通していました。そのため、地域言語（＝方言）の違いが大きいものでした。

また、かつては文字を読める人は限られていました。そして、文字を読むといっても手書きの写本だけで、複製するといっても少量にとどまり、一部の知識人だけに流通していました。しかし「近代的な活版技術」、つまり印刷技術が確立することによって、全く同じ本が何万部も複製できるようになりました。さらに義務教育制度が確立して、共通の教科書を使って文字を学ぶようになります。このようにして、言語は特定の地域に限られることなく、広い範囲で共有されるようになりました。

さて、かつての共同体の範囲は、直接顔を合わせられるぐらい、実際に面識のあるぐらいまででした。それに対して、現在の「日本」という共同体の全員（1億人以上）と直接顔を合わせた人は誰もいません。このように、「日本」という共同体は、直接経験できずにあくまで想像の域にとどまるという意味で、想像上のものです。にもかかわらず、なぜ同じ国民の共同体という一体感を持てるのか。それは、同じ本を読み、同じ言語を使う仲間という意識があるからだ、というのがアンダーソンの「想像の共同体」論です。

2 組織・労働

学習のポイント

- ウェーバーの近代官僚制論とマートンによるその批判や、テイラーの科学的管理法とメイヨーらのホーソン実験は、行政学で（後者は経営学でも）頻出の内容です。詳しく学習しておきましょう。
- リッツァの議論は、国家一般職および国税専門官・財務専門官の受験者を中心に必要な内容です。

1 支配と官僚制

(1) ウェーバーの近代官僚制論

M.ウェーバーによれば、**近代官僚制は能率性・非人格性・中立性で特徴づけられる組織**です。非人格性とはつまり、特定の人物の超人的な能力に頼ることなく運営される組織ということです。ウェーバーによる官僚制の特徴は以下のとおりです。

フォーマルに制定された合理的規則と、それによる職務配分	・特定の個人に頼らない ・人員が入れ替わったとしても同じように職務が遂行可能
階統制（ヒエラルヒー）	・命令系統が一元的 ・それぞれの地位にいる者がこなすべき職務が明確
公私の分離	・歯車として、組織の目的遂行に専念すべき
文書による事務処理	・担当者が変わっても業務は継続できる
専門分化	・部署ごとに専門教育や技術が要求される
没人格的な職務遂行	・属人的な事情によらず、日々の雑事に向き合う

ウェーバーは、**近代官僚制が他の組織形態と比べて、最も合理的な組織形態だと考えました**。つまり、①恒常性、②予測可能性、③道具性、の3点が満たされているため、作業の能率や信頼性で他の組織形態よりも優れています。人々を組織の歯車たらしめてしまうという問題をはらんでいながらも、**官僚制の組織原理は社会全体のあらゆる分野に広まっていく**（＝普遍的官僚制化）としました。

ヒント

ウェーバーの支配の３類型のうち、合法的支配が最も純粋な形で表れているのが官僚制であるとしました。

(2) 寡頭制の鉄則

ドイツの社会学者**R. ミヘルス**（1876～1936）は、ドイツ社会民主党と労働組合の事例研究から**寡頭制**（かとうせい）**の鉄則**を導き出しました。

平等の実現を目標とする政党でさえ、**組織の規模がある程度以上になると、組織の分業化と専門化、そしてヒエラルヒーが必要となります**（＝官僚制化）。そしてすべての成員が意思決定に参加するのは不可能なため、組織は少数の指導者によって運営されるようになり、**この地位が固定化される結果、権力は一部の者に集中化する**といわれます。

(3) 官僚制の逆機能

R.K. マートンは、ウェーバーは官僚制の顕在的順機能の面しか見ていないと批判し、**官僚制には逆機能**（社会にとって負の作用をもたらす機能）**もあると主張しました。**

官僚制は、規則への忠誠や命令系統の一元制を特徴としますが、**儀礼主義的なパーソナリティを形成し、環境の変化が激しい状況においては、かえって適応を阻害する要因**となり、現実対応能力の喪失という**潜在的逆機能**を生み出します。

ヒント

ウェーバーやミヘルスは官僚制が不可避であることを指摘し、マートンは官僚制に逆機能もあることを指摘しました。これは、「官僚制が逆機能しかもたらさない」という主張とは違いますので注意しましょう。

確認してみよう

① M. ウェーバーは、完成した官僚制的機構とそうでない組織とを比較すると、まさに機械的生産様式と非機械的生産様式とにみられるような差があることを指摘し、官僚制化された組織の技術的卓越性を強調した。国税1998

1 (1) 参照 ○

ウェーバーによれば、官僚制組織は、「生きた機械」として人々を組織の歯車にする等の問題点を持っていますが、良かれ悪しかれ、普遍的官僚制化は近代人にとって避けることのできないものです。

---

② M.ウェーバーの官僚制理論によれば、官僚制は個々人の意志のあり方に依存する極めてこわれやすい形成物であって、それゆえに強力な規則や罰則で縛ることが重要であるとされている。国税1998

1 (1) 参照 ×

官僚制は、個々人の意志のあり方には依存しない強固な形成物です。官僚制の大きな特徴は非人格性であり、成員の個性によらず、同様に組織は動いていきます。

---

③ R.ミヘルスは、政党などの組織においては、組織構成員の平等と民主的な組織運営を原則にしており、指導者による状況に応じた判断とその判断に対する一般構成員の服従が不可欠ではないことから、寡頭制支配は生じないことを示し、これを「寡頭制支配の鉄則」と呼んだ。国税・財務2013

1 (2) 参照 ×

ミヘルスのいう「寡頭制の鉄則」とは、いかなる組織も寡頭制支配になるという主張です。彼によれば、組織構成員の平等と民主的な組織運営を原則とする政党組織であっても、寡頭制支配は生じます。

---

④ R.マートンは、官僚制組織の成員に特有のパーソナリティとして、規則や手続きに過剰に同調する逃避主義的なパーソナリティの存在を指摘し、それが原因で、官僚制組織では、官僚制の逆機能の問題が生じていると論じた。国般2007

1 (3) 参照 ×

規則や手続に過剰に同調するのは儀礼主義的なパーソナリティです。マートンのアノミー的状況への適応の５類型（第２章第５節）を想起しましょう。

2 企業組織と労使関係

(1) 科学的管理法

F.テイラー（1856～1915）は、**科学的管理法**（テイラー・システム）と呼ばれる手法を発案し、労働の場において実践しました。

科学的管理法においては、労働者が１日になすべき作業量を**動作研究と時間研究から確定**し、この標準作業量を達成した労働者には高賃率を適用し、達成しない労働者には低賃率を適用する**差別出来高制**によって、標準作業量の達成を確保しようとします。人間は合理的な存在であり、物理的環境条件を改善すれば作業効率は上がるという発想からです。この手法は、自動車メーカーフォード社の**フォーディズム（フォード・システム）**にも影響を及ぼしました。

動作研究	・作業中のすべての動作を調査・分析して、そこから不要な動作を除き、必要な動作でもさらに改善して最適な標準作業方法を求め、動作時間を見積もる
時間研究	・標準作業方法によって作業が行われる場合に要する時間を設定する

(2) ホーソン実験

ホーソン実験とは、1924年から1932年にかけて**ウエスタン・エレクトリック社のホーソン工場**で実施された実験です。ハーバード大学の**G.E.メイヨー**（1880～1949）と**F.レスリスバーガー**（1898～1974）は1927年から参加し、照明度・作業時間配分・作業効率の関係を調査しましたが、目立った対応関係は見いだせませんでした。そして実際は、作業量の決定に重要な役割を果たしているのは、**明文化された規範によって規制されているフォーマルな集団ではなく、暗黙の規範によって規制されているインフォーマルな集団である**ことがわかりました。

工場のインフォーマルな集団では１日の作業量が暗黙のうちに決められており、それが作業集団全体の生産性を規定していたのです。これ以降、人間の非合理的な側面も注目されるようになりました。

ヒント

テイラーの科学的管理法が人間の合理的な側面に照準したのに対し、ホーソン実験は人間の非合理的な側面を明らかにしたという対照をなしています。

⑶ 労働組合員資格と従業員資格の関係（ショップ制の類型）

企業で働く労働者は、労働組合を組織していることがあります。このとき、組合員であることと従業員であることとの間に**一定の協定**が設けられていることがあり、これを**ショップ制**といいます。次のようなショップ制の類型があります。

クローズド・ショップ	・すでに組合員になっている者しか採用できない ・熟練工の組合等
オープン・ショップ	・組合員でない者も採用できる
ユニオン・ショップ	・採用後は全員が一定の組合に入り、脱退すれば解雇 ・日本で主流

⑷ 内部労働市場と外部労働市場

労働者は自分の労働力を企業との取引に供します。個人が企業と労働契約を結んで従業員になるとき、企業は組織の外部の市場から労働者を得ており、この市場を**外部労働市場**といいます。

一方、企業組織内部に存在している市場を**内部労働市場**といいます。例えば企業組織の内部で人材の配置が行われるとき、この内部労働市場が意識されていることになります。

内部労働市場	・企業組織内部の労働力の需給調整メカニズム
外部労働市場	・企業組織外部で求職者側と求人側の間の労働力の取引を通じて形成される市場 ・通常の意味での「労働市場」

⑸ 労働における疎外

R. ブラウナー（1929～2016）は、異なる産業間で労働者の疎外意識を比較調査して、疎外は、**組立ライン型産業で最も強く、熟練技能型産業で最も弱い**ことを明らかにしました。

ブラウナーによれば、疎外の度合いは労働者の主観および感性と職業の社会技術的状況とに左右されます。また、疎外の具体的な内容として、無力性・無意味性・孤立感・自己疎隔の四つを挙げています。

⑹ マクドナルド化する社会

G.リッツァ（1940～　）は、後期近代で近代化の原理が徹底される面を強調します。ウェーバーのいう形式合理性の浸透や普遍的官僚制化が、科学的管理法やフォーディズムを経て消費領域・生活領域で徹底され、マクドナルドに象徴されるような現代のフランチャイズ化・マニュアル化・パッケージ化された商品・サービス等となったといいます。

フォーディズム（フォード・システム）	・フォード社の生産様式に代表される画一化された大量生産 ・労働者の雇用安定による購買力拡大（生産者かつ消費者として必要） ・労働者には、標準化・規格化された労働をひたすらこなすことが求められる
ポスト・フォーディズム	・他品種を少量ずつ生産（選択肢の拡大）し、絶えず差異を示すことで消費を喚起する ・需要の変化への対応で、雇用は柔軟化・短期化・不安定化 ・労働者は、変化への対応で絶えず自己変革・自己学習が求められる

⑺ 感情労働

サービス産業が主流となっている現代の社会では、職業上「感情管理」が要請されることが多いです。例えば、患者の死に際した看護師は、表面的に悲しみの表情を見せるだけでなく、内面でもその感情を感受しようと試みます。「死の場面では悲しみの感情を持つのが当然だ」という感情規範が社会的に共有されているため、そこから外れると他者から否定されるし、自己否定にもつながるからです。

このような「労働」を、**A.ホックシールド**（1940～　）は、「肉体労働」や「頭脳労働」と区別して「**感情労働**」と呼びました。

確認してみよう

① F.テイラーは、大集団である工場労働において、企業側からの標準的な作業量の設定や金銭的な動機付けは労働者の自主性を減退させ、かえって能率低下を招くとして、労働者自身や小集団による自主的な管理目標を設定することの重要性を主張した。労基2008

2 ⑴ 参照 ×

全く逆で、F.テイラーの科学的管理法では、差別出来高制を採ることが能率の向上につながると考えます。

② F.テイラーが創案した科学的管理法とは、親方職工を中心とする経験主義、労働者の怠業、さらには親方と労働者との反目といった事態を解決するため、労働者の経験や勘を科学的に分析し、労働者の意見を踏まえた上で労働時間や賃金を設定する労働管理方法である。国税・財務2013

2 (1) 参照 ×

「労働者の意見を踏まえた上で」が誤り。科学的管理法では、労働時間や賃金を管理者の側から一方的に設定します。

③ F.レスリスバーガーらが参加した米国のホーソン工場で行われた実験結果においては、照明の強弱や休憩時間などの作業環境の様々な物理的労働条件が、労働者の作業効率に最も大きな影響を与えていることが示された。国税・財務2013

2 (2) 参照 ×

ホーソン実験では、労働者どうしのインフォーマルな人間関係が労働者の作業効率に最も大きな影響を与えていることが示されました。

④ G.リッツァは、20世紀を通じて生起してきた一連の合理化過程とは異なるファーストフード・レストランのような新たな諸原理が各国で優勢になってきていることをもって、社会のマクドナルド化という概念を提唱した。国税2011

2 (6) 参照 ×

リッツァによれば、マクドナルド化は、新しいものというよりも、むしろ20世紀を通じて生起してきた一連の合理化過程の頂点を代表しているものです。

過去問にチャレンジ

問題1 ★ **M.ウェーバーの官僚制に関する記述として、妥当なのはどれか。**

区Ⅰ 2015

❶ M.ウェーバーは、支配の３類型として合法的支配、伝統的支配、カリスマ的支配を提示し、合法的支配の最も純粋な型が官僚制的支配であるとした。

❷ M.ウェーバーは、官僚制は大規模な組織である行政機関に限られたものであり、大規模な組織がすべて官僚制的特質を示すものではないとした。

❸ M.ウェーバーは、官僚制の固有の特徴として、権限の明確なヒエラルヒーは存在しないが、成文化された規則が、組織のあらゆるレベルで職員の行動を統制するとした。

❹ M.ウェーバーは、機械的システムと有機的システムという組織類型を提案し、機械的システムが、明確な回路をとおして意思の疎通が上下方向で行われる官僚制的システムであるとした。

❺ M.ウェーバーは、官僚制組織が非効率的になる可能性を認識し、官僚制の規則に基づく管理は、顧客との軋轢（あつれき）、職員の規則への固執という潜在的逆機能を生み出すとし、これを官僚制の逆機能と呼んだ。

【解答・解説】

正解 ❶

正解肢が明確なので一本釣りできるでしょう。

❶ ○　合法的支配は、「合理的支配」と表現されることもあります。

❷ ×　M.ウェーバーは、近代官僚制が他の組織形態と比べて作業の能率や信頼性で優れているため、近代化の進展により社会全体の**あらゆる組織**に広まっていくという「普遍的官僚制化」を主張しました。

❸ ×　ウェーバーは、「権限の明確なヒエラルヒー」も近代官僚制の特徴としています。

❹ ×　これは、T.バーンズとG.M.ストーカーに関する記述です。ただし、彼らは経営学に分類される研究者で、社会学での出題は少ないので、ここではウェーバーの主張**ではない**ことだけわかれば大丈夫です。

❺ ×　これは、R.K.マートンに関する記述です。

問題２ **ミヘルスの寡頭制の鉄則に関する記述として、妥当なのはどれか。**

★

区Ⅰ 2018

❶　ミヘルスは、上からの強制によって制定された規則に基づく官僚制と、当事者間の合意を通して制定された規則に基づく組織の官僚制を、それぞれ懲罰中心的官僚制と代表的官僚制と命名した。

❷　ミヘルスは、集団について、本質意志により結合されたゲマインシャフトと選択意志により結合されたゲゼルシャフトに類型化し、時代はゲマインシャフトからゲゼルシャフトへ移行するとした。

❸　ミヘルスは、民主主義を標榜する政党組織であっても、それが巨大化するにつれて、少数者の手に組織運営の権限が集中していく傾向があり、どんな組織でもそれが巨大化するにつれて避けることのできない現象であるとした。

❹　ミヘルスは、官僚制が発展的システムであるためには、最小限の雇用の安定性、仕事に対する職業意識、統合的機能を果たす凝集力のある作業集団の確立、この作業集団と経営との間の根本的葛藤の欠如、障害物を障害物として経験し、新しい欲求を作り出すという組織上の欲求の５つの条件が必要であるとした。

❺　ミヘルスは、機械的システムと有機的システムという２つの組織類型を提案し、機械的システムは明確な回路を通して意思の疎通が上下方向で行われるのに対して、有機的システムは細分・配分されない役割、責任・権限の弾力性、ヨコ関係と相互行為の重視が特徴であるとした。

【解答・解説】

正解 ❸

R.ミヘルスに関連するキーワードが出てくるのは❸だけなので、一本釣りできる問題です。

❶ ×　これは、A.グールドナーが提示した官僚制の類型に関する記述です。ただし、グールドナーは、懲罰中心的官僚制、代表的官僚制に加えて、「模擬的官僚制」（政府など、労使以外の第三者により規則が設定されており、労使ともども守る気がないために形式的に規則を守っている振りをする形態）も合わせた３類型を提示しています。ただしこれは行政学で詳しく扱う内容なので、ここでは「ミヘルスではない」ということが判別できれば十分です。

❷ ×　これは、F.テンニースの社会集団類型に関する記述です。

❸ ○　細かい内容が書かれている選択肢ではあるものの、ミヘルスに関連する言葉が出てくるのはこれだけなので、迷わず一本釣りできます。

❹ ×　これは、P.ブラウが官僚制組織におけるインフォーマル集団の機能分析の中で示した議論です。しかしこれも行政学で詳しく扱う内容なので、ここでは「ミヘルスではない」ということが判別できれば十分です。

❺ ×　これは、T.バーンズとG.M.ストーカーによるコンティンジェンシー理論に関する記述です。経営学では頻出の内容ですが、社会学では細かく覚える必要はありません。ここでは「ミヘルスではない」ということが判別できれば十分です。

問題3 ミヘルスの寡頭制の鉄則に関する記述として、妥当なのはどれか。

★

区Ⅰ2003

❶ ミヘルスは、労働組合は労働者の要求を実現するための唯一の武器であり、その組織は民主的に運営されなければならないので、成員の増加によって組織規模が拡大しても、組織運営の分業化と専門化は生じないとした。

❷ ミヘルスは、組織の拡大は少数の指導者を組織の成員から分化させ、指導的任務の複雑化と特殊化により組織の成員と指導者との間に分離が生じ、この分離とともに決定の権限は次第に指導者に掌握されることになるとした。

❸ ミヘルスは、大衆組織は資本あるいは政府と与党とに対し、絶えざる闘争状態に置かれ、その状態において必要とされるのは、状況に応じた指導者の迅速な決定のみであるとした。

❹ ミヘルスは、組織の一層の拡大は、社会における組織の発言権の増大により指導者の地位を向上させる一方、大衆に指導者との一体感を持たせるようになるので、指導者と大衆との間の社会的距離は縮められるとした。

❺ ミヘルスは、組織の指導者は、民主的に選ばれた大衆の意志の体現者であるので、指導者の関心は、大衆に奉仕することに向けられ、自らの地位と権力の維持や拡大に向けられることはないとした。

【解答・解説】

正解 ❷

テーマは「ミヘルスの寡頭制の鉄則」と絞り込まれていますが、どの肢もR.ミヘルスの主張内容と関係するため、ひととおり検討していく必要があります。ですが、「寡頭制の鉄則」の意味を正確に理解していれば、困難なく正答が導き出せるはずです。

❶ ×　「組織規模が拡大しても、組織運営の分業化や専門化は生じない」というのはミヘルスと逆の見解となります。

❷ ○　「組織の拡大は少数の指導者を…分化」、「組織の成員と指導者との間に分離が生じ」、「決定の権限は次第に指導者に掌握される」という箇所で判別できます。

❸ ×　「資本・政府・与党との絶えざる闘争状態」という議論はミヘルスの組織論とは関係ありません。マルクス主義系の議論といえます。

❹ ×　ミヘルスは、指導者と大衆の一体感ではなく意思決定から外された大衆の疎外感や無力感に注目した論者です。なお、大衆が組織の決定に関われなくなると、無力さを感じる一方で、その無力感が指導者の尊敬を強める傾向があるとも主張しています。

❺ ×　ミヘルスによれば、組織の指導者層の関心は、大衆に奉仕することではなく、自らの地位と権力の維持、組織の拡大に向けられます。

問題4 官僚制又は組織体に関する記述として、妥当なのはどれか。

★

区Ⅰ 2012

❶ R.マートンは、官僚制は、明確な規則に基づく職務遂行、職務の配分と権限の分割、官職の階統制、私生活と職務活動の分離などの特性があり、技術的に最高能率を達成できる最も合理的な支配行使の形態であるとした。

❷ P.ブラウは、官僚制においては、組織目標を達成するための手段にすぎない規則の遵守が自己目的化し、形式主義が生じ、この傾向が昂（こう）じると、組織の目標達成が阻害されるようになるとした。

❸ R.ミヘルスは、組織の拡大は、組織運営の分業化と専門化をもたらすとともに組織の統一的な指導を必要とし、ここに少数の指導者が生じ、組織をより効率的に機能させるための必然として、少数の指導者に権限が集中するとした。

❹ M.ウェーバーは、組織内部の規則と規律との緊張関係の点から、官僚制を、上から一方的に規則が制定され規律が強要される懲罰的官僚制と、当事者間の合意に基づく規則により活動の規律化が行われる代表的官僚制とに類型化した。

❺ A.グールドナーは、官僚制組織におけるインフォーマル集団の機能に着目し、官僚制が発展的システムであるためには、統合機能を果たす凝集力のあるインフォーマル集団の形成が必要であるとした。

【解答・解説】

正解 ❸

行政学で扱う官僚制論に近い内容の出題ですが、P.ブラウとA.グールドナーの官僚制論は知らなくても、正解肢は明らかなので一本釣りできます。

❶ ✕　これは、M.ウェーバーの近代官僚制論に関する記述です。R.K.マートンは❷の官僚制の逆機能を主張した論者であり、官僚制は「技術的に最高能率を達成できる最も合理的な支配行使の形態である」というはずがありません。

❷ ✕　これは、マートンの官僚制の逆機能論に関する記述です。ブラウはコロンビア大学時代のマートンの弟子であり、問題関心の共有はあるものの、選択肢の記述はマートンの主張として知られています。

❸ ○　R.ミヘルスが主張した「寡頭制の鉄則」の簡潔な説明となっています。

❹ ✕　これは、グールドナーの官僚制論に関する記述です。ただし、グールドナーは他に「模擬的官僚制」という類型も示しています。グールドナーもマートンの弟子であり、石膏工場の実証的研究に基づいて、官僚制を三つに類型化しました。

❺ ✕　これは、交換理論でも知られるブラウの官僚制論に関する記述です。ブラウは、厳格な官僚制的統制によって能率を確保するためには、組織のメンバーが組織目標に一体感を持つことが必要だとしました。

問題5 **官僚制及び組織体に関する次の記述のうち、妥当なのはどれか。**

★★

国税2002

❶ 官僚制は国家統治の必要性から生じる必然的産物であり、国家の発生以来存在しているが、M.ウェーバーの規定する近代的官僚制の成立は、科挙による人材登用が行われた中国の官僚制に求められる。

❷ M.ウェーバーは、官僚制は他の支配形態と比べて、複雑で大量の業務を最高の能率で処理できること、仕事の結果について正確に予想できること、達成すべき目標を自ら設定できることにおいて優越しており、近代社会ではほとんどの組織が官僚制的になっていくと主張した。

❸ R.K.マートンは、フォーマルな規則、秩序のみによって構成される厳格な官僚制は、組織をめぐる環境条件の変化、組織の人的構成の変化等にかかわらず必然的に事務効率が減退し、組織の目標達成がかえって阻害されてしまうとして、官僚制の逆機能への注意を促した。

❹ A.グールドナーは、組織管理について機械的システムと有機的システムという二つの理念型を設定した。彼は、組織は安定した環境の下では前者を、技術や市場の変化が急速な環境の下では後者を選択する傾向があると主張した。

❺ R.ミヘルスによると、革新的な政党や労働組合であっても、指導層の動機の変容と組織体の官僚制化は避けることができず、結果として組織体がその指導層の権力と利益のための手段となり、支配権力は常に少数者によって行使される。彼は、これを「寡頭制の鉄則」と呼んだ。

【解答・解説】

正解 ❺

❹は細かい知識ですが、❺が一読して誤りのない内容であるため、正答は導き出せます。

❶ ×　科挙は、家産官僚制組織に含まれます。M.ウェーバーは家産官僚制組織（古代エジプトや中世ヨーロッパの組織など）と近代官僚制組織を区別し、後者は近代になってヨーロッパで初めて成立したと述べています。

❷ ×　「達成すべき目標を**自ら**設定できることにおいて**優越**」という箇所が誤りです。官僚制組織は**与えられた目標を処理する際には能力を発揮**しますが、**自らの目標設定能力が高いわけではありません**。

❸ ×　「にかかわらず必然的に」というのはいいすぎです。確かにR.K.マートンは、官僚制の硬直性が環境条件の急速な変化への適応を阻害し逆に非効率を生むとしていますが（＝**官僚制の逆機能**）、どんな場合でも必然的に事務効率が減退するとまでは述べていません。環境条件や組織の人的構成が全く変化しなければ、官僚制組織の事務効率は高いままです。

❹ ×　組織管理について機械的システムと有機的システムという理念型を設定したのは、T.バーンズとG.M.ストーカーです。彼らは英国のエレクトロニクス企業20社を研究する中で、組織を二つに類型化しました。官僚制の度合いが強いのが機械的システム、弱いのが有機的システムです。またA.グールドナーは、石膏工場の実証的研究をとおして、**官僚制を代表官僚制・懲罰官僚制・模擬官僚制の三つに類型化**した人物です。

ただし、これは社会学の通常の出題範囲を超えています。国税専門官の受験者は経営学も学んでいるケースが多いので困難はないと思われますが、社会学単体では覚えても割に合いません。

❺ ○　これも、R.ミヘルスが主張した「寡頭制の鉄則」の簡潔な説明となっています。

問題6 ★★ **F.W.テイラーの「科学的管理法」及びG.E.メイヨーらの「ホーソーン実験」に関する次の記述のうち、妥当なのはどれか。**

国税2003

❶ メイヨーらは、実験の一つとして、作業効率を上げることを目指して「差別出来高制賃金制度」を採用した。ここでは、人間が働くのはムチとエサに動機付けられているということが暗黙のうちに前提とされ、その背後には、いわゆる経済人的人間観があった。

❷ メイヨーらの職場管理理論は、第一次世界大戦以前から広く普及していたが、労働者の怠業はなくならなかった。その理由は、技術の進歩による機械化が作業の非人間化を招き、労働者たちが、単調感や不平不満を抱き、勤労意欲が低下したからである。

❸ 人間は経済的利益のみではなく、心理的動機や社会的要因の影響をも受ける多面的な存在であるという考え方が支配的になったのは、テイラーの「科学的管理法」を専らよりどころとするものである。

❹ テイラーは、照明の強度や休憩時間といった作業の物理的な環境条件や賃金制度、さらには職場におけるリーダーシップが、作業効率にどう影響を与えるかについて調査したが、いずれの要因についても一定の対応関係は見いだせなかった。

❺ メイヨーらの「ホーソーン実験」を契機として生まれ発展した人間関係論は、公式集団が存在し、そこに公式の行動基準（責任権限、作業標準など）があったとしても、人間は自然発生的な非公式集団の行動規準に従って行動することを重視すると主張している。

【解答・解説】

正解 ❺

F.テイラーの「科学的管理法」とG.E.メイヨーらの「ホーソン実験（ホーソーン実験）」の前提・主張内容と時代の前後関係を理解していれば、困難なく解ける問題です。

❶ ×　メイヨーではなくテイラーに関する記述です。

❷ ×　これも、メイヨーではなくテイラーに関する記述です。

ヒント

そもそもホーソン実験は1924年から1932年にかけて実施されたものですから、第一次世界大戦（1914年勃発）以前から広く普及していたというのは矛盾します。

なお、「職場管理理論」は、テイラーの「科学的管理法」の別名です。テイラーは1903年に『職場管理法』、1911年に『科学的管理法の原理』を出版しており、前者にちなんだ名称が「職場管理理論」、後者にちなんだ名称が「科学的管理法」となります。ただし、後者のほうが有名です。

❸ ×　メイヨーらの人間関係論や産業社会学により、人間の多面性が注目されるようになりました。❶の問題文にあるように、テイラーは**経済人的人間観**を採っていましたが、人間関係論や産業社会学では、**労働者はインフォーマルな関係がもたらす非経済的要因と社会規範に強く規制される集団的存在である**とする**社会人的人間観**を採っています。

❹ ×　これは、メイヨーらに関する記述です。彼らは、当初は科学的管理法の枠組みで経済人的人間観に基づいて調査したため、物理的な環境条件や賃金制度を変えれば労働者の作業効率はすぐに向上すると考えていましたが、実験してみて明確な対応関係は見いだせないことがわかりました。

❺ ○　各職場には、特有の非公式的な行動規範があります。例えば、新入りが一生懸命に働きすぎると「お前ががんばりすぎると、まるで俺が手を抜いているように見えるじゃないか」と古参の労働者に嫌がられます。しかし他方で、手を抜きすぎると「サボるな」と叱られることになります。その職場の一般的な労働量に合わせて、適度に手を抜き適度に頑張ることが要請される状況が一般的に見られます。

問題7 組織に関する次の記述のうち、妥当なのはどれか。

★★★

国般2004

❶ M.ウェーバーによれば、近代官僚制とは、仕事や権限が規則によって決められており、階統的な権限体系があって、カリスマ的な態度によって仕事が遂行され、専門的な能力に基づいて人材が登用される大規模な組織であり、極めて効率的な支配の手段である。

❷ V.パレートは、政党や労働組合のような民主的な組織においても、規模が大きくなると少数のエリートが固定化された指導層を形成して、権力を追求するようになる傾向があると指摘し、この傾向を寡頭制の鉄則と呼んだ。

❸ R.K.マートンのいう官僚制の逆機能とは、本来、組織目標を達成するための効率的な手段であるはずの規則が自己目的化して、形式主義や技術主義に陥り、組織目標の達成が阻害されることである。

❹ A.エチオーニは、下級管理者とそれに従う成員との命令・服従関係に注目して、強制的組織、功利的組織、規範的組織の三類型を導き出した。ここで、規範的組織とは、象徴的価値を配分する報酬的権力とそれへの成員の打算的関与によって特徴付けられる。

❺ C.バーナードは、組織の有効性を高めるためには、成員の満足度を高める必要があると論じて、組織を構成する単位がそれぞれ自律性を持ち、個人のイニシアティブによって水平的で柔軟な協働関係を実現するネットワーク型組織を提案した。

【解答・解説】

正解 ❸

全体的に難易度が高い問題で、正解肢が明確なので一本釣りできますが、消去法で解くのは難しいです。❹は文章の矛盾から間違いがわかりますが、❺はC.バーナードについて知識がないと解けません。行政学または経営学の知識を動員することが必要となります。

❶ ×　「カリスマ的な態度」ではなく「非人格的な態度」が該当します。近代官僚制はメンバーの超人的な能力に頼らない非人格的な組織です。また、近代官僚制組織が「合法的支配」に対応することからも、「カリスマ」が当てはまらないとわかります。

❷ ×　これは、R.ミヘルスに関する記述です。

❸ ○　R.K.マートンが主張した「官僚制の逆機能」の簡潔な説明となっています。

❹ ×　第2文が誤りです。

補足

A.エチオーニ（1929～　）は各組織の特徴を以下のように述べます。

①「強制的組織」は、体罰行使を含む強制的権力と、それに対する成員の疎外的関与によって特徴づけられ、刑務所が代表例

②「功利的組織」は、金銭などの物的利益を配分する報酬的権力と、それに対する成員の打算的関与によって特徴づけられ、私企業が代表例

③「規範的組織」は、救済財や学位といった象徴的価値を配分する権能としての規範的権力と、それに対する成員の道徳的関与によって特徴づけられ、教会や大学が代表例

以上はイレギュラーな知識ですが、第2文の「報酬的」、「打算的」という言葉で「規範的組織」の定義に当てはまらないと推測できます。「功利的」とは、自分の利益になるかならないかを優先して考えることですから、「報酬的権力」や「打算的関与」によって特徴づけられる組織は、「規範的組織」よりも「功利的組織」という名称のほうが適切といえます。

❺ ×　「組織を構成する単位」以降が誤りです。C.バーナードによれば、大規模公式組織は多数の小さな単位組織の複合体として構成されますが、**単位組織どうしは「水平」ではなく「ヒエラルヒー」**の関係となります。

問題8　組織をめぐる人間関係に関する次の記述のうち、妥当なのはどれか。

★★★

国般2018

❶ M.ヴェーバーは、『支配の社会学』において、支配の三類型のうちの一つである「伝統的支配」の最も純粋な型として官僚制を位置付けた。彼は、近代社会では、官僚制は行政組織内においてのみ観察され、社会の他の領域では見られないと主張した。

❷ C.I.バーナードは、『経営者の役割』において、個人を組織に従属させる機械的組織論を展開した。彼は、個々の組織が組織目標の達成と成員の動機の充足という二つの課題を同時に達成することは不可能であると主張した。

❸ F.W.テイラーは、『科学的管理法』において、時間研究、動作研究に基づいて労働者の一日当たりの標準作業量を確定するという方法を考案した。生産能率の向上などを図るために考案されたこの方法は、自動車メーカーにおける工場管理にも影響を与えた。

❹ G.リッツアは、『ディズニー化する社会』において、ディズニー社の社員に求められている行動様式が、多くの領域・地域で影響を与えていると主張した。彼は、ディズニー化を、現代社会の全生活過程において脱マニュアル化が進行していく過程であるとした。

❺ P.ブラウは、論文「弱い紐帯の強さ」において、強い紐帯よりも弱い紐帯の方が、異なる集団間の情報伝播を容易にすると主張した。一方で、彼は、転職活動においては、弱い紐帯を用いたときよりも強い紐帯を用いたときの方が、転職者にとって満足度の高い転職となっていることを明らかにした。

【解答・解説】

正解 ❸

❷・❺は発展的な内容ですが、正解肢が明確なので一本釣りできるでしょう。

❶ ×　M.ウェーバー（ヴェーバー）は、「**合法的**支配」の最も純粋な型として官僚制を位置づけました。また、ウェーバーのいう「官僚制」は理念型であり、その定義に当てはまる組織形態は、行政組織にとどまらず、社会の**あらゆる領域で見られる**と主張しました。

❷ ×　C.バーナードは、自由意志を持つ個人が協働する**有機的**システムと捉える組織論を展開し、組織管理の本質は、組織目標の達成と成員の動機の充足という二つの課題を**同時に達成させる**ことにあると主張しました。

❸ ○　F.テイラーが提唱した方法は、フォード社のフォードシステムをはじめとして、自動車メーカーにおける工場管理にも影響を与えました。

❹ ×　G.リッツァは『マクドナルド化する社会』において、マクドナルド社の社員に求められている行動様式に注目し、**マクドナルド化**を、現代社会の全生活過程において、マニュアル化・フランチャイズ化・パッケージ化が進行していく過程であるとしました。

❺ ×　強い紐帯よりも弱い紐帯のほうが、異なる集団間の情報伝播を容易にすると主張したのは、P.ブラウではなくM.グラノヴェターです。

補足

ただしグラノヴェターは、転職活動においても、弱い紐帯を用いたときのほうが、転職者にとって満足度の高い転職となっていることを明らかにしました。

つまり、強い紐帯（＝結びつき）だけだと閉じた関係の形成にとどまり、またその関係内での情報交換には繰り返しが多く、新規性に乏しくなります。他方で、弱い紐帯は、生活圏を共有せず価値観やライフスタイルが異なる他者との関係形成を可能にし、またその関係内での情報交換は新規性に富んだものとなります。このように、弱い紐帯は橋渡し機能を持つため、広範囲にわたる情報の普及・拡散や、コミュニティどうしの結合、転職情報の収集などにおいて重要な役割を果たすとされます。

問題9　労働に関する次の記述のうち、妥当なのはどれか。

★★★

国般2003

❶ 労働協約において、使用者が労働組合に加入していない労働者を雇用してもよい制度をオープン・ショップ制といい、労働組合に加入していない労働者を雇用できない制度をクローズド・ショップ制という。企業別組合が一般的な我が国では、クローズド・ショップ制が定着している。

❷ G.E.メイヨーらハーバード大学の研究グループが、ホーソン工場において、労働環境と労働能率との関連を調べる実験を実施した。その結果、両者の関係は経済的なインセンティブによって異なり、労働環境が良くても経済的なインセンティブがなければ労働能率は上がらないことが分かった。

❸ 工場などで直接生産に従事する労働者をブルーカラー、事務所などで、事務、販売、管理などの業務に従事する労働者をホワイトカラーと呼ぶことがある。C.W.ミルズは『ホワイトカラー』において、知識のあるホワイトカラーこそ、労働組合を指導し、社会を変革する担い手となり得る存在であると主張した。

❹ R.ブラウナーは、『労働における疎外と自由』において、アメリカ合衆国における異なる四つの産業の労働現場を比較し、テクノロジーと労働の疎外との関連を考察した。彼によれば、印刷工場の熟練工程や化学工場の連続処理工程では疎外感が弱く、自動車産業の組立工程で最も疎外感が強かった。

❺ J.ゴールドソープらは『豊かな労働者』において、英国の労働者意識を連帯志向、手段志向、官僚制志向の三つに分類した。それによると、伝統的な労働者は仕事を生活費獲得のための手段と考える傾向が強かったが、豊かな労働者は、労働者階級としての仲間意識を重視する連帯志向が強かった。

【解答・解説】

正解 ❹

❶・❺は社会政策分野の知識ですが、社会学を学ぶうえでもこのぐらいのことは知っておくと対応できる範囲が拡がります。

❶ ×　日本では、ユニオン・ショップ制が定着しています。ここで「ショップ」は「協定」という意味で使われています。「**オープン・ショップ＝開かれた協定**」、「**クローズド・ショップ＝閉じられた協定**」、「**ユニオン・ショップ＝組合主導の協定**」と捉えてください。

さて、前半部の「オープン・ショップ制」と「クローズド・ショップ制」の説明は妥当ですが、日本ではクローズド・ショップ制はほとんど見られず、**労働組合がある企業に雇用された者は必ずその組合に加盟しなければならないという「ユニオン・ショップ制」が主流となっています**。ただし、さまざまな例外規定が設けられることにより、実質的にはオープン・ショップ制に近いです。

❷ ×　ホーソン実験で明らかになったのは、経済的なインセンティブではなくインフォーマルな人間関係の効果です。

❸ ×　C.W.ミルズは、**ホワイトカラーは政治に無関心で私的な利害と余暇活動のみに腐心する「陽気なロボット」と化している**と批判しました。ミルズについて詳しくは、第5章第1節を参照してください。

❹ ○　R.ブラウナーは、疎外の内容として無力性・無意味性・孤立感・自己疎隔の四つを挙げています。例えば、自動車産業の単純組立工程で毎日働いていると、自分が機械の一部になったような気分になり「こんな仕事は自分じゃなくても、他の人でも工業用ロボットでもできるのではないか」と思い疎外感が強まりますが、熟練工程で働いている者は取り替えのきかない自分らしさを実感できて、労働に対する疎外感は弱くなります。

❺ ×　「伝統的な労働者」と「豊かな労働者」の特徴が逆です。J.ゴールドソープの名前を知らなくても、時代の流れとして労働運動が衰退傾向にある状況を知っていれば、説明が逆だと推察できます。

問題10 労働に関する次の記述のうち、最も妥当なのはどれか。

★★★

国般2009

❶ 内部労働市場とは、企業が従業員の採用を、経営者や従業員の縁故者等の限られた範囲で行う場合をいい、経営における腐敗や非効率性の温床と考えられてきた。

❷ 非正規雇用とは、企業が最低賃金、労働時間、有給休暇、安全基準、解雇の通知等に関する法律を遵守せず、法の枠外で労働者を雇用する形態のことを意味する。

❸ テイラー・システムとは、過度の効率重視の管理を批判して、個々の労働者の特徴に合わせて労働過程を編成し疎外感を緩和することによって高生産性を目指した労働管理方法である。

❹ フォード・システムとは、ベルト・コンベアを中心とする管理方式であり、大量生産・大量消費を基礎とする社会形態と生活様式を生み出す一方、労働の非人間化に関する批判を受けた。

❺ ホーソン実験とは、工場内の作業効率とは一見無関係な室内温度、照明といった物理的作業条件が、作業効率を高めることを明らかにした米国での実証研究をいう。

【解答・解説】

正解 ❹

これも社会政策分野の問題ですが、社会学の枠で出題されているので学習しておきましょう。

❶ ×　内部労働市場とは、企業組織内部の労働力の需給調整メカニズムのことです（組織外部からの採用を指す言葉ではありません）。

ヒント

労働力を商品として捉えると、労働契約というのはつまり、労働力の売り手（賃労働者）と買い手（使用者）との取引関係のことです。そしてこの労働市場も、企業組織の内部と外部に分けて考えることができます。新規採用の際には企業組織外部から（外部労働市場を通じて）労働力を獲得しますが、組織内部でも人手が過剰な部門と不足している部門があるため、採用後は配置転換などにより企業組織内部の需給バランスを調整していきます。特に日本の大企業では、従来、長期雇用を前提としていたため、内部労働市場を通じた労働力の需給調整が頻繁に行われていました。

❷ ×　非正規雇用とは、正規雇用（期間の定めのない雇用契約）以外の雇用形態のことで、各種労働法の枠からは外れていません。

❸ ×　テイラー・システムは、アメリカの機械技師F.テイラーが考案した工場管理法であり、作業効率に対する配慮が不十分だったそれまでの管理法を批判して、動作研究・時間研究に基づいた「課業管理」、「差別出来高制」、「機能別職長制度」を導入することで**効率性**の**向上**を**目指しました**。

❹ ○　テイラーの科学的管理法の延長線上で構築されたフォード・システムについての簡潔な説明となっています。

❺ ×　ホーソン実験は、室内温度や照明といった物理的作業条件と作業効率の間には**明確な対応関係は見いだせない**としたうえで、職場のインフォーマルな人間関係が作業効率の向上に寄与することを明らかにした実証研究です。

問題11　労働に関する次の記述のうち、最も妥当なのはどれか。

★★★

国般2007

❶ 労働力商品が売買される労働市場は、内部労働市場と外部労働市場に分類できるが、一般に非熟練労働者や半熟練工などの熟練レベルが低い職種ほど、内部労働市場に依存し、専門職や熟練工などの熟練レベルが高い職種ほど、外部労働市場に依存する。

❷ 労働者の雇用資格と労働組合員資格との関係を定めた制度は、一般に、オープンショップ制、クローズドショップ制、ユニオンショップ制の三つに分類できるが、このうち労働組合の影響力が最も低下するのは、クローズドショップ制の場合である。

❸ フレキシブル労働とは、市場の変化に柔軟に対応できる労働のことをいい、従来の正規雇用に対し、パートや派遣社員などの雇用形態を表しているほか、企業が従来の賃金体系を見直し、新たに生活給や職能給の導入を進めていることなどの賃金形態の変化についても表している。

❹ R.ブラウナーは、労働者の疎外を、無力性、無意味性、孤立、自己隔離という四つの次元に区別して研究し、疎外が、連続処理工程型産業（石油化学）、組立ライン型産業（自動車）、機械監視型産業（繊維）、熟練技能型産業（印刷）、と順に強まっていくことを明らかにした。

❺ A.R.ホックシールドは、対人サービスに従事する現代の労働者に求められる、適切な感情状態や感情表現を作り出す感情管理のことを、感情労働としてとらえ、優しさや非情さといった感情を表面的にではなく、心から経験する技術が存在することを指摘した。

【解答・解説】

正解 ❺

発展的な内容ですが、この機会に理解しましょう。

❶ ✕　「内部労働市場」と「外部労働市場」の説明が逆になっています。一般に、熟練レベルの高い職種の労働者の確保は難しく、能力を短期的に見極めることも難しいため、企業内部で長期的な関係を持つほうが望ましいです。また、そうすることで企業特殊的熟練が蓄積されるというメリットもあります。他方で、熟練レベルの低い職種の労働者の確保は容易であり、その能力を見極める必要性も薄いため、外部労働市場から調達しても問題は少ないです。

❷ ✕　労働組合の影響力が最も低下するのは、オープン・ショップ制の場合です。

❸ ✕　生活給や職能給は従来から採用されていた賃金体系です。ここで「生活給」とは生活費の保障を主眼とした給与体系で、年齢給・家族給などが基本となっています。また「職能給」とは、労働者の職務遂行能力に基づいて等級づけされる給与体系です。本来は能力主義的な制度ですが、日本では年功賃金的に運用されてきました。

❹ ✕　R.ブラウナーは、疎外は、組立ライン型産業で最も強く、熟練技能型産業で最も弱いことを明らかにしました。

❺ ○　例えば、看護師の職務の場面において、患者の死に寄り添っている遺族の前では、看護師は表向き「悲しみ」の感情を見せる（表層演技）だけなく、心の状態（深層演技）も「悲しみ」に置く必要があります（そうでなければ「非人間的だ」という責めが生じます）。このように、自らの率直な感情からすると欺瞞的な深層演技・表層演技を職務の中で続けることにより、「燃えつき」を招く可能性があるとA.ホックシールドは指摘しています。

第5章

現代社会と都市の社会学

大衆社会と社会運動
大衆社会におけるコミュニケーション
都市と地域の社会学

1 大衆社会と社会運動

学習のポイント

- 群集・公衆・大衆それぞれの特徴は、確実に覚えておきましょう。
- コーンハウザーの社会類型とミルズのパワー・エリートは重要論点です。
- 一方で、社会運動論は、主に国家一般職向けの論点となります。

1 非組織集団（未組織集団）

組織化の水準が低い集団を**非組織集団**（未組織集団）といいます。共同目標、地位と役割の分化、地位と役割を規定する規範、地位と役割に基づく協働関係、ある程度継続的な成員間の相互作用などが希薄であることが特徴の集団であり、主に近代以降に注目されるようになりました。

非組織集団は、群集、公衆、大衆の３種類に分類されます。

(1) 群集（crowd）

非日常的な状況下で一定の空間を高密度に占拠する人間の集合のうち、ある程度共通の関心・志向・目標を抱いているものを**群集**（群衆）といいます。群集は前近代社会にも見られましたが、その存在が注目され社会科学の対象となったのは、大都市が成立した19世紀以降です。

フランスの社会学者**G.ル・ボン**（1841～1931）によれば、群集は、感情が沸き立ち、暗示されやすく、模倣に駆られ、偏狭で感覚的な思い込みに陥るなどの**非合理的な群集心理に囚われており、個人が１人でいるときのような冷静で理性的な判断や責任の意識がなくなっています**。このため、ル・ボンは群集を**規範や秩序を危機にさらす集団**だと考えました。

(2) 公衆（public）

特定の問題に対する共通の関心に基づいて、マス・メディアによる間接的な接触のうえに成立する集団を**公衆**といいます。公衆は政治新聞などの同一のメディアで結ばれており、多種多様な意見や情報に基づいて自由活発に理性的に討議し、**近代民主主義政治の担い手となる理想の集団**です。

ル・ボンが「現代は群集の時代だ」と否定的に時代を規定したのに対して、フランスの社会学者**G.タルド**（1843～1904）は「現代は公衆の時代だ」として、**肯定**

的に規定しました（タルドは「**模倣の法則**」の提唱者でもあります）。

(3) 大衆 (mass)

異質な属性や背景を持つ匿名の多数者からなる未組織の集合体を**大衆**といいます。空間的に近接する群集に対して、大衆は**空間的に散在**し間接的に接触するだけであり、共通の利害はなく相互作用することはありません。また、公衆は世論の担い手として合理的に討議する集団であるのに対して、大衆は**マス・コミュニケーションの受動的な受け手となっており、非合理的・情動的な特徴を持ちます**。

	共通の利害	接近性	合理性
群集	○	○	×
公衆	○	×	○
大衆	×	×	×

補足

上記の３類型の分類はH. ブルーマーによるものです。公衆には肯定的なイメージ、群集と大衆には否定的なイメージが結びつきます。

確認してみよう

1 群衆心理の研究によって社会心理の研究に一つの理論的突破口を開けたのは、G.ル・ボンである。人間は集合化すると相互に感情や衝動を抑制する。このような集合的状況下の人々の理性的傾向を、彼は群衆心理と呼んだ。この研究の延長線上で、今日でも、パニックの制御の研究が行われている。国般2002

1 (1) 参照 ×

G.ル・ボンによれば、人間は集合化すると感情や衝動を抑制できなくなります。１人でいるときは冷静な人物でも、お祭り会場や野球場、サッカー場などでは、その場の雰囲気に任せて大騒ぎしてしまうことがあります。このような非理性的傾向が群集心理です。

第5章 現代社会と都市の社会学

2 大衆社会批判

前近代社会から近代社会、現代社会へと移行するに従い、大衆はさまざまな意味で社会の主役に躍り出ました（＝普通選挙の有権者としての側面、大衆消費社会の消費者としての側面）。そして大衆の決定が社会の動向を左右するようになりました。

⑴ 大衆社会批判

アメリカの政治社会学者**W.コーンハウザー**（1925～2004）によれば、大衆社会論には以下の二つの流れがあります。

① 貴族主義的批判

貴族の立場から「大衆の出現が世の中を堕落させた」と批判する考え方です。「従来の政治や文化は少数のエリートのものだったが、民主主義化によって参加者が激増したために政治や文化の質は低下した」という批判であり、**保守主義的な色彩**が強く表れています。

スペインの社会学者**J.オルテガ・イ・ガセット**（1883～1955）は**『大衆の反逆』**（1930）を著し、「諸権利を主張してやまず自らに要求するところが少ない大衆の出現が、伝統的な文化と社会を堕落させる」と主張して、普通選挙の普及により大衆が主導権を握る社会を貴族主義的な立場から批判しました。他の代表的人物としてル・ボンが挙げられます。

② 民主主義的批判

エリートにより大衆が支配されている状況を、「民主主義の危機」だとして批判するものです。

大衆は、これまで自分を支え守ってくれていた社会的な絆（＝大家族や地域共同体など、旧来の**中間集団**1)）を喪失してバラバラの不安定な存在となり、社会への帰属感・連帯感情・親密性を失いがちです。そのため、**大衆はマス・メディアなどを通じてエリートに操作されやすくなっている**、という批判です。代表的人物はC.W.ミルズなどです。

1）中間集団（intermediate group）とは、個人的なレベルの社会関係（家族など）と巨大なレベルの社会関係（国家など）の中間にあって、両者をつないでいる存在の集団です。地域社会、自発的組織、職業集団、宗教団体などが該当します。

(2) パワー・エリート

パワー・エリートとは、**経済・政治・軍事の頂点に立ち、国家全体に影響を及ぼしているような存在**をいいます。アメリカの社会学者**C.W.ミルズ**(1916～62)は、アメリカ社会において、**経済的エリート・政治的エリート・軍事的エリート**の3グループが結託して大衆を支配しているとして痛烈に批判しました。

そして、ブルーカラーは会社の中間管理職に都合よく操作され、ホワイトカラーは政治に無関心で私的な利害と余暇活動のみに腐心する「**陽気なロボット**」と化しているため、一握りのパワー・エリートが全体社会の方向性を決定していると主張しました。

これに対してミルズは、**人間と社会、個人生活史と歴史、自己と世界を結びつけて把握するのに欠かせない精神の資質**である「社会学的想像力」を持つことの重要性を説きました。

(3) 大衆社会論

コーンハウザーは、エリートと非エリートの関係に注目して社会を4種類に分類して整理しました。

		非エリートの操縦可能性	
		低い	高い
エリートへの接近可能性	低い	共同体的社会	全体主義社会
	高い	多元的社会（理想）	大衆社会

・**エリートへの接近可能性**：「一般の民衆→エリート」という影響関係
・**非エリートの操縦可能性**：「エリート→一般の民衆」という影響関係

① 社会の分類

(ア)共同体的社会

前近代社会（身分制社会）、**地縁・血縁重視の社会**です。この時代のエリートは王や貴族など生まれつきの身分で決まっていました。また民主主義ではなかったため、一般の民衆がエリート（王や貴族）を辞めさせることはできないし、民衆自身はエリートになれませんでした。一方、民衆のほうは血縁や共同体にしっかり結びつけられていたから、王や貴族が民衆を動員することも非常に難しいことでした。

（イ）多元的社会

自由民主的社会です。民主主義・業績主義の確立により、民衆は選挙のときにエリート（議員）をコントロールできるし、立候補して自分自身がエリートになることもできます。また業績を上げてエリートになることもできます。一方、社会集団が多元的で、それぞれの価値観を担保する中間集団が並び立つため、民衆はエリートに操作されにくいです。

（ウ）大衆社会

民主主義・業績主義の確立により、民衆がエリートへ接近する可能性は確保されていますが、中間集団が弱体化しているために民衆は社会的自立性に欠けて根なし草となっており、エリートに容易に操作されてしまいます。このように中間集団が欠けたままだと全体主義社会に移行する危険性が高くなります。ナチス政権が誕生する前のドイツが典型例です。

（エ）全体主義社会

大衆は動員されやすく、エリートにはなりにくい社会です。例えばナチス政権時代のワイマール共和国（ドイツ）ではヒトラーが独裁体制を敷いており、ナチス党以外の政党は法律的に禁止されていました。つまり、一般民衆がエリートへ接近する可能性は低かったのです。その一方で、ヒトラーはマス・メディアなどを駆使して民衆を動員していました。

②　社会的疎外と大衆

例えば自分がユダヤ教の熱心な信者であった場合、周りがすべてキリスト教徒だと信仰を守り続けるのは難しいですが、ユダヤ教を信仰する仲間が周りにいれば批判にさらされても信仰を守っていけます。このように、**中間集団**（ここでは宗教団体）**は価値観・アイデンティティの拠り所となり、大組織に対抗する力になります。**そして中間集団が社会の中に多数あることによって、多様な価値観が共存する多元的社会は維持されます。**中間集団の強さが多元的社会の特色**です。

しかしコーンハウザーは、**大衆社会では中間集団が崩壊し個人が原子化している**（独りぼっちになっている）と指摘します。そうなると、権力者がマス・メディアを通じて世論操作を企んだときに逆らうのは難しくなります。最初は「嘘っぱちだ」と思っていても、周りに相談相手がいなければ自分が間違っていて権力者が正しいように思えてきてしまうのです。つまり、大衆はエリートに操作されやすくなります。コーンハウザーは、このような大衆社会の状況を問題視し警鐘を鳴らしました。

確認してみよう

① 集団の社会学では、集団を組織集団と非組織集団とに区分する場合がある。非組織集団として一般に挙げられるのは、群衆、公衆、大衆などである。J.オルテガ・イ・ガセットは、群衆と対比して大衆の概念を提示した。新聞などを通じて世論の担い手となる合理的な存在というのが、彼の大衆像である。国般2001

2 (1) 参照 ×

オルテガは大衆を批判すべき対象として描いています。また、最後の文で示されているのは「大衆」ではなく「公衆」です。

② リースマンは著書『孤独な群衆』の中で、現代社会は平均人たる大衆によって支配されており、大衆は筋道の通った交渉で事態の解決を図るよりも、性急に暴力と直接行動に訴える傾向があるとして、本来の支配的権威の所有者であるエリートの支配権の回復を説いた。国般2002

2 (1) 参照 ×

これはリースマンではなくJ.オルテガ・イ・ガセットが『大衆の反逆』で示した主張です。オルテガは社会のメンバーをエリートと大衆に分けたうえで、エリートは特別な資質を備えた人々であるのに対して、大衆は平均人であるとしました。そして大衆は本来自分自身を指導する能力もない存在なのにもかかわらず、民主主義によって選挙権を持ち社会の主導権を握ってしまっているとして、この状況は社会の危機だと主張しました。

③ C.W.ミルズのいう「パワー・エリート論」とは、現代のアメリカ合衆国において、大企業組織、政治機構、マス・メディアの三領域で実権を握る少数のエリートが、相互に結び付いて政治的な決定において大きな影響力をもっている問題を指摘した議論である。国般2008

2 (2) 参照 ×

「マス・メディア」ではなく「軍事組織」が正しいです。C.W.ミルズのいう「パワー・エリート論」は、大企業組織、政治機構、軍事組織の3領域で実権を握る少数のエリートに関する議論です。

④ C.W. ミルズは、社会の研究及び社会における問題の解決に関して、事実の発見と検証のためには経験が不可欠とする経験主義の立場から、個人的な生活と社会的・歴史的構造を関連付ける能力である「社会学的想像力」を重視する立場を批判した。国般2013

2 (2) 参照 ✕

「社会学的想像力」はミルズが提唱した概念ですから、「批判した」というのは誤りです。彼は、過度の理論志向と過度の経験主義をともに批判し、社会学的想像力の重要性を主張しました。

3 社会運動論

(1) 旧来の社会運動

資本主義を打倒し社会主義の建設を目指す階級闘争型の労働運動・社会主義運動・共産主義運動が典型例です。マルクス主義的要素が強いです。

(2) 新しい社会運動

旧来の社会運動のように**体制変革を志向するのではなく、民主主義の徹底化と市民社会の自律性の防衛を志向する運動**です。運動体は非官僚制的なネットワーク型で直接民主主義的な活動原則を志向します。フランスの**A.トゥレーヌ**（1925～ ）、イタリアの**A.メルッチ**（1943～2001）、ドイツの**J.ハーバマス**などが「新しい社会運動」に注目して論じています。

新しい社会運動の例として、**女性解放運動**、**環境運動**などが挙げられます。

(3) 資源動員論

社会運動組織が目的合理的に目標遂行に必要な資源を動員する過程に注目する立場です。ここでは**「資源」を、経済面だけでなく人材や組織のネットワークなどにも及ぶもの**として幅広く捉えています。

(4) フレーム分析

社会運動に参加している行為者自身やマス・メディアなどが、活動に対してどのような解釈の枠組み（フレーム）を設定し意味づけているか、またさまざまなフレームどうしがどのように相互作用し変容していくのか、それを分析する手法です。

確認してみよう

① 労働運動など階級を基盤とする旧来の社会運動に対して、1960年代以降の学生運動、女性解放運動、環境運動などを、新しい社会運動ととらえる見方がある。そこではネットワーク型の組織形成、アイデンティティの重視、国家権力の奪取などの特徴が指摘されてきた。国般2004

3 (2) 参照 ×

「新しい社会運動」は、(かつての労働運動が目指していたような) 体制変革や国家権力の奪取を目標としない点が特徴です。

② 資源動員理論は、社会運動の形成・発展・衰退過程を、動員可能な資源の量や戦略の合理性によって説明しようとする。ここで、社会運動は、非合理的な心理に基づく集合行動ではなく、目標達成に向けて組織される集合的行為として理解される。国般2004

3 (3) 参照 ○

従来の社会運動論では、社会運動を非合理的な心理に基づく集合行動と捉えていましたが、資源動員理論では、目的合理性に基づく集合的行為と捉えます。

過去問にチャレンジ

問題1 **大衆社会論に関する記述として、妥当なのはどれか。**

★ 区Ⅰ2015

❶ ル・ボンは、「世論と群衆」を著し、ジャーナリズムやマスコミが提供する情報に基づいて利害や関心を共有する人々を公衆と名付け、冷静に行動することのできる理性的な存在とみて、近代民主主義を支えるものとして肯定的かつ積極的に評価した。

❷ タルドは、「群集心理」を著し、群衆は何かの事件をきっかけにして街頭に集合する大量の人間を意味し、その場の雰囲気によって簡単に扇動される非合理的な情動すなわち群集心理の支配する存在として批判的な見方をした。

❸ マンハイムは、「孤独な群衆」を著し、人間の社会的性格を伝統指向型、内部指向型及び他人指向型の３類型に分類し、現代の大衆社会においては、仲間や世論という他者に承認を求め同調する他人指向型が支配的であると指摘した。

❹ コーンハウザーは、「大衆社会の政治」を著し、大衆のエリートへの接近可能性の高低と、エリートによる大衆操作の可能性の高低という２つの要因を抽出し、その高低の組合せにより、共同体的社会、多元的社会、大衆社会、全体主義的社会の４つの社会類型に分類した。

❺ リースマンは、「変革期における人間と社会」を著し、現代社会には産業社会と大衆社会の二側面があり、産業社会として精密化された現代社会の機構は、大衆社会に集積している非合理的衝動の暴発によって、全面的な破壊に陥る危機に直面しているとした。

【解答・解説】

正解 ❹

❺が発展的な内容ですが、正解肢が明確なので一本釣りできるでしょう。

❶ ×　これは、G.タルドに関する記述です。彼は、同一の場所に集まり空間的に近接する「群衆」と、バラバラの場にいながらもマス・メディアを通じてまとまりを持つ「公衆」を区別したうえで、公衆を理性的な存在として肯定的に評価しました。

❷ ×　これは、G.ル・ボンに関する記述です。彼は、19世紀のヨーロッパで急速に都市に人口が集中したことにより目立つようになった「群集」について、否定的に評価しました。

❸ ×　これは、D.リースマンに関する記述です。彼によれば、「伝統指向型」は前近代社会、「内部指向型」は近代社会、「他人指向型」は現代社会で基調となる社会的性格です。

❹ ○　「共同体的社会」は接近可能性と操作可能性がいずれも低い社会、「多元的社会」は接近可能性は高いが操作可能性が低い社会、「大衆社会」は接近可能性と操作可能性がいずれも高い社会、「全体主義社会」は接近可能性は低いが操作可能性は高い社会として類型化されています。

❺ ×　これは、K.マンハイムに関する記述です。「大衆社会」という言葉を最初に使ったのはマンハイムだとされています。

問題2　**大衆社会に関する次の記述のうち、妥当なのはどれか。**

★★

国税2001

❶ 人間集合体の類型として群衆、公衆、大衆がある。大衆とは、異質な属性や背景を持つ匿名の多数者からなる未組織の集合体であり、常に空間的に近接し集合行動を行うとともに、積極的な世論の担い手として社会に影響を与える。

❷ K.マンハイムは、現代社会は、大規模な産業社会として人々に対する統制が社会の隅々まで行き渡るものであるので、無定型な人間集合体である大衆の存在は、産業社会の進展とともに駆逐されていくと指摘した。

❸ D.リースマンは、社会的性格が、伝統志向型、他人志向型、内部志向型と変化してきた状況を分析し、現代の大衆社会の人間は権利意識が強く自己中心的であるため、シンボル操作にかかりにくく、同調性の弱いものとなっていることを指摘した。

❹ W.A.コーンハウザーは、「エリートへの接近可能性」と「非エリートの操縦可能性」との高低の組合せから社会を四つに分類した。これによれば、全体主義社会は前者が低く後者が高い社会であり、大衆社会は前者、後者ともに高い社会である。

❺ 全体社会と個人との間に介在して、全体社会の大きな力が直接個人に襲いかかってくるのを防ぐ盾の役割を果たすと同時に、一人一人では力の弱い個人の要求を全体社会に反映させる役割を持つ集団を準拠集団という。

【解答・解説】

正解 ❹

やや難しいですが、大衆社会論の一般的な論調を理解していれば正答は十分に導き出せます。

❶ ×　大衆は空間的に**散在**しています。例えば「日本の大衆」とは、駅前広場や公園に集まっている人々ではなく、日本中に散らばってお互いに連絡を取り合うことも接触することもない人々の総体を漠然と想定して指している言葉です。また、大衆は消極的・受動的な存在として描かれているので、「積極的な世論の担い手」も不適切です。

❷ ×　K.マンハイムは、**大衆の存在は**産業社会の進展と基本的な民主化の進行により**重要な位置を占めるようになった**と指摘しました。また、少数者民主主義の段階ではエリートと大衆を媒介する社会構造がありましたが、大衆民主主義に拡大した現段階では**大衆は組織化されず流動的な存在になっている**として、それがファシズムに利用される危険性を指摘しています。

❸ ×　D.リースマンは、中心的な社会的性格が、伝統志向型→**内部志向型**→**他人志向型**と変化してきた状況を分析しました。現代の大衆社会の人間（＝他人志向型の人間）は、仲間集団の反応やマス・メディアからの情報を基準にして自分の行動を決めている点が特徴です。例えば、いまの流行は何なのか、マス・メディアなどから情報を仕入れ、それに合わせて自分が聴く音楽やファッションを決めます。つまり、シンボル操作に**かかりやすく**、同調性は**高い**です。

❹ ○　「操縦可能性」ではなく「操作可能性」という訳語が充てられることもあるので注意しましょう。

❺ ×　これは「中間集団」に関する記述です。「準拠集団」については第４章第１節を参照してください。

問題3 ★★ **群集・公衆・大衆等に関する学説についての記述として最も妥当なのはどれか。**

国般2014

❶ G.ル・ボンは、群集とは特定の事柄への関心のもとに一時的に集まった対面的な人間集合であり、合理的な意思決定の手続に従い、冷静に世論を形成する主体であるとした。

❷ G.タルドは、公衆とはメディアを通じて間接的に接触し合う非対面的な人々の集まりであり、非合理的に情動を噴出させる傾向があるとした。

❸ M.ホルクハイマーは、マルクス主義に基づく批判理論を過度に理念主義的であるとして、より実証主義的な研究の推進を主張し、大衆社会の実態を明らかにした。

❹ D.リースマンは、伝統指向型、内部指向型、他人指向型という三つの人間の類型を設定し、大衆社会においては、他人指向型が支配的であると指摘した。

❺ W.コーンハウザーは、共同体的社会、多元的社会、全体主義的社会、大衆社会という四つの類型を分析的に抽出した上で、大衆社会は民主主義の基礎となる、最も望ましいものであるとした。

【解答・解説】

正解 ❹

❸のような発展的な内容もありますが、正解肢が明らかで一本釣りできます。

❶ × G.ル・ボンによれば、群集は、**非合理的**に**情動**を**噴出**させる傾向があります。

❷ × G.タルドによれば、公衆は、**合理的**な意思決定の手続に従い、**冷静に**世論を形成する主体です。つまり、後半の特徴づけの部分が❶と入れ替わっています。

❸ × フランクフルト学派の代表格であるM.ホルクハイマーは、マルクス主義に**基づく**批判理論を提唱するとともに、T.W.アドルノとの共著『啓蒙の弁証法』等で大衆社会についても論じています。

❹ ○ D.リースマンのこの議論については、第2章第2節を参照してください。

❺ × W.コーンハウザーが民主主義の基礎として最も望ましいとしたのは「多元的社会」です。

問題4 ★★

社会集団の類型としての「群衆」、「公衆」、「大衆」に関する次の記述のうち、妥当なのはどれか。

国般2017

❶ G.タルドは、群衆を、暗示により扇動され、合理的判断を容易に失い、不善をなすような存在であるとみなした。また、彼は、群衆は異質性の高い成員で構成される組織化された集合体であるとした。

❷ K.マンハイムは、公衆を、肉体的にも心理的にも結合している個人たちの散乱分布であるとした。また、彼は、社会には争点ごとに多数の公衆が存在するが、一人の人間が同時に複数の公衆に所属することはできないと指摘した。

❸ G.ル・ボンは、公衆を、空間的には広い地域に散在しながら、ジャーナリズムやマスコミが提供する情報に接触することによって、共通の関心などを持ち、合理的に思考し行動することのできる存在であるとみなした。

❹ J.オルテガ・イ・ガセットは、ある程度の教養や私有財産を備え、自らの価値を自覚する文明人を「大衆的人間」と呼び、大衆的人間が社会の指導的地位に立てるようになった大衆社会の下では民主化が進行するとして大衆的人間を評価した。

❺ W.コーンハウザーは、現代社会を大衆社会と位置付けた。彼は、非エリートのエリートへの近づきやすさと、非エリートのエリートによる操作されやすさの二つの変数を用いて社会類型を分類し、両者とも高い社会を「大衆社会」とした。

【解答・解説】

正解 ❺

これも発展的な内容は出題されていますが、正解肢が明確なので一本釣りできるでしょう。

❶ ✕　群集（群衆）は、心理的な**同質性が高い**点を特徴としており、共同目標、地位と役割の分化、地位と役割を規定する規範、地位と役割に基づく協働関係、ある程度継続的な成員間の相互作用いずれも希薄な**非組織**集団です。なお、G.タルドも群集について論じていますが、提唱者としてはG.ル・ボンが知られています。

❷ ✕　K.マンハイムは、公衆を争点ごとに**一時的**に形成される集団と捉えています。そして、人々はさまざまな利害関係を持っておりさまざまな争点に関わることから、1人の人間が**同時に複数の公衆に所属することはあり得る**としています。

❸ ✕　公衆をこのように定義したのはタルドです。

❹ ✕　J.オルテガ・イ・ガセットは、**特別な資質を備えず**、自らに価値を見いださずに絶えず同調を求める「**平均人**」のことを「大衆的人間」と呼び、大衆的人間が社会の指導的地位に立てるようになった大衆社会のもとでヨーロッパは**危機的状況にある**として、大衆的人間を**批判**しました。

❺ ○　W.コーンハウザーは、近づきやすさ（接近可能性）と操作されやすさ（操作可能性）の両方が低い社会は「共同体的社会」、前者が高く後者が低い社会は「多元的社会」、前者が低く後者が高い社会は「全体主義社会」としています。

問題5 ★★　**次の文は、社会運動論に関する記述であるが、文中の空所A～Dに該当する語又は人物名の組合せとして、妥当なのはどれか。**

区Ⅰ 2014

[A] は、社会運動を非合理的なものと見る考え方を批判し、個人の行動の合理性や運動の組織性を重視した考え方であり、[B] らにより提起された。

アメリカで発達した [A] が組織レベルに焦点を当てたのに対し、ヨーロッパで発達した [C] は、脱工業化社会において、階級闘争型の労働運動にかわり台頭してきた環境運動、女性解放運動などをマクロ的な視点から説明しようとする考え方であり、[D] らにより提起された。

	A	B	C	D
❶	資源動員論	ゾールド	新しい社会運動論	トゥレーヌ
❷	資源動員論	トゥレーヌ	新しい社会運動論	ゾールド
❸	新しい社会運動論	スメルサー	集合行動論	ゾールド
❹	新しい社会運動論	ゾールド	資源動員論	トゥレーヌ
❺	集合行動論	トゥレーヌ	資源動員論	スメルサー

【解答・解説】

正解 ❶

M.ゾールドは、彼1人が資源動員論の代表格ともいえず、非常に細かい問題です。ただし、「新しい社会運動」の考え方とA.トゥレーヌの名前を知っていれば、その組合せは❶だけなので正解できます。

A 「資源動員論」が該当します。従来の社会運動論では、社会運動の非合理的・感情的・暴力的な側面が注目され、群集行動の延長線上で社会運動を捉えるシカゴ学派の議論や、参加者の心理的要因を重視するN.スメルサーの「集合行動論」が主流でしたが、1970年代後半になって、M.オルソンの集合行為論に依拠しつつ社会運動の合理的・組織的側面に注目する「資源動員論」が提起されました。

B 「ゾールド」が該当します。彼は、J.マッカーシーとともに発表した論文「資源動員と社会運動」において資源動員論の立場を明確に示しました。

C 「新しい社会運動論」が該当します。これは、1960～70年代に台頭してきた新しいタイプの社会運動に注目した一連の議論を指します。

D 「トゥレーヌ」が該当します。「新しい社会運動」に注目した論者はフランスのトゥレーヌの他に、イタリアのA.メルッチ、ドイツのJ.ハーバマスが挙げられます。

問題6 ★★

社会運動に関する次の記述のうち、妥当なのはどれか。

国般2004

❶ 群衆行動などの集合行動は、社会組織の解体が不安を発生させ、不安に基づく行動が社会的相互作用の中で循環反応を引き起こすことによって拡大するが、それが組織化され、制度化されることによって社会変動が起こることはないとされている。

❷ 社会運動の要因を相対的剥奪に求める理論がある。相対的剥奪とは、不満の原因を人々の主観的な期待水準と達成水準との格差に求めるものであり、他者との比較に焦点を当てているため、過去からの生活水準の変化などは考慮されない。

❸ 孤立化し、原子化され、画一化された諸個人が、マス・メディアや大組織によって操作されることによって生じる社会運動を大衆運動という。大衆運動は、中間集団の無力化した多元的社会において生じやすいとされている。

❹ 資源動員理論は、社会運動の形成・発展・衰退過程を、動員可能な資源の量や戦略の合理性によって説明しようとする。ここで、社会運動は、非合理的な心理に基づく集合行動ではなく、目標達成に向けて組織される集合的行為として理解される。

❺ 労働運動など階級を基盤とする旧来の社会運動に対して、1960年代以降の学生運動、女性解放運動、環境運動などを、新しい社会運動ととらえる見方がある。そこではネットワーク型の組織形成、アイデンティティの重視、国家権力の奪取などの特徴が指摘されてきた。

【解答・解説】

正解 ❹

社会運動論についての総合的な理解を試す良問です。

❶ ×　「社会変動が起こることはない」という箇所が誤りです。例えば**集合行動論の第一人者**とされる**N.スメルサー**（1930～2017）は、『産業革命における社会変動』（1959）で、産業革命期の**群集行動**が**社会変動**に**至る過程**を**分析**しています。

ヒント

このような知識はなくても、一般的な社会現象について「○○はない」と主張するのは非常に困難だということで、この選択肢は外せます。つまり「社会変動が起こることはない」ということを証明するためには、世界中のすべての人間社会を原始時代から現在に至るまで調べる必要がありますが、それはほぼ不可能ですし、たった一つだけでも「起こった例」が見つかれば、それで主張は全否定されてしまいます。群集行動と社会変動のつながりが明らかに論理的に矛盾するのなら話は別ですが、常識的に考えても、この両者が結びつくことは不自然ではありません。

❷ ×　「過去からの生活水準の変化などは考慮されない」という箇所が誤りです。**相対的剥奪（感）とは、ある個人が置かれた境遇の客観的な劣悪さによってではなく、その人の抱く期待水準と達成水準との格差によって感じる不満**のことです。

ヒント

個人は準拠集団を参照して期待水準を形成し、実際の達成水準との格差で不満を感じることがあります。例えば通常、日本在住の人が「自分の生活は貧しい」と感じる際に比較対象とするのは日本に住んでいる他の人たちであって、一人当たり国民所得の低い諸外国在住の人ではありません。

ですが、集団だけではなく、過去の自分を比較対象にする場合もありえます（例えば「バブル景気の頃はよい生活をしていたのに、いまの自分ときたら…」というケース）。そして、このようにして生じた不満が社会運動への動機づけとなるケースもあるとされます。

❸ ×　「中間集団の無力化した多元的社会」という箇所が矛盾しています。**多元的社会とは、それぞれの価値観を担保する中間集団が強く並び立っている**（＝社会集団が多元的な）**社会**のことです。また、**大衆運動とは「多数の人々が同時に同じような方法で行動すること**」を指します。マス・メディアや大組織によって操作されることもありますが、そうでないケースもあり一概にはいえません。

❹ ○　資源動員論についての簡潔な説明となっています。

❺ ×　「新しい社会運動」は、（かつての労働運動が目指していたような）**体制変革や国家権力の奪取を目標としない**点が特徴です（反体制・反権力であるとしても）。それは、民主主義の徹底化と市民社会の自律性の防衛とに役割を限定するといわれます。他の部分は妥当であり、集合的アイデンティティへの志向など、表出的な（運動への参加自体に価値が見いだされる）社会運動とされます。また、運動組織の構造は、非官僚制的なネットワーク型で、直接民主主義的な活動原則の徹底化が志向されます。

MEMO

問題7 社会運動に関する次の記述のうち、最も妥当なのはどれか。

★★★

国般2009

❶ 資源動員論とは、社会運動の掲げる価値や理念ではなく、主にいかに運動の資金が調達されるのかという現実的な経済的側面から社会運動を分析するアプローチである。

❷ 「新しい社会運動」とは、産業社会における労働運動など既存の社会運動を超えて、環境、ジェンダー、マイノリティーといった物質的な価値ではない争点を巡って形成されてきた運動群を指す。

❸ フレーム分析とは、社会運動がいかに法的な規制や社会制度的な制約によって拘束され、その結果一定の運動の型を形成されるかに着目する研究視点である。

❹ 社会運動におけるフリーライダーとは、黒人運動において運動に共鳴する人々が、都市・地域を超えて長距離バスに乗り、「自由の乗車者」として運動を拡大したのに倣い、門戸を大きく開いて運動を拡大させていく戦略を指す。

❺ 対抗文化（counter culture）運動とは、度重なる革命の経験や植民地支配への抵抗の歴史によって、ある争点について妥協や懐柔を拒否したり、対立点を強調して対決的姿勢をもつ運動を意味する。

【解答・解説】

正解 ❷

発展的な内容が多く見られますが、正解肢は基本的であるため、解答は可能です。

❶ ×　ここでいう「資源」は経済的な側面に限定されることなく、人材や組織のネットワークなど、幅広い観点から分析されています。

❷ ○　「新しい社会運動」についての簡潔な説明となっています。

❸ ×　フレーム分析は、客観的な法制度ではなく、当事者たちの解釈枠組み（フレーム）、主観的な意味づけに注目する立場です。

❹ ×　社会運動における**フリーライダー**とは、**自分自身は社会運動への参加などのコストを負担せずに恩恵のみを享受する人々**のことです。

補足

M.オルソンによれば、集合行為による利益はフリーライド（ただ乗り）する個人でも享受できるため、利己的な個人は集合行為にフリーライドしようとします。例えば、地域の自然を守るために産業廃棄物の処理施設新設への反対運動が必要だとしても、反対運動への参加は時間・労力・金銭など、さまざまなコストがかかります。そして、運動が成功して地域の自然が守られれば、不参加者も「地域の自然保護」というメリットは享受できます。このようにしてフリーライダーが生まれるのだとしています。

❺ ×　狭義の対抗文化運動とは、主として先進国の中産階級出身の若者たちの運動であり、植民地発の運動ではありません。

問題8 ★★★ **環境社会学や社会運動論に関する記述として最も妥当なのはどれか。**

国般2013

❶ 環境社会学は、環境問題の解決という実践面への関心を有し、一般的には動植物を含む自然環境は人間の管理下に置かれることを前提として問題を設定するところに特徴がある。我が国における展開は、1997年の地球温暖化防止京都会議（COP3）が契機であるとされている。

❷ 受益圏・受苦圏という概念を用いた環境問題研究においては、どのような地域にあっても、企業側のみが利益を享受し、住民側は常に不利益を被らざるをえないため、この二つの圏は常に重なるという点が強調されている。

❸ 社会運動の主要な担い手として注目されているNGOやNPOは、政府系の組織ではなく、営利事業を目的とした組織展開をしている。そのため市場の動向を常にモニターすることができ、より市民の立場に立った運動が可能であると考えられている。

❹ 資源動員論は、社会運動組織が目標遂行に必要な人材、資金、外部の支持などの資源をいかにして動員するかに注目するものであり、社会運動の目的合理性、制度的行為との連続性を強調している。

❺ 価値付加プロセス論によれば、集合行動の生成や発展に関わるとされる諸要因のうち、いずれか一つでも一定の水準に達すれば、社会運動の形成に十分な条件が整い、さらに、その運動は自動的に制度化するものと考えられている。

【解答・解説】 正解 ❹

これも発展的な内容が出題されていますが、正解肢が明確なので一本釣りできるでしょう。

❶ ✕　環境社会学は、自然環境を人間の管理下に置くことを前提とする「人間中心主義」を批判する点に特徴があります。また、我が国の環境社会学は、1960年代後半から始まった公害の社会学的研究を出発点としており、1990年代はじめには環境社会学会が組織化されています。

❷ ✕　受益圏・受苦圏は、空間的な文脈で定義されることが多いです。例えば、原子力発電所の問題であれば、「受益圏＝都市、受苦圏＝立地自治体」となります。そのため、企業と住民の関係に限定されず、住民どうしでも受益圏に住む者と受苦圏に住む者に分かれます。また、通常は別の地域を指す言葉なので、この二つの圏は重ならないことが一般的です。

❸ ✕　NPOは、「**Non Profit** Organization」（**非営利**組織）の略称です。

❹ ○　感情的・非合理的要因に注目していた従来の社会運動論に対して、資源動員論は合理的要因に注目する点に特徴があります。

❺ ✕　N.スメルサーが提唱した「価値付加プロセス論」によれば、集合行動の発生を説明する要因には、①構造的誘発性、②構造的矛盾・緊張、③「一般化された信念」の形成、④きっかけ要因、⑤参加者の動員、⑥社会統制などがありますが、このうち①〜⑤は順番どおりに成熟することが必要であり、それに伴って徐々に集合行動の形成が進むとしています。

2 大衆社会における コミュニケーション

学習のポイント

・マス・メディアに関する議論は詳しく学習しておきましょう（政治学でも頻出の内容です）。
・予言の自己成就は社会学特有の内容、地球村は国家一般職の受験者だけ必要な内容となります。

1 マス・メディアの情報伝達のモデル

⑴ 強力効果説（弾丸モデル・即効薬モデル・皮下注射モデル）

強力効果説は、**マス・メディアからのメッセージが、直接、視聴者に届いて影響する**という見方です。1940年代前半までは、マス・メディアの影響は非常に大きいとされていました。

ナチスによるマス・メディアの利用や、映画・ラジオを使って大衆を強力に操作するような手法は、マス・メディアの効果が強力であったことの現れといえます。

⑵ 限定効果説

限定効果説は、**マス・メディアは単独では強い効果を持たず、他の媒介要因との関係で効果を発揮する**という見方です。マス・メディアが大きな影響力を持つとすれば、それは既存の意見や態度（＝**先有傾向**）を**補強**する方向であり、態度の**改変**にまでは至らないとします。

① コミュニケーションの二段の流れ

P.F.ラザースフェルド（1901～76）らは、1940年のアメリカ大統領選挙に関する統計調査をオハイオ州エリー郡で行い、「**コミュニケーションの二段の流れ**」仮説を提示しました。コミュニケーションの二段の流れとは、**マス・メディアからのメッセージは間接的に届くという見方**です。

その際に重要なのは、メッセージをともに解釈する仲間・近隣・同僚といった集団（＝**中間集団**）です。マス・メディアから直接届くのではなく、中間集団を介して届くため、「二段の流れ」と表現されています。集団の中で解釈の主導権を握り発言力の大きい人を**オピニオン・リーダー**といいます。

②　クラッパーの一般化

J.クラッパー（1917～84）は、メディアの影響に関する従来の研究成果を整理して（一般化して）命題にまとめ、「**マス・コミュニケーションは通常、媒介的諸要因と諸影響力の中で作用する**」としました。

⑶　新・強力効果説

新・強力効果説は、限定効果説を完全否定したわけではなく、**限定効果説の発見を認めつつ、それでも「強力な側面」があると主張する立場**です。

①　議題設定機能仮説

議題設定機能仮説とは、「争点に関する受け手の態度の変容」ではなく、「何が争点であるかという受け手の認知」を説明する理論であり、**M.マコームズ**（1938～　）と**D.ショー**（1936～　）により提起されました。

マス･メディアは、さまざまな問題やトピックをニュース価値に応じて取捨選択･強調しつつ、読者や視聴者に情報を提供しています。そしてマス・メディアが大きく取り上げた問題は、情報の受け手も重要視する傾向にあります。こうして、**マス・メディアが特定の議題・争点を設定し、それが受け手の「議題」となって公の問題として議論されることになる**という仮説です。

②　沈黙の螺旋仮説

沈黙の螺旋（らせん）仮説は､ドイツの政治学者**E.ノエル＝ノイマン**（1916～2010）によって提起されました。

世論とは個人の意見の総和であるとされますが、**自分の意見が少数派・劣勢意見の場合は孤立を避けるために意見表明は控えられ、多数派・優勢意見であれば積極的に表明されます**。こうして少数派の意見は存在感を失い、社会的沈黙の螺旋階段を下っていくという仮説です。

強力効果説（～1940年代）➡ 限定効果説（1940年代～）➡ 新強力効果説（1970年代～）

確認してみよう

1 マス・メディアによる情報提供の効果は、受け手に対して、既存の意見や態度を支持したり強めたりする「補強」の方向よりも、既存の意見や態度を逆の方向に変化させる「変改」の方向に働く。国税2002

1 (2) 参照 ×

「補強」と「変改」が逆です。限定効果説の考え方に従うならば、マス・メディアによる情報提供の効果は、「変改（改変）」の方向よりも「補強」の方向に働きます。

2 ストゥーファーは、人々の態度変容に対するマス・メディアの影響力を知ろうとした研究で、オピニオン・リーダーの存在を明らかにし、大量データを利用した社会調査の事例として「ピープルズ・チョイス」を著した。区Ⅰ2010

1 (2) 参照 ×

これは、P.F.ラザースフェルドに関する記述です。S.ストゥーファーも社会調査の専門家であり、第二次世界大戦中のアメリカ兵を調査した『アメリカ兵』などの業績がありますが、公務員試験ではかなりマイナーな人物です。

3 P.ラザースフェルドらは、オハイオ州で統計調査を行い、アメリカ大統領選挙における投票意図の形成やその変容過程を分析し、コミュニケーションの二段の流れ仮説を提示した。国般2007

1 (2) 参照 ○

1940年にオハイオ州エリー郡で行われたこの調査（エリー調査）は、無作為抽出法等を確立するきっかけとなりました。

2 マス・メディアの特質

(1) 擬似環境

W.リップマン（1889～1974）は、**人間が頭の中に描いている現実についてのイメージが、現実の環境を正確に反映したものではなく単純化や歪曲を経たものである**とし、これを**疑似環境**と名づけました。マス・メディアが限られた時間やスペースでニュースを伝える際の省略や誇張は、人々が社会を見るうえでのバイアスとして働きます。彼はマス・メディアが**ステレオタイプ**（固定的・画一的なものの見方）を助長すると主張し、「世論は、主に少数のステレオタイプ化されたイメージ群から成り立っている」と述べました。

(2) 地球村

H.M.マクルーハン（1911～80）は、メディアは単にメッセージを運ぶ透明な媒介物ではなく、それ自身、我々の感覚や経験を形作るものだとしています。

声のメディア（対面関係の会話や演説など）が主流の時代は五感すべてが重要でしたが、**活字メディア**（書籍や新聞など）が主流の時代になると視覚優位となりました。そして、**電子メディア**（テレビ、ラジオ、インターネットなど）の時代になると、人々のコミュニケーションは全身的な感覚の共有へと移行しました。しかも電子メディアは物理的な距離を無化し、電子的に媒介された同時的な場を作り出しています。例えば、インターネットのテレビ電話を使えば、地球の反対側の人とも顔を見ながら普通に会話できます。

このように、**電子メディアの発達により距離の遠さは意味をなくしており、地球全体といえどもかつての村サイズの広さとしか感じられなくなった**ということで、マクルーハンはこれを「**地球村**」と呼んでいます。

第5章 現代社会と都市の社会学

確認してみよう

① リップマンのいう「ステレオタイプ」とは、ある社会的な事象に関して、複数の主体がもつイメージが合成されたもので、単純化や一面的な決めつけをしないため、総合的な判断をする際に重要な役割を果たす。国般2010

2 (1) 参照 ✕

「ステレオタイプ」の意味が誤っています。リップマンのいう「ステレオタイプ」とは、マス・メディアが伝える単純化・一面的な決めつけをしたイメージです。

3 情報伝達と社会行動

マス・メディアが発信した情報が人々の社会行動に影響を与える例を見ていきます。

(1) アナウンスメント効果

アナウンスメント効果とは、選挙において、**投票前に行われるマス・メディアによる予測報道が、有権者の投票行動に与える効果**です。プラス／マイナス両方の側面があります。

バンドワゴン効果	優勢な候補者へ投票が集まる効果（長いものには巻かれろ）
アンダードッグ効果	不利とされる候補者へ投票が集まる効果です（判官びいき）

(2) 予言の自己成就（自己成就的予言）

予言の自己成就とは、**R.K.マートン**によって提起された概念で、**ある状況が起こりそうだと考えて人々が行為すると、そう思わなければ起こらなかったはずの状況が実際に実現してしまうこと**です。

マートンは、シカゴ学派の**W.トマス**（1863～1947）が示した「人が状況をリアルだと定義づけるならば、その状況は結果においてもリアルになる」（＝人の「現実」はその人の思い込みで規定されている）という「**トマスの公理**」からこの議論を導きました。この「公理」は、**自然現象と違って社会現象は人々の「状況の定義」の影響を受ける**という特徴を示しています。

予言の自己成就は、①人々の予想・思い込みが成立する→②その予想・思い込みに従って人々が行動する→③予想・思い込みが実現する、の３段階で構成されています。

例えば、銀行が預金の支払い不能に陥ったという「噂」が広まり、①預金者がその噂を信じて、②預金者が預金を引き出すために窓口に殺到すると、③実際に預金が引き出し不能になってしまう、という例が挙がられます。

(3) 自己破壊的予言

自己破壊的予言は**自己成就的予言の対概念**で、**将来の社会的状況**に関する**予想・予言が行動様式に影響を与えた結果、当初の予想と反対の結果が生じる場合**を指します。例えば、自分が勝負に勝てると確信したために、気が緩んで負けてしまうケースが挙げられます。

確認してみよう

(1) 予言の自己成就とは、将来のことについて予言をすることで、予言がなければそうならなかったかもしれないことが、実際にその予言どおりになることをいい、R.K.マートンは、支払不能の噂によって実際に支払不能になった銀行の事例などを挙げ、これを定式化した。国般2014

3 (2) 参照 〇

社会現象は人間が作り出しているため、人々の「状況の定義」の影響を受けます。例えば、人々が「景気がよい」と思い込んでお金を貯めずにどんどん使うと市中に資金が循環して実際に景気がよくなりますが、人々が「景気が悪い」と思い込んでお金を使わずに貯め込むようになると、市中に資金が循環しなくなって実際に景気が悪くなります。

過去問にチャレンジ

問題1 **マス・コミュニケーションに関する記述として、妥当なのはどれか。**

★ 区Ⅰ2019

❶ コミュニケーションの二段の流れとは、マス・コミュニケーションの影響は受け手に直接及ぶのではなく、受け手内部のオピニオン・リーダーを介して個々人に影響を与えるとする仮説である。

❷ マス・コミュニケーションにおいては、必ずコミュニケーションの双方向性が存在する。

❸ マス・コミュニケーションにおいては、送り手と受け手の役割が固定化されており、単数あるいは少数である送り手が、特定の受け手に向けて情報を伝達する。

❹ 限定効果モデルとは、マス・コミュニケーションの効果において、それぞれの受け手が既存の関心、知識、態度等の先有傾向に見合った内容を選択的に受容していることをいい、弾丸理論とも呼ばれる。

❺ マス・コミュニケーションの送り手は、専門的な組織集団を構成することはなく、コミュニケーション活動として機械的手段を用いる。

【解答・解説】

正解 ❶

正解肢が明確なので一本釣りできるでしょう。

❶ ○　これは、P.F.ラザースフェルドを中心とするコロンビア大学の社会学者たちが、1940年のアメリカ大統領選挙における投票行動の調査（エリー調査）に基づいて提唱した仮説です。

❷ ×　一般に、マス・コミュニケーションは、情報の送り手となるマス・メディアと、受け手となる大衆の非対称性が特徴とされます。視聴者からのフィードバックも一定程度はありますが、送り手から発信される情報量のほうがはるかに多いため、「必ず」双方向性が存在するとはいえません。

❸ ×　マス・コミュニケーションにおいては、「不特定」の受け手に情報を伝達することが一般的です。新聞、テレビ、ラジオはいずれも、購読者や視聴者を特定せずに、一般向けに情報を発信しています。

❹ ×　限定効果モデルの説明としては妥当ですが、「弾丸理論」（即効薬モデル）は、マス・コミュニケーションの送り手が発信した内容をそのまま受け手が受容して影響すると考える「強力効果論」の別称です。

❺ ×　近年は状況が変わりつつあるものの、一般に、新聞、テレビ、ラジオ等による情報発信は個人では難しく、専門的な組織集団を構成することが必要です。

問題2 ★

アメリカの社会学者R.K.マートンが定着させた「自己成就的予言（予言の自己成就）」を用いて説明できるものとして最も妥当なのはどれか。

国税・労基2005教

❶ 選挙前の世論調査で当選が難しいと報道されていた候補者に同情票が集まり、報道とは反対にこの候補者は当選した。

❷ ある銀行の経営が破綻するという噂が広がり、預金者が次々と預金を引き出した結果、実際にその銀行が破綻してしまった。

❸ 空梅雨で水不足が心配されていたが、真夏を迎えても節水に気をつける人がほとんどいなかったため、本当に水不足になった。

❹ あるデパートでは定期的に避難訓練を行っていたが、あるとき訓練中に地震が起こり、日頃の訓練が役に立つこととなった。

❺ ある劇場で１人の観客が、小道具で使われた発煙筒を見て「火事だ」と叫んだことから、全員がパニック状態で出口に殺到し、多数の負傷者がでた。

【解答・解説】

正解 ❷

問題を解くだけなら「R.K.マートンが自己成就的予言の例として挙げたのは銀行破綻だ」と知ってさえいれば、内容を検討せずに❷が導き出せる易問です。ただし、各肢が間違っている理由を検討することで自己成就的予言の理解が深まる良問ともいえます。

❶ ×　**予想と結果が逆転している**ため、これは自己成就的予言とはいえません。自己成就的予言では**最初の思い込みと結果が一致している**必要がありますが、この例では逆転しているため「自己破壊的予言」といえます。ただし通常、この言葉はマイナスの意味合いで使われるので微妙です。**アンダードッグ効果**の例と考えておきましょう。

❷ ○　いまの日本の預金準備率（支払準備率）は１％程度ですから、残りの99％は他に貸し付けたり運用したりしています。このように、銀行は「預金者が一斉に預金引き出しに来ない」ことを前提に営業しており、普通はそれで健全に経営できます。しかし、預金者たちが「この銀行はつぶれそうだ」と（誤って）状況を定義すると、（本当は健全経営だったのに）人々の行為の結果として実際に銀行が破綻する事態に至ります。

❸ ×　**人々は予想に従って行動していない**ため、例として不適切です。自己成就的予言は、①**予想・思い込みが成立する**→②**その予想・思い込みに従って人々が行動する**→③**予想・思い込みが実現する**、の**三つ**の部分でできています。しかしこの例では、①→③は成立していますが②が抜けています。

❹ ×　自己成就的予言は、**社会現象を対象**とした概念です。人々がいくら「地震が起こるぞ」と思い込んでも、その思い込みだけでは地震は起こりません。ですが、みんなが「あの銀行は破綻するかもしれない」と思いこんで預金引き出しに殺到することで実際に銀行を破綻させることはあり得ます。自己成就的予言は、社会現象のこの特徴のうえに成り立ちます。

❺ ×　①「予想・思い込み」と③「結果」が**一致していません**。この例では、①「火事だ」→②パニック→③負傷者発生となっていますから、①と③がずれています。

問題3　★★

マス・メディアに関する次の記述のうち、妥当なのはどれか。

国般2005

❶ マス・メディアの提供する意見は、受け手に直接影響を及ぼして、受け手の態度変容を引き起こす。これをブーメラン効果という。

❷ マス・メディアの提供する意見は、受け手が所属する社会集団のオピニオンリーダーを介して、間接的に受容される。これをバンドワゴン効果という。

❸ マス・メディアの受け手は、送り手のメッセージを選択的に採り入れて、受け手の態度を強化する。これをマタイ効果という。

❹ マス・メディアのニュース報道によって、受け手は争点の重要度を認知し、議論の枠組みを修得する。これを議題（アジェンダ）設定機能という。

❺ マス・メディアは、何が少数意見であるかを知らせることによって、多数意見の表明を抑制し、少数意見の表明を促進する。これを沈黙の螺旋という。

【解答・解説】

正解 ❹

❶と❸では細かい用語が出ていますが、述べられているのは「強力効果説」や「限定効果説」の内容ですので、すぐ誤りに気づくでしょう。

❶ ×　これは「強力効果説」の説明です。**「ブーメラン効果」**とは、**説得者の意図とは逆方向の反応を情報の受け手に生じさせる効果**を指します。これは細かい知識ですが、ブーメランが何なのかを考えてみれば、「ブーメラン効果」の内容も想像できるはずです。ブーメランとは、オーストラリアの先住民が使う狩猟用の飛び道具であり、「く」の字形で投げると回転して飛んで手もとに戻ってくるものです。ということは、「ブーメラン効果」はまっすぐな影響ではなさそうだと推察できるでしょう。

❷ ×　これは、「コミュニケーションの二段の流れ」に関する記述です。

❸ ×　これは、「限定効果説」に関する記述です。**「マタイ効果」**とは、**科学の報賞と承認について不平等に自己強化的な累積現象が起こる効果**であり、**R.K.マートン**が提示しています。学者が「勝ち組」と「負け組」に二極分化する状況を指します。

例えば、学者が一度有名な賞を獲ると、研究に専念できる地位を与えられ研究費がどんどん集まり、論文を書きやすい条件が揃って業績を伸ばしていけます。すると業績が多いということでさらに地位も研究費も確保され、ますます業績は伸びるというプラスの循環が続いていきます。他方で、学者の初期段階で論文が書けないと、業績がないために研究費は集まらず、それを工面するために副業に精を出すことになります。そうなると研究に割ける時間は減りますし、その研究もなけなしのお金で進めることになり、研究環境は悪化し生産性は下がっていきます。するとさらに業績が少ないということで地位も研究費も確保されない状態が続き、ますます論文は書けなくなるというマイナスの循環からいつまでも抜け出せません。

❹ ○　なお、マス・メディアの議論設定機能は、マス・メディアが流していない議題や論点に人々が気づかなくなる機能でもある点に注意しましょう。

❺ ×　「多数意見」と「少数意見」が逆になっています。

問題4 ★★

マス・コミュニケーションの機能や効果に関する用語についての次の記述のうち、妥当なのはどれか。

国般2015

❶ 麻酔的逆機能とは、マス・メディアの好意的な脚光を浴びる人物、集団、事件、問題が、マス・コミュニケーションの受け手によって、社会的な意義や重要性に乏しく、価値が低いものとみなされることをいう。

❷ 皮下注射モデルとは、マス・コミュニケーションが、その受け手に対してあたかも注射器でメッセージを注入するように、時間をかけて徐々に影響を与えることによって、結果的に多様な考えに対する免疫をもたらすことをいう。

❸ コミュニケーションの二段の流れとは、マス・コミュニケーションの影響が、マス・メディアから受け手の所属する第一次集団のオピニオン・リーダーに達し、次いでそのオピニオン・リーダーを媒介としてフォロワーへと広がっていくという仮説である。

❹ バンドワゴン効果とは、楽隊による直接的な宣伝手法が大きな効力を発揮することから命名された概念であり、選挙において選挙公報や政見放送など各種メディアを通したアピールよりも、街頭や小規模集会での演説の方が効果的であることを指す。

❺ アンダードッグ効果とは、選挙時の事前のマス・メディアによる報道において優勢だと予測された候補者に対して人々が一層好意を寄せることによって、その候補者の得票がさらに伸びていくことをいう。

【解答・解説】

正解 ❸

❶は（政治学では頻出ですが）社会学ではあまり出題されない論点です。しかし、正解肢は明らかなので一本釣りできます。

❶ ×　麻酔的逆機能とは、マス・メディアが大量の情報を流すことによって、政治的に重要な報道の割合が相対的に低下する機能を指します。

❷ ×　皮下注射モデルとは、マス・コミュニケーションにおいて、あたかも注射器で注入するように、受け手に対して一方的・直接的・即効的に影響力を与え、無批判に同調させるという見方です。

❸ ○　「コミュニケーションの二段の流れ」についての簡潔な説明となっています。

❹ ×　バンドワゴン効果とは、❺で説明されているように、優勢と予測された候補者へ投票が集まる効果のことです。なお、バンドワゴンとは、パレードなどで行列の先頭に位置する、楽団（バンド）を載せた車（ワゴン）のことで、賑やかで目立つものの後に人々がついていくというイメージです。

❺ ×　これは、バンドワゴン効果に関する記述です。アンダードッグ効果はその逆で、不利とされる候補者へ投票が集まる（同情票などの）効果を指します。

問題5 ★★ **メディアに関する次の記述のうち、最も妥当なのはどれか。**

国般2008

❶ W.リップマンは、人間が自分の頭の中に抱いている環境のイメージを擬似環境と呼んだが、マス・メディアの発達によって、擬似環境に対する人々の依存度は減少していくと論じた。

❷ P.F.ラザーズフェルドは、マス・メディアの影響は無媒介・直接的に受け手に及ぶため、オピニオンリーダーを媒介としたパーソナルコミュニケーションの影響は減少していくと論じた。

❸ M.マクルーハンは、電子メディアの発達により、遠隔地にいる人間を間近に感じられるような同時的なコミュニケーションが地球規模で広がることを予測し、これを地球村と名付けた。

❹ 皮下注射的効果とは、メディアからの大量の情報に接触する人々が、受動的に情報を吸収するだけで満足して、次第に社会的行動への能動的エネルギーを喪失していく状態を指す。

❺ 議題設定機能とは、受け手がマス・メディアのメッセージに対して、受け手自らの考えや態度に整合した情報は受容するが矛盾するものは拒否するなど選択的に反応することを指す。

【解答・解説】

正解 ❸

メディア論は、社会学と政治学両方で同様の内容が出題されることがあります。合わせて学習しておきましょう。

❶ ×　W.リップマンは、マス・メディアの発達によって、疑似環境に対する人々の依存度は**増加**していくと論じました。

❷ ×　P.F.ラザースフェルドは、マス・メディアの影響は、主に**オピニオン・リーダーを媒介**としたパーソナル・コミュニケーションを通じて及ぼされるという「コミュニケーションの二段の流れ」仮説を唱えました。

❸ ○　H.M.マクルーハンのメディア論についての簡潔な説明となっています。

❹ ×　これは、ラザースフェルドとR.K.マートンが指摘したマス・メディアの「麻酔的逆機能」に関する記述です。一方、皮下注射的効果（モデル）とは、マス・メディアは、あたかも受け手に巨大な注射器でメッセージを直接注入するがごとく、強力な伝達効果を持っていると捉える考え方を指します。

❺ ×　これはJ.クラッパーの一般化に関する記述です。一方、議題設定機能とは、マス・メディアが情報伝達の際に内容を取捨選択することにより、議題が特定のものに設定されてしまい、受け手はその議題を重視してしまう機能を指します。

問題6 情報伝達に関する次の記述のうち、妥当なのはどれか。

★★

国般2019

❶ W.リップマンは、現実環境はあまりに複雑であるため、人々はテレビが提供する情報を通じてしか現実環境を把握できなくなっていると指摘し、自然発生的な現実の出来事ではなく、マスメディアによって人為的につくられた偽物の出来事を「疑似イベント」と名付けた。

❷ E.モランは、フランス中部の都市オルレアンで実際に起きた銀行倒産事件を調査し、経営不振のうわさは誤っていたにもかかわらず、人々が銀行から預金を一斉に引き出したことによって、結果として現実に銀行が倒産してしまったように、人々が予言を信じて行動した結果、予言が実現されることを「予言の自己成就」と呼んだ。

❸ M.E.マコームズとD.L.ショーは、選挙時の調査から、マスメディアは、現実に生起する出来事の中から何を報じ、何を報じないか、また、何をどの程度大きく扱うかという判断を通じて、受け手である人々の注意を特定の争点へと焦点化するとし、これを「議題設定機能」と名付けた。

❹ E.カッツとP.F.ラザースフェルドは、マスメディアが発信する情報は、人々の意見が多数派であるか少数派であるかを判断する基準となっているとし、自分の意見が多数派であると認識すると積極的に意見を表明し、少数派であると認識すると孤立を恐れて段階的に沈黙するようになっていくとする「沈黙の螺(ら)旋」仮説を提唱した。

❺ J.クラッパーは、マスメディアの限定効果説を否定し、情報の送り手であるマスメディアが意図したとおりのメッセージが、情報の受け手に直接的に伝わるとする「皮下注射モデル」を提示し、マスメディアが発信する情報は、個人に対して、強力な影響力を持つとした。

【解答・解説】 正解 ❸

❶・❷は発展的な内容ですが、正解肢が明確なので一本釣りできるでしょう。

❶ ×　「疑似イベント」という概念を提唱したのは、D.ブーアスティンです。ただし、公務員試験の社会学ではブーアスティンはマイナーなので、ここではW.リップマンでないことが判別できれば十分です。

補足

ブーアスティンによれば、観光は、本物を求めるというよりもイメージを求める旅となっています。観光客は旅行に出かける前にマス・メディアによって伝えられた場所やガイドブックに書いてあった場所に行き、ガイドブックと同じような写真を撮ってきます。つまり、自然発生的に体験するのではなく、計画・演出されたものを追体験している（「イベント」ではなく「疑似イベント」）ということになります。

❷ ×　銀行倒産事件の例を挙げて「予言の自己成就」という概念を示したのは、R.K.マートンです。E.モランは、フランス中部の都市オルレアンで広まった女性誘拐のうわさ事件を調査し、実際にはうわさは虚構だったにもかかわらずそれが広まっていったプロセスを論じました。ただし、公務員試験ではモランはマイナーなので、ここでは「予言の自己成就」で外せれば大丈夫です。

❸ ○　M.マコームズとD.ショーによれば、マス・メディアは人々に対して、争点の賛否を決定づけるわけではありませんが、何が重要な争点であるかの優先順位を示す「議題設定」の機能を果たしています。

❹ ×　「沈黙の螺旋」仮説を提唱したのは、E.ノエル=ノイマンです。E.カッツとP.F.ラザースフェルドは、「コミュニケーションの二段の流れ」仮説を提唱したことで知られています。

❺ ×　J.クラッパーは、マス・メディアの「皮下注射モデル」を否定し、マス・メディアが発信する情報は、個人に対して限定的な影響力を持つとする「限定効果説」を提示しました。

3 都市と地域の社会学

学習のポイント

- バージェスの同心円地帯モデルとワースのアーバニズム論はどの試験種でも頻出なので、詳しく学習しましょう。
- ジンメルの議論もときどき出題されるため、確認しておきましょう。
- ただし、日本の都市・農村社会学の出題頻度は低いです。

1 シカゴ学派などの都市研究

アメリカ内陸部の都市シカゴは、ヨーロッパ系移民などを吸収して19世紀終わりから20世紀にかけて人口が急増し、工業生産が急拡大しました（1850年に3万人だった人口が、1870年に30万人、1930年には330万人になりました）。富裕層の寄付によりシカゴ大学が設立され、そこに集った社会学者たちが**シカゴ学派**です。

シカゴ学派の1人である**R.パーク**（1864～1944）は、都市を「**社会的実験室**」と捉えました。パークはヨーロッパ留学中に**G.ジンメルに師事**し、アメリカに戻ってからはシカゴ大学の都市社会学の中心的な人物となりました。このため、シカゴ学派の都市社会学には、**都市生活者の希薄な人間関係に注目していたジンメル**の影響が強く表れています。シカゴには、都市の光の側面と影の側面が凝縮されて表れており、シカゴ学派では都市化に伴って生じた**社会解体**に関する研究が盛んとなりました。

(1) 人間生態学

人間生態学とは、**一定の環境内で行われる人間どうしの競争・相互依存関係のメカニズムを研究する学問**です。

例えば植物生態学では「植生」（どんな場所にどんな植物が生えているか）を分析します。同じ山の斜面の上でも標高によって生えている植物は違います。環境条件に合わせて棲み分けているのです。また動物どうしでも、熊・鹿・猿など、お互いが競争・共存して棲み分けています。

これは人間社会でも同じことで、当時のシカゴ社会では、母国の異なるさまざまな移民集団が競争・共存関係を続けていました。さらにその関係は固定したものではなく、解体・再編が続いていました。これに注目したのが人間生態学なのです。パークは人間生態学の立場から、以下の二分法を論じました。

コミュニティ (community)	・**無意識的な競争の結果として形成される共生的秩序** ・コミュニティといって普通に思い浮かべるのは人間の共同体だが、この言葉は人間社会のみを領域とするものではない ・植物生態学では「群落」、動物生態学では「生物群集」と訳され、いずれも植物や動物が形成する共生的秩序を指す言葉である ・人間生態学でもコミュニティは人間社会特有のものとはしていない
ソサエティ (society)	・**コミュニケーションと合意によって意識的に作り出される道徳的秩序** ・こちらは人間社会独自のもの

⑵ 都市構造論

都市構造論では、**人間生態学に基づき都市の自然的かつ社会的な秩序に注目しました**。

① 同心円地帯モデル

シカゴ学派のE.W.**バージェス**（1886～1966）は、社会地図を分析する中で、**同心円状に土地利用形態が変わる**ことを発見しました。このような都市構造の捉え方が**同心円地帯モデル**です。

Ⅰ　中心業務地区 (CBD)	・**経済・文化・政治活動が集中する地域** ・大都市の中心には官公庁、企業の本社、デパート、大型書店などが建ち並ぶ ・地価が高いために基本的には人は住んでいない
Ⅱ　遷移地帯 (推移地帯)	・**都市に流入してきた移民が最初に居住する地域**であり、盛り場、スラムと呼ばれる地域（「どん底社会」） ・人々は工場や商店の空き地などを占拠する ・そしてビジネス街の真ん中ではなく少し離れたところに職住近接の飲食店街ができる
Ⅲ　労働者住宅地帯	・**通勤に便利な低質住宅地**であり、移民２世が居住する ・移民したてのころは余裕がないため、どんな形であれ住めればよかったのだが、世代が移りその子どもたちが主役になるとそれなりに金銭的余裕も生まれ、住居の質を上げることを考えるようになる ・そこで遷移地帯から労働者住宅地帯へ住居を移す
Ⅳ　中流階級居住地帯 (住宅地帯)	・**広い土地や豊かな緑がある環境良好な住宅地** ・高級マンションや一戸建てが並ぶ1)
Ⅴ　通勤者居住地帯	・**中心業務地区から30～60分の範囲内** ・田園風景が広がりバンガロー2)が建ち並ぶ

バージェスは都市の拡大・分化の過程を、与えられた環境に適応しようとする個人や集団の間で生じる競争と淘汰の結果と捉えました。また、こうした都市の人間生態学的構造は不変ではなく、解体と再編を通じて新陳代謝を繰り返すとしました。

1）「中流」という言葉と高級マンションや一戸建てを不似合いに感じるかもしれませんが、欧米の伝統では「上流」は貴族などの生まれつきの身分を持つ人に与えられる称号であり、政治家、医者、弁護士、会社役員などは上層中間階級（upper middle class）と呼ばれます。「中流」は上下の幅が広い概念であり、かなりのほめ言葉として使われることもあります。
2）「バンガロー」は、日本では簡素な山小屋を指しますが、本来はベランダ付の木造平屋家屋（それなりに立派な邸宅）を意味します。

②　扇形（セクター）モデル

不動産コンサルタント会社を経営していた**H. ホイト**（1896～1984）は、シカゴだけでなく多数のアメリカの都市を分析し、都市における最高家賃の**高級住宅地区は、空間的には同心円というよりも、鉄道路線沿いに一定の方向に扇形に展開する**と主張しました。

このように同心円地帯モデルを批判的に発展させた捉え方が**扇形モデル**です。

③　多核心モデル

C. ハリス（1914～2003）、**E. ウルマン**（1912～76）によれば、**都市の核心は一つだけではありません**。大都市においては、**中心業務地区の他に複数の核心が発達**し、それらの核心の周りに特有の機能を担う地域が形成されます。このように都市を捉えるのが**多核心モデル**です。

ヒント

次のように対比して覚えておきましょう。

同心円地帯モデル	：中心は一つで、そこから同心円状に利用形態が変わる
扇形モデル	：中心は一つで、そこから扇形に利用形態が変わる
多核心モデル	：中心は複数で、利用形態はさまざまなパターンで広がる

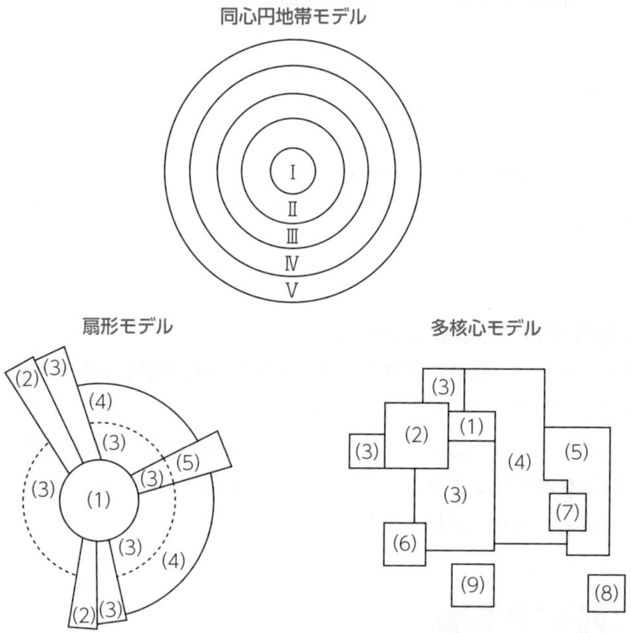

(1) 中心業務地区、 (2) 遷移地帯（卸売・軽工業）、 (3) 低級住宅地区、 (4) 中級住宅地区、
(5) 高級住宅地区、 (6) 重工業地区、 (7) 副都心、 (8) 郊外住宅地区、 (9) 近郊工業

(3) 生活様式論

シカゴ学派の**L. ワース**（1897～1952）は、①**人口集合体の大きさ**、②**人口密度の高さ**、③**住民の高い異質性**を**都市の特性**と捉えて、この**3要素が高まることによってアーバニズム**（都市的生活様式）**が形成される**としました。彼は、アーバニズムを**人間生態学・社会組織・社会心理学の三つの側面**から分析し、①棲み分け、土地利用形態の分化、②家族・親族など伝統的な社会集団の絆の弱体化、③無関心・孤独・不安、などをそれぞれの特徴として挙げました。

全体として、**第一次的接触**（親族・地域集団といった第一次集団の対面的関係）**が衰退し、第二次的接触**（非人格的・皮相的・一時的・間接的な関係）**が増加し、それによりアノミー**（犯罪・精神疾患・自殺など）**が増加する**という見方を採ります。

(4) 都市＝農村二分法と都市＝農村連続法

都市＝農村二分法	・**都市と農村を二つの対立的な地域社会として類型化する方法** ・**P.A.ソローキン**と**C.ジンマーマン**は、八つの指標を用いて都市と農村を対比した
都市＝農村連続法	・**都市と農村の特徴を連続的に捉える方法** ・アーバニズムが農村に浸透していく過程に注目する**ワース**や、**R.レッドフィールド**がこの立場

(5) 社会関係資本（social capital）

社会関係資本とは、**社会における信頼・互酬性等を基盤とした人々のネットワーク的なつながり総体**を指す概念です。**R.パットナム**（1941～　）は、**『哲学する民主主義』**においてこの概念を用いてイタリアの地方政府の業績水準を比較分析し、さらに**『孤独なボウリング』**では、アメリカの地域社会が抱える問題の背景に社会関係資本の衰退があると指摘しました。

確認してみよう

① G.ジンメルは、社会を人々の間の相互作用の過程としてとらえた上で、都市生活者は農村生活者同様、精神的に密着した人間関係を基盤とし、そこで作り上げられた固有の道徳的秩序を元に、相互に依存して生活していることを指摘した。国税2007

1 参照　×

ジンメルは、都市生活者は農村生活者と違って、精神的に希薄な人間関係を基盤としており、相対的に独立して生活していることを指摘しました。

② 都市に関する社会学的研究を本格的に始めたのは、いわゆるシカゴ学派の社会学者たちである。彼らはジンメルの理論的立場を継承しながら、都市を巡る実証的研究を展開した。その中心的人物であるR.E.パークは、都市化とともに犯罪・失業・貧困などの社会病理現象が減少することを解明した。国般2000

1 参照　×

パークは、都市化とともに社会病理現象が増加することを解明しました。

3 E.W.バージェスは、都市では従来抑えられてきた人間の性質が開花するとして、都市における歓楽街や暗黒街など、周囲とは異なる道徳が支配する地域を「道徳地域」として注目し、都市は人間的性質の「社会的実験室」であると説いた。国般2006

1 参照 ×

都市を「社会的実験室」と見立てて研究したのは、R.パークです。

4 R.パークは、彼の人間生態学において、都市における競争的相互依存関係をソサエティとし、コミュニケーションと合意に基づく道徳的秩序をコミュニティとした。国般2005

1 (1) 参照 ×

「ソサエティ」と「コミュニティ」が逆になっています。なお、同じ「コミュニティ」でもマッキーヴァーの類型とは全く別物である点に注意しましょう。

5 L.ワースは、五重の同心円が拡大する過程として都市の成長を描く同心円地帯理論を提唱し、都心を取り巻く「推移地帯」は、移民や貧困層、犯罪者などが集まる地域であり、犯罪、非行など、都市問題の集積地であると論じた。国般2006

1 (2) 参照 ×

これはE.W.バージェスに関する記述です。「同心円地帯理論」というキーワードで判別できます。

6 E.W.バージェスはパークと共に、シカゴ学派の中心的人物と目されている。彼は、都心から郊外へと拡大する五つの同心円地帯で、都市の構造をモデル化した。そこでは、都心の近辺にホワイトカラーの住宅地があり、それよりも郊外にスラムやブルーカラーの住宅地があるものと位置付けられている。国般2000

1 (2) 参照 ×

都心の近辺にスラムがあり、郊外にホワイトカラーの住宅地があります。真ん中にあるのは「中心業務地区」であり、そのすぐ外側の「遷移地帯」にスラムが形成され、その外側の「労働者住宅地帯」にブルーカラーが住み、さらに外側の「中流階級居住地帯」と「通勤者居住地帯」にホワイトカラーが住みます。

⑦ L.ワースは、規模が大きく、密度が高く、社会的異質性が高い集落を都市、都市に成立する生活様式をコミュニティと呼び、都市におけるコミュニティの形成を論じた。国般2005

1 (3) 参照 ×

L.ワースは、都市に成立する生活様式を「アーバニズム」と呼びました。

⑧ L.ワースは、アーバニズムについて論じ、都市を特徴づける人口規模、密度、社会的異質性という三つの要素が、都会人の意識やパーソナリティにもたらすものとして、主体性の喪失、無関心、孤独感、焦燥、相違に対する寛容的態度などを指摘した。国般2007

1 (3) 参照 ○

ワースもドイツに留学してジンメルの講義を聴いており、ジンメルの議論を発展させてアーバニズム論を展開しました。

⑨ L.ワースは、都市で生み出された生活様式は都市に特有のものであり、農村に普及していくことはないとして、都市と農村との連続性を否定した。都Ⅰ2008

1 (4) 参照 ×

ワースは、都市と農村の連続性を強調しています。アーバニズム論では都市的なものの特徴を強調するものの、これは都市化という社会変動が農村に浸透し、前近代的な生活様式がダイナミックに変容する連続的な過程を明らかにしようとする概念であり、むしろ都市＝農村連続説に立っています。

2 日本の都市・農村社会学

(1) 鈴木榮太郎

日本の社会学者**鈴木榮太郎**（1894 ～ 1966）は、日本の農村と都市を主な研究対象としました。

① 農村社会学

鈴木は、農村の実証調査を行う中で、行政区分上の村（行政村）に対置される自然村という概念を提起しました。

行政村	・**制度上の村**＝行政区分 ・明治の町村合併で、村の範囲は自然村より広くなった
自然村	・**意識上・慣例上のムラ** ・村の精神（生活の営みの行動原理）に支えられている

② 都市社会学

鈴木によれば、都市においては**社会的交流の結節となる機関**（＝結節機関）で物や技術や知識が交流・交換されます。具体的には、商店、警察、官公庁、工場、寺院、駅、学校、娯楽施設などが結節機関に該当します。

都市と農村は結節機関の量の違いで区別されます。

(2) 有賀喜左衛門

日本の社会学者**有賀喜左衛門**（1897 ～ 1979）は、日本社会の本質は**家連合**にあると考えました。家連合とは**イエ**（家族）**を単位とする相互補完的なネットワーク**です。家の連合の仕方には次の二つのパターンがあります。

同族型	・本家と分家に代表される縦の結合 ・厳しい身分的上下関係がある
講組型	・宗教（伊勢講）・経済（無尽講）など、目的別に結成された横の結合

補足

ここで「講」とは、宗教上・経済上などの目的で集まった人々が結んだ社会集団のことです。宗教上のものでは伊勢講（伊勢神宮へのお参りが目的）などがあり、経済上のものでは無尽講（相互扶助的な金融方式）などがあります。これは、西南日本の先進地域に顕著に見られ、東北日本では過小農経営と地主・小作関係とに規定されて同族型がより残存したとしています。

⑶ 福武直

日本の社会学者福武直（ふくたけただし）（1917～89）は農村調査に基づき、**自然条件が厳しい東日本に同族型が多く、温暖な西日本には講組型が多い**と指摘しました（生産力の格差）。

確認してみよう

① 福武直は、日本の村落構造について同族型村落と講組型村落という二つの類型を提示した。前者は西南日本に典型的に見られるもので、本家－分家という家々の階層的秩序が村落社会を支配する場合である。後者は東北日本に典型的に見られるもので、同等の家々によって村落社会が構成される場合をいう。国般1999

2 ⑶ 参照 ×

同族型村落は東北日本、講組型村落は西南日本に典型的に見られます。福武直は東北日本の例として山形県、西南日本の例として岡山県を調査して、対応関係を実証しました。

過去問にチャレンジ

問題1 ★

「バージェスの同心円地帯理論」、「ホイトの扇形理論」又は「ハリスとウルマンの多核心理論」に関する記述として、妥当なのはどれか。

区Ⅰ2006

❶ バージェスは、同心円地帯理論で、都市は、五つの同心円で構成されるとし、中心業務地区を核として、遷移地帯、労働者住宅地帯、中産階級住宅地帯、通勤者地帯が広がるとした。

❷ ホイトは、扇形理論で、都市は、中心業務地区や小売業地区などの複数の核から交通路線に沿って住宅地が扇形に展開し、その周辺に重工業地区が港湾や道路などの立地条件に制約されて形成されるとした。

❸ ハリスとウルマンは、多核心理論で、中心業務地区を都市の中心の核と捉え、住宅地区、重工業地区、小売業地区などの核がそれを取り巻くように存在し、相互に結合しているとした。

❹ ホイトの扇形理論やハリスとウルマンの多核心理論を都市の発展に即して修正したものが、バージェスの同心円地帯理論であり、都市化の新しい形態を反映したものである。

❺ バージェスの同心円地帯理論、ホイトの扇形理論、ハリスとウルマンの多核心理論は、都市における人間の空間的分布について、生態学的概念を用いることなく、経済学や文化的要因により体系的に研究したものである。

【解答・解説】

正解 ❶

三つの都市構造論の特徴の理解を試す良問です。

❶ ○　五つの地帯の名称と順番は適切に覚えておきましょう。

❷ ×　「複数の核から」という箇所が誤りです。扇形モデル（理論）では、中心は一つです。

❸ ×　「中心業務地区を都市の中心の核と捉え、住宅地区、重工業地区、小売業地区などの核がそれを取り巻くように存在し」という箇所が誤りです。これでは同心円地帯モデル（理論）と変わらなくなってしまいます。多核心モデル（理論）では、住宅地区・重工業地区・小売業地区などをそれぞれ独自の中心地（核）と捉えます（＝多核心）。

❹ ×　時代順が誤りです。同心円地帯モデルが最初で、それを批判的に発展させたものとして扇形モデルや多核心モデルがあります。

❺ ×　「生態学的概念を用いることなく」という箇所が誤りです。E.W.バージェスが属するシカゴ学派は人間生態学の手法を用います。

問題2 ★

都市社会学におけるホイトの理論に関する記述として、妥当なのはどれか。

区Ⅰ2020

❶ ホイトは、都市の拡大過程における空間構造を５重の同心円でモデル化し、このモデルは、都市の中心である中心業務地区から郊外へと放射状に拡大していくとした。

❷ ホイトは、地代に着目して都市空間の構造を研究した結果、都市の成長につれて、特定のタイプの地域が鉄道などの交通網に沿って、扇状に拡大していくとした。

❸ ホイトには、「都市の成長」の論文があり、シカゴの成長過程とは、都市問題が集中しているインナーシティに流入した移民が都市の外側に向かって移動していき、この過程で都市も空間的に拡大するとした。

❹ ホイトは、都市の土地利用パターンは単一の中心の周囲ではなく、複数の核の周囲に構築されるとし、都市が成立した当初から複数の核が存在する場合と、都市の成長と移動に伴って核が生み出される場合があるとした。

❺ ホイトには、「The Nature of Cities」の論文があり、人間生態学の立場から、都市に広がる連続的な地帯は、内側の地帯が、次にくる外側の地帯への侵入によって拡大する傾向を表しており、植物生態学でいう遷移と呼べるとした。

【解答・解説】

正解 ❷

三つの都市構造論を総覧できる問題です。

❶ ×　これは、E.W.バージェスの「同心円地帯モデル」に関する記述です。「5重の同心円」で判別できます。

❷ ○　不動産コンサルタント会社を経営していたH.ホイトは、シカゴだけでなく多数のアメリカの都市の地価を比較し、「扇形（セクター）モデル」を提唱しました。

❸ ×　これもバージェスの「同心円地帯モデル」に関する記述です。バージェスは1925年に発表した論文「都市の成長」で、この議論を展開しました。

❹ ×　これは、C.ハリスとE.ウルマンの「多核心モデル」に関する記述です。「複数の核心」で判別できます。ホイトの「扇形モデル」とバージェスの「同心円地帯モデル」は、都市の核心を単一とするモデルです。

❺ ×　「The Nature of Cities」は、ハリスとウルマンが「多核心モデル」を提唱した論文であす。また、「人間生態学の」以降の記述は、バージェスの同心円地帯モデルに関する記述です。

問題3 ★ **ワースのアーバニズムの理論に関する記述として、妥当なのはどれか。**

区Ⅰ2009

❶ ワースは、都市とは、当該時代の当該社会において相対的に人口量が多く、人口密度が相対的に高く、社会的な異質性の高い集落であるとした。

❷ ワースは、都市と農村は職業、環境、地域社会の大きさ、人口密度など対照的な特質をもつ別個の不連続な社会であるとする都市・農村二分法を提示した。

❸ ワースのアーバニズムは、構造的に生態学、社会構造論、社会心理学、都市社会学及び農村社会学の５つの層から成り立っている。

❹ ワースは、都市化によって自発的集団は減少するものの、多機能集団の役割が増加し、社会的連帯の伝統的基盤は強化されるとした。

❺ ワースは、都市の土地利用形態は中心業務地区から、遷移地帯、中流階級居住地帯、通勤者居住地帯と同心円状に拡がるとした。

【解答・解説】 正解 ❶

基本的な特徴の理解を試す易問です。

❶ ○ L.ワースは、「人口量の多さ」、「人口密度の高さ」、「社会的な異質性の高さ」の３点を都市の特徴としました。

❷ × 都市=農村二分法を提示した代表的な論者は、P.A.ソローキンとC.ジンマーマンです。それに対して、ワースのアーバニズムの理論は、都市化という社会変動が農村に浸透し前近代的な生活様式がダイナミックに変容する過程を明らかにしようとする点で都市と農村の関係を連続的に捉えるものであり、都市=農村連続法の先駆けとなりました。

❸ × ワースは、アーバニズムを、**人間生態学・社会組織・社会心理学の三つ**の側面から分析しました。

❹ × ワースは、都市化によって、社会的連帯の伝統的基盤は**弱体化**するとしました。

❺ × 都市の土地利用形態は同心円状に拡がるという同心円地帯モデルを唱えたのは、同じシカゴ学派のE.W.バージェスです。

問題4 ワースのアーバニズム論に関する記述として、妥当なのはどれか。

★

区Ⅰ2012

❶ ワースは、都市の生活様式は都市固有のものであるとし、都市と農村の性格や特徴を対比的に捉える都市・農村二分法によるアーバニズム論を提示した。

❷ ワースは、アーバニズムは、社会心理的側面ではなく、社会構造的側面から捉えられるべきであるとした。

❸ ワースは、都市を、社会的に異質な諸個人の、相対的に大きい、密度のある、永続的な集落と定義し、都市に特徴的な生活様式をアーバニズムと呼んだ。

❹ ワースは、アーバニズム論において、都市における皮相的な第二次的接触の優位を否定し、親密な第一次的接触の存続を強調した。

❺ ワースは、多様な人々が都市に集まることによって、新しいネットワークの形成が可能となり、そこから非通念的な下位文化が生み出されるとした。

【解答・解説】

正解 ❸

これも、基本的な特徴の理解を試す易問です。

❶ ×　P.A.ソローキンやC.ジンマーマンが提唱していた都市=農村二分法とは異なり、L.ワースは、都市の生活様式であるアーバニズムは都市から農村へ連続的に拡大していくものと捉えていて、その主張は都市=農村連続法に位置づけられています。

❷ ×　ワースは、アーバニズムを人間生態学・社会組織・社会心理学の三つの側面から捉えられるべきであるとしています。

❸ ○　ワースは、人口規模・人口密度・異質性の増大により、アーバニズムが広がると考えました。

❹ ×　ワースは、都市において、第一次的関係（親族・地域集団といった第一次集団の対面的関係）が衰退し、第二次的関係（非人格的・皮相的・一時的・間接的・功利的・ステレオタイプ的な関係）が増加すると考えました。

❺ ×　「アーバニズムの下位文化理論」を提起したのはC.フィッシャーです。フィッシャーは、都市が社会生活に与える独自の影響として、人口の集中がもたらす多様な下位文化の生成を挙げました。ただし、この選択肢は、公務員試験としてはかなりマイナーな内容です。

問題5 地域社会論に関する記述として、妥当なのはどれか。

★★

都Ⅰ2003

❶ マッキーヴァーは、地域社会の研究にアソシエーションという概念を提唱して、これを地域性と共同性によって規定し、包括的かつ自生的な集団であるとした。

❷ ソローキンとジンマーマンは、地域社会を都市と農村という2つの類型に分けて考察する都市・農村二分法を批判し、都市と農村は連続しているという認識にたって、都市・農村連続法を提唱した。

❸ 鈴木栄太郎は、地域社会には、商店、官公庁、寺社といった、社会的交流の結節となる機関があるとし、その存在形態により都市と村落とを区別し、都市を序列化した。

❹ 有賀喜左衛門は、都市社会学者として知られ、わが国の産業革命期における都市社会を調査して、統合機関がおかれているものが都市であるとした。

❺ 福武直による日本農村の村落類型では、講組型村落は、本家と分家に代表される縦の結合関係をもち、西南日本に多く、同族型村落は、対等な各家の横の結合関係をもち、東北日本に多く見られる。

【解答・解説】

正解 ❸

頻度は低いですが、公務員試験でも日本の農村社会学や都市社会学が出題されることがあります。キーワードとその特徴を確認しておきましょう。

❶ ×　これは、「アソシエーション」ではなく「コミュニティ」に関する記述です。詳しくは第4章第1節を参照してください。

❷ ×　P.A.ソローキンとC.ジンマーマンは、都市＝農村二分法を**提唱した側**です。彼らは、人口密度・人口の異質性・職業構成・社会的分化の程度など八つの指標を用いて農村と都市とを対比しました。

❸ ○　鈴木によると、社会的交流の結節となる機関（＝結節機関）において、物や技術や知識が交流・交換されます。その形態としては、前近代から存在する商品流布・国民治安・国民統治・技術的文化流布・国民信仰の５種の機関と、近代以降の交通・通信・教育・娯楽の４種の機関があるとしています。そして、彼は結節機関の存在の多寡により、地域の都市性を、農村市街地・田舎町・地方都市・小都市・中都市・大都市・首都というように類型化しました。

❹ ×　有賀喜左衛門は、**農村社会学者**として知られていています。彼は伝統的家族の実証研究を進めて、家を基礎単位とする相互依存的な生活共同関係である**家連合**という概念を生み出しました。また、統合機関説を唱えたのは矢崎武夫（やざきたけお）（1916～2005）です。ただし、試験対策としては矢崎の名を覚える必要はありません。

❺ ×　「本家と分家に代表される縦の結合関係」と「対等な各家の横の結合関係」が逆になっています。福武によれば、日本の農村では、封建末期までは同族型村落が一般的でしたが、明治以降の地主の寄生化や地方行政機構の整備、国民教育の普及などの影響により、同族結合が解体し講組結合がより優位になっていきました。

問題6 都市の社会学に関する次の記述のうち、妥当なのはどれか。

★

財務2015

❶ R.E.パークは、変動期にある大都市ニューヨークを社会的実験室として、他の都市から人々が流入することを制限し、都市問題や地域問題が発生するか否かを観察するなど、都市社会学の先駆的実践を行った。

❷ E.W.バージェスは、都市は中心業務地区から放射状に発展し、いくつかの地帯に分けられ、都市の成長と共にそれぞれの地帯が外の地帯に侵入・遷移していくという同心円地帯理論を示した。

❸ C.D.ハリスとE.L.ウルマンは、米国の都市における商業地域の分布状況について調査し、商業地域は水路を中心とした交通網に沿って、扇状に広がっていくことを明らかにし、扇形理論を提唱した。

❹ H.ホイトは、多くの都市は、単一の核を中心として作られていくのではなく、いくつかの核を中心として作られていき、都市の規模が一定を超えると、いくつかある核は次第に集約されていくという多核心理論を提唱した。

❺ L.ワースは、大都市における高所得者層が居住する地域に特有の生活様式をアーバニズムと名付け、その特徴として、居住している住民の同質性や連帯感の強さ、人口密度の低さなどを挙げた。

【解答・解説】

正解 ❷

正解肢が明確なので一本釣りできるでしょう。

❶ ×　R.パークは、20世紀前半の**シカゴ**を念頭に置いて「社会的実験室としての都市」と呼びました。また、「他の都市から人々が流入することを制限」などしていません。そうではなく、大都市が成立していくありのままの過程そのものが、いわば「社会的実験」ということになります。

❷ ○　E.W.バージェスの同心円地帯モデル（理論）についての簡潔な説明となっています。

❸ ×　扇形モデル（理論）を提唱したのはH.ホイトです。また、扇形モデルは商業地域だけでなく工業地域や住宅地区等の分布状況も対象にするもので、鉄道路線や道路を中心とした交通網に沿って、扇状に広がっていくことを明らかにしました。

❹ ×　多核心モデル（理論）を提唱したのは、C.ハリスとE.ウルマンです。また、都市の規模が拡大すると、核の数・種類は増えていくとしています。

❺ ×　L.ワースのいうアーバニズムは、大都市にも高所得者層にも限定されることはなく、都市一般に見られるものです。また、アーバニズムが生じる要因として、人口規模・人口密度・異質性の増大を挙げています。そして、アーバニズムの特徴として、①棲み分け、土地利用形態の分化、職場と住居の分離、②家族・親族など伝統的な社会集団の絆の弱体化、③無関心・孤独・不安、などを挙げています。

問題7 **都市に関する次の記述のうち、最も妥当なのはどれか。**

★★

国般2008

❶ H.ホイトは、多くの都市の都市利用の型は、単一の中心の周辺に作られるものではなく、歴史的に発達したいくつかの核を中心として作られるとする扇形理論を唱え、都市の発展につれて大きい都市ほど核が大きくなると指摘した。

❷ L.ワースは、人口規模の大きさ、高密度、社会的同質性の高さを都市の特性としてとらえ、都市に典型的にみられる生活様式をアーバニズムと規定したが、その特徴として、地域的分化、職場と住居の接近、人口の停滞などを挙げた。

❸ E.W.バージェスは、同心円地帯理論を唱え、都市は中心業務地区から放射状に発展し、遷移地帯、労働者居住地帯、中流階級居住地帯、通勤者居住地帯と同心円をなし、棲み分けの構造をもっていることを論じた。

❹ インナーシティ問題とは、大都市の中心市街地における再開発事業により、人口の都心回帰など都市の再活性がもたらされる一方で、地価の高騰や周辺地域との経済格差の拡大など負の側面を併せもつことを指す。

❺ 都市のスプロール現象とは、都市中心市街地の人口が減少し郊外の人口が増加する人口移動現象を指す。我が国においては高度経済成長期からみられるようになり、特に東京、大阪、名古屋の三大都市圏において顕著である。

【解答・解説】

正解 ❸

❹・❺は地理学的な問題です。

❶ × H.ホイトの扇形理論では、多くの都市の都市利用の型は、**単一**の中心の周辺に作られると考えます。歴史的に発達した**いくつかの**核を中心として都市が作られると考えるのは、C.ハリスとE.ウルマンの多核心理論です。

❷ × L.ワースは、人口規模の大きさ、高密度、社会的**異質性**の高さを都市の特性として捉えました。またその特徴として、地域的分化、職場と住居の**分離**、人口の停滞などを挙げました。

❸ ○ 彼は、シカゴ市の社会地図を作製し、この理論を導出しました。

❹ × **インナーシティ問題**とは、旧市街からの人口流出、公共施設の老朽化・機能不全、コミュニティの崩壊、人種・エスニック問題、高齢化など、都市中心部の**社会的荒廃**に関する問題です。つまり、中心市街地の再開発事業・都心回帰以前の段階の議論です。

❺ × ここで書かれているのは**ドーナツ化現象**に関する記述です。一方、**スプロール現象**とは、都市の過密化により居住環境の悪化・土地の高騰が起こり、生活環境が整わない**遠郊の土地まで虫食い的に宅地化が進められる現象**を指します。なお、スプロール（sprawl）とは、「不規則・無秩序に広がる」という意味です。

問題8　**都市に関する次の記述のうち、最も妥当なのはどれか。**

★★★

国般2011

❶ アンダークラスとは、都市において、年齢層、民族、出身地などに基づいて結成された固有の文化を発達させた集団層を指し、都市の流動性が高まるほど多く発生するとされている。

❷ ジェントリフィケーションとは、都市全体の公衆衛生の向上と景観の美化を推進することで、都市内における開発の不均衡を是正し、経済的格差を縮小させる戦略のことである。

❸ E.W.バージェスが提示した都市の同心円モデルでの遷移地帯とは、都市の中で都心へのアクセスがよく、全国的・国際的な移動をする上流階層が居住する地域をいう。

❹ R.E.パークは、人間生態学を提唱し、生物の生態学の概念を用いて、都市空間における人間集団間の競争的依存関係に焦点をあて、社会における秩序を分析した。

❺ M.カステルは、現代都市社会における住宅、交通、医療などの集合的消費に注目し、これらにかかる問題について、地域住民が市場や国家の活動に依存せず自ら解決を図るメカニズムを分析した。

【解答・解説】

正解 ❹

細かい内容が出題されてはいますが、正解肢は明らかですので解くことはできます。

❶ ×　これはエスニック・グループに関する記述です。一方、都市におけるアンダークラスとはアメリカで注目された概念であり、社会的に排除されたマイノリティの貧困層を指します。

❷ ×　「ジェントリフィケーション」（紳士化）とは、大都市中心市街地の再開発に伴う高級化のことであり、その結果として都市内における開発が不均衡になり、経済的格差が拡大する現象を指します。

補足

❸のE.W.バージェスが同心円地帯モデルを示した1920年代は、都心は生活環境が悪いこともあって貧困層が居住する地域となっており、中高所得層は郊外に住んでいました。しかし、近年は生活環境改善と再開発により、都心に居住する層が「高級化」する現象が見られています。

❸ ×　❷の解説で示したように、バージェスの時代は都心の生活環境が劣悪だったため、遷移地帯には貧困層が居住していました。

❹ ○　R.パークの人間生態学についての簡潔な説明となっています。

❺ ×　M.カステルは、シカゴ学派などの都市社会学が都市的生活様式を都市固有の要因で説明しようとしていたことを批判し、それは資本主義社会全体の一般的産物だとして、現代都市社会における集合的消費が、市場や国家の**介入**によって形成されるメカニズムを分析しました。

問題9 ★★

都市と地域社会に関する次の記述のうち、妥当なのはどれか。

国般2019

❶ M.ヴェーバーは、第二次世界大戦後の日本では、インドから伝来した仏教の禁欲思想や対等な人間関係に基づいて形成された古代中国の都市文明の遺産の影響で、西洋社会とは異なる独自の資本主義的発展が可能になったと主張した。

❷ E.W.バージェスは、都市の空間的発展を定式化した同心円地帯理論に基づき、中心業務地区と労働者居住地帯の間には移民を中心とした貧困層の生活する遷移地帯が形成され、さらに、それらの外部には中流階級居住地帯、通勤者地帯が広がるとした。

❸ M.カステルは、グローバル化の観点から都市の比較研究を行い、世界規模で展開する企業の中枢管理部門やそれらを対象とする法律・会計、情報、清掃・管理などの各種サービス業が集積する都市を世界都市と名付け、東京をその一つとした。

❹ C.S.フィッシャーは、大きな人口規模、高い人口密度と異質性を都市の特徴とし、そこで形成される生活様式をアーバニズムと名付け、人間関係においては、親密な第一次的接触に対して、表面的で非人格的な第二次的接触が優位を占めるとした。

❺ S.サッセンによれば、急激な都市化が進むことにより、個人的消費に対して、政府や自治体が提供する公共財（公園、上下水道、公営住宅、病院、学校などの生活基盤）の集合的消費が都市生活の中心となり、公共財の拡充を求める都市社会運動も多発するとした。

【解答・解説】

正解 ❷

これも細かい内容が出題されてはいますが、正解肢は明らかですので解くことはできます。

❶ ×　1920年に亡くなっているM.ウェーバー（ヴェーバー）は、第二次世界大戦後の日本を論じられません。またウェーバーは、普遍妥当的な意味での近代資本主義は西洋社会のみで発達しており、アジアでは成立していないとしています。

❷ ○　E.W.バージェスは、都市の中心に「中心業務地区」が成立し、そこから外側に向かって同心円状に「遷移地帯」→「労働者居住地帯」→「中流階級居住地帯」→「通勤者地帯」が成立するとしました。

❸ ×　これはS.サッセンが提唱した議論です。サッセンによれば、ニューヨーク・ロンドン・東京などのグローバルシティ（世界都市）において、法務や金融、コンサルタントなどの高賃金の専門技術職と並び、ビル清掃や警備などの大量の低賃金職種が生み出されており、これはグローバル化による国際的な分極化のメカニズムと国際移動の結果であるとしました。

❹ ×　これは、L.ワースが提唱した議論です。それに対してC.フィッシャーは、都市における第一次的接触の衰退を主張するワースのアーバニズム論を批判して、都市では新しいネットワークが生じて多様な下位文化が形成され、第一次的接触が存続するという「アーバニズムの下位文化論」を提唱しました。

❺ ×　これは、M.カステルが提唱した議論です。カステルは、マルクス主義の影響を受けつつ、シカゴ学派の都市社会学を批判し、新都市社会学の代表格となった人物です。

問題10 ★★ **コミュニティや社会関係に関する次の記述のうち、妥当なのはどれか。**

国般2018

❶ 柳田国男は、『日本農村社会学原理』において、行政区画として設定された行政村とは異なる自然発生的な村落を自然村と呼んだ。彼は、自然村は集団や社会関係の累積体であり、法よりも「村の精神」に支配されるため、社会的統一性や自律性を欠く傾向があるとした。

❷ 福武直は、「家」によって構成される村落において、本家である地主と分家である小作が水平的に結び付いた村落を同族型村落と呼び、村組や講に基づいて家が垂直的に結び付いた村落を講組型村落と呼んだ。彼は、前者は西南日本に多く、後者は東北日本に多く見られるとした。

❸ 中根千枝は、社会集団の構成要因として、「資格」と「場」を挙げ、日本の社会集団は「場」よりも「資格」を重要視するとした。彼女は、日本社会は、同じ「資格」を持つ人々で構成する「タテ社会」から、異なる「資格」を持つ人々で構成する「ヨコ社会」へ移行しつつあるとした。

❹ R.M.マッキーヴァーは、アソシエーションとは、特定の関心に基づいて形成されるコミュニティを生み出す母体であるとした。そして、彼は、コミュニティは常にアソシエーションよりも部分的であり、アソシエーションは常にコミュニティよりも包括的かつ全体的であると考えた。

❺ R.パットナムは、『哲学する民主主義』において、社会関係資本（ソーシャル・キャピタル）を、「調整された諸活動を活発にすることによって社会の効率性を改善できる、信頼、規範、ネットワークといった社会組織の特徴」と定義した。

【解答・解説】

正解 ❺

これまで学んだ知識を確認できる良問です。

❶ ×　『日本農村社会学原理』において、行政村と自然村を対置して論じたのは、鈴木榮太郎です。また彼は、自然村では、構成員の生活に根ざした規範的行動原理である「村の精神」が共有されていることから、社会的統一性・自律性を持っていると主張しました。

❷ ×　福武直は、本家である地主と分家である小作が**垂直的**に結びついた村落を同族型村落と呼び、村組や講に基づいて家が**水平的**に結びついた村落を講組型村落と呼びました。また彼は、前者は**東北**日本に多く後者は**西南**日本に多く見られるとしました。

❸ ×　中根千枝は、日本の社会集団は「資格」よりも「場」を重視するとして、日本社会は同じ「**場**」に所属する人々で構成される「タテ社会」だとしました。

❹ ×　「アソシエーション」と「コミュニティ」が逆になっています。R.M.マッキーヴァーは、**コミュニティ**とは、特定の関心に基づいて形成される**アソシエーション**を生み出す母体であるとしました。そして彼は、**アソシエーション**は常に**コミュニティ**よりも部分的であり、**コミュニティ**は常に**アソシエーション**よりも包括的かつ全体的であると考えました。

❺ ○　さらにR.パットナムは『孤独なボウリング』において、アメリカで社会関係資本が衰退していることに警鐘を鳴らしました。

第6章

家族とジェンダーの社会学

家族社会学

フェミニズムとジェンダー

1 家族社会学

学習のポイント

・家族の分類・機能・歴史のいずれについてもまんべんなく出題される重要な単元です。
・特に、マードックの核家族普遍説と核家族の４機能説は最頻出ですので、詳しく把握しておきましょう。

1 家族の分類

(1) 家族進化説

アメリカの文化人類学者**L. モーガン**（1818～81）は、アメリカ先住民の婚姻習慣をヒントに、家族は**最初の乱婚**（複雄複雌の配偶システム）**から15の形態**（一夫多妻制、一妻多夫制など）**を経て最終的に一夫一婦へと進化した**と主張しました。

(2) 核家族普遍説

モーガン以降の人類学者たちは、本当に乱婚制の社会があるのか検証しましたが、完全な乱婚制・原始共産制の社会はどこにもありませんでした。

これに対してアメリカの人類学者**G. マードック**（1897～1985）は『社会構造』（1949）の中で、世界250余りの社会に関する資料をもとに、たとえ**複雑に見える形態の家族であっても、その基本的な単位は夫婦と未婚の子からなる核家族である**と主張しました。そして最小の親族集団であり社会の核となる単位としての**核家族は、時代・地域を問わず、それ自体として単独に、またはより大きな複合的な家族の構成単位として常に普遍的に存在している**としました。この説を**核家族普遍説**といいます。

基本単位としての核家族の組合せから、さらに２種類の形態の家族が生じます。

拡大家族	・**既婚者の核家族がその親たちの核家族と結びつき、集団内に複数の核家族を持ったもの** ・**縦**に結合した家族形態
複婚家族	・**一夫多妻や一妻多夫のように、１人の男性ないし女性を中心に複数の婚姻が結びつくことで集団内に複数の核家族を持ったもの** ・**横**に結合した家族形態

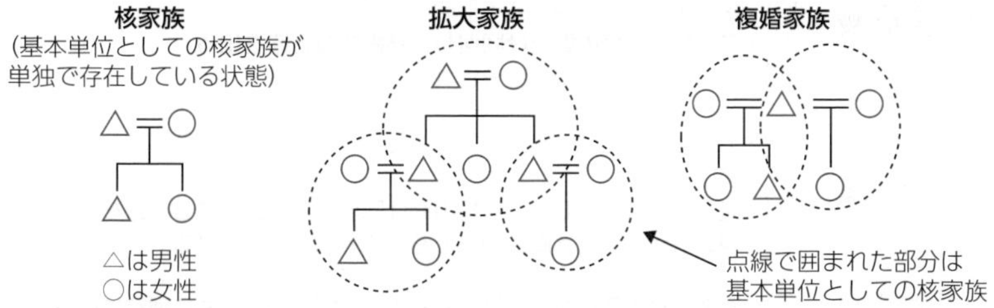

(3) 修正拡大家族

マードックの家族形態論は、**同居の有無**を指標にしています。T.パーソンズは、職業的・地理的移動が多い近代産業社会では拡大家族は機能的に不適合であるために解体し、孤立的な核家族に変化してきていると主張しました。

これに対し、アメリカの社会学者**E.リトワク**（1925～　）は、**物理的に同居していなくても同居に近い経済的・心理的関係を結んでいる家族**の存在を指摘し、そのような家族を**修正拡大家族**（変形拡張家族）と呼びました。

(4) 父権制（男権制）／母権制（女権制）

その集団の権力を掌握しているのが男性か／女性かという基準による分類です。

父権制（男権制）	・男性が権力を掌握している
母権制（女権制）	・女性が権力を掌握している

(5) 父系制（男系制）／母系制（女系制）

家族の系譜を男性に基づいて捉えるか／女性に基づいて捉えるかによる分類です。

父系制（男系制）	・家族の系譜を男性に基づいて捉える
母系制（女系制）	・家族の系譜を女性に基づいて捉える

(6) 家族構成による分類

家族を構成する成員による分類です。

夫婦家族	・夫婦もしくは夫婦と未婚の子からなる家族 ・核家族が単独で存在する形態 **・子どもは未婚の間だけ同居し、結婚すると家を出る** **・親の財産は子に均等配分される**
直系家族	・男系（祖父－父－息子）、女系（祖母－母－娘）の縦の系譜で同居している家族 **・直系以外の子どもは、未婚の間は同居するが結婚すると家を出る** **・親の財産や地位は直系の子どもに優先的に継承される**
複合家族	**・直系以外の子どもが結婚しても生家で同居し、ともに家業に従事する**

(7) 所属家族の分類

アメリカの人類学者・社会学者**W.L.ウォーナー**（1898～1970）によるもので、ライフステージによる区分です。一生の間に２種類の家族に所属します。また、一つの家族が定位家族・生殖家族の両方の性質を併せ持つことがあり得ます。

定位（養育）家族	**・自分が子として所属する家族**
生殖（創設）家族	**・自分が配偶者とともに形成する家族**

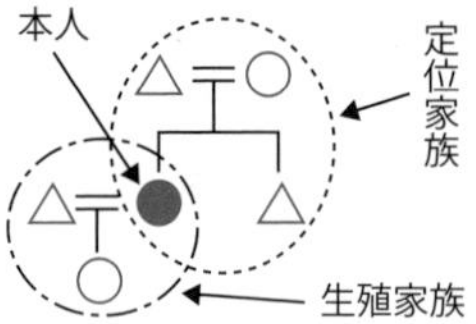

確認してみよう

① モーガンは、家族の形態を核家族、複婚家族及び拡大家族の三つに分け、核家族は世界中のすべての家族に含まれている普遍的な中核であるとした。
区Ⅰ 2003

1 (1)、(2) 参照 ✕

これはL.モーガンではなくG.マードックの主張内容です。

② G.P.マードックは、一組の夫婦と未婚の子どもとからなる家族である核家族は、性、生殖、経済、教育といった社会生活にとって基本的な機能を担うものであるとともに、近代西欧社会特有のものであると指摘した。国税2001

1 (2) 参照 ×

「近代西欧社会特有のものである」が誤りです。マードックによれば、核家族は時代・地域を問わず存在します。彼は「核家族普遍説」を唱えた人物であり、この「普遍」という言葉の意味からもわかります。

③ マリノフスキーは、現代産業社会においては、核家族を単位として拡大した親族関係網は単位核家族に支持的に機能し、このような核家族連合が、産業的・職業的体系に対して適合性をもつとする修正拡大家族論を主張した。区Ⅰ2009

1 (3) 参照 ×

これは、E.リトワクの修正拡大家族論に関する記述です。

④ 直系家族とは、他の集団から配偶者や養子を受け入れず、一族の中で婚姻と相続を繰り返すことによって血統の純粋性を保つ、明確に血統がわかるような親族構造をもつ家族形態を意味している。国般2010

1 (6) 参照 ×

直系家族とは、男系または女系の縦の系譜で同居している家族のことであり、他の集団からの受入れの有無は無関係です。

⑤ 生殖家族とは、核家族が含む二つの世代のうち子世代からみた家族で、親子関係が基本である。一方、定位家族とは、親世代からみた家族で、夫婦関係が基本であり、その形成には選択の契機が含まれる。国般2010

1 (7) 参照 ×

「生殖家族」と「定位家族」が逆になっています。

2 家族の機能・構造

(1) 家族機能縮小論

家族機能縮小論とは、かつての家族集団（大家族・イエ）は包括的な機能を持っていたが、近代化に伴ってその多くを家族外部の機関が代わりに担うようになり、**家族のふれあいや愛情だけが家族独自の機能として残ったという主張**です。

① 7機能→1機能

W.F.オグバーンによれば、近代工業が発展する前の家族は、経済機能・教育機能・保護機能・地位付与機能・宗教機能・娯楽（レクリエーション）機能・愛情機能の7機能を担っていました。

ところが近代化・工業化の進展に伴い、ほとんどの機能は家族の中で衰退するか、社会の中の専門機関や制度に吸収されつつあり、唯一、**愛情機能だけが家族内に残っている**としました。

② 4機能説

G.マードックは家族の機能を次の4種類であると提起しました。

性	・夫婦間の性的欲求の充足と規制
経済	・共在共食、性に基づく分業 ・生産（農家・商家）・消費を行う
生殖	・子どもを産む ・性的な共在により出産に至る ・母子関係の絆が深まる
教育	・子どもを世話して一次的社会化をする ・父子関係の絆も深まる

補足

前項に示したとおり、マードックは核家族を普遍的な家族の形態としていましたが、核家族が拡大家族、複婚家族の構成要素として存在している場合でも、これら4機能を有するものであるとしました。

③　２機能説（現代の家族集団）

T.パーソンズは、家族の機能を次の２種類であると提起しました。

子どもの一次的社会化	・社会の基本的なルールや価値を子どもに伝達する
成人のパーソナリティの安定化	・夫婦の安らぎ

補足

マードックの４機能とパーソンズの２機能は、一部が次のように重なっています。

マードック	パーソンズ
性	成人のパーソナリティの安定化
経済	
生殖	
教育	子どもの一次的社会化

(2)　家族の基本構造

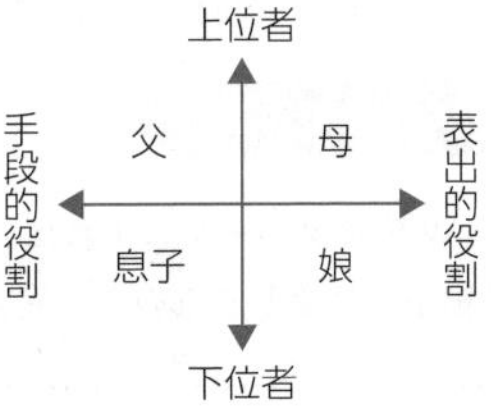

パーソンズは、家の外で職業に従事し家族を社会につなぐ**夫・父親**は**手段的役割**、家事に従事し家族集団内部の調整を図る**妻・母親**は**表出的役割**を固定的に担うという図式を提示しました。

「手段的」とは、**外部から資源や情報を導入し集団を環境に適応させる機能**、「表出的」とは、**集団内部の調整を図り緊張緩和を行う機能**です。

(3)　家族内の権威構造の規定要因

多くの近代家族では、父親が家長として権威を有していますが、父親を家族のリーダーたらしめている要因について研究がなされました。

① **規範説**

規範説は、**伝統的に家父長の権威が規範化されているから**とする立場です。

② **資源説**

資源説は、**父親が家族に資源**（お金等）**を運んでくるから**とする立場です。これは**R.ブラッド**と**D.ウルフ**の説で、図のように家族ごとに父母の権威に差があるとしました。

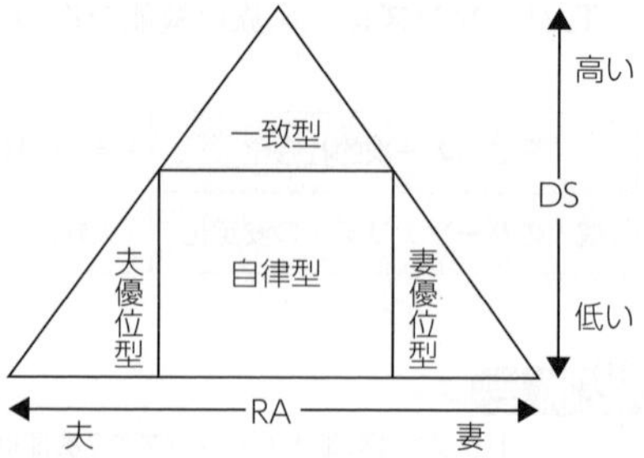

RA（Relative Authority＝夫婦間の相対的権威）
DS（Degree of Shared authority＝共有する権威の程度）
「夫が決定／妻が決定／同等に」のバランスによる。

確認してみよう

① W.F.オグバーンは、近代工業成立以前の家族は、経済、地位付与、教育、保護、宗教、娯楽、愛情という七つの機能を果たし、そのために影響力と威信とを持っていたが、産業化に伴い、これら家族の諸機能すべてが企業、学校、政府等の機関に吸収されて衰弱してきたと指摘した。国税2001

2 (1) 参照　×

W.F.オグバーンによれば、唯一、愛情だけは家族特有の機能として残りました。彼は機能の「縮小」は論じるものの、完全に消失するとまではしていません。

② マードックは、人類に普遍的な社会集団としての家族を「定位家族」とよび、定位家族の基本的機能として、性的、社会的、生殖的及び文化的機能の4種をあげた。都Ⅰ2004

1 (2)、2 (1) 参照　×

「定位家族」ではなく「核家族」です。また、G.マードックが挙げた家族機能は、性・経済・生殖・教育です。

③　G.マードックは、核家族は、拡大家族の構成要素としてではなく単独で存在している場合においてのみ、他の集団では遂行し得ない独自の四機能（性的、経済的、生殖的及び教育的機能）を統合的に遂行し得ると主張した。国税2007

2 (1) 参照　×

マードックは、核家族は、拡大家族や複婚家族の構成要素の場合でも、４機能を遂行し得るとしました。

④　ブラッドとウルフは、家族は、現代においてもその価値は衰退しておらず、子どもの第一次的社会化と成人のパーソナリティの安定化という不可欠な機能を果たしているとした。区Ⅰ2007

2 (1) 参照　×

これはT.パーソンズの主張内容です。

⑤　T.パーソンズは、家族における性別役割分業を重要視し、家族の経済的安定を図るなどの表出的役割は夫（父）が、家族の情緒的な安定を図るなどの手段的役割は妻（母）がそれぞれ担っているとした。国税2007

2 (2) 参照　×

「表出的役割」と「手段的役割」が逆です。

⑥　ブラッドとウルフは、現代社会における夫婦の勢力関係は、夫婦それぞれがもつ資源の質と量によってではなく、規範によって規定される制度化された勢力である権威によって規定されるとした。区Ⅰ2009

2 (3) 参照　×

ブラッドとウルフは、現代社会における夫婦の勢力関係は、夫婦それぞれが持つ資源の質と量によって規定されるという「資源説」を唱えた論者です。

3 家族の歴史的変化

(1) 制度から友愛へ

E.W.バージェス、**H.ロック**によれば、慣習・儀礼・法律などの制度に基づいて結合する制度家族から、愛情・理解・合意などの人格的関係に基づいて結合する友愛家族へと、家族は変質していきます。

制度家族	・家の都合で結婚が決まる（本家・分家関係、家柄） ・**封建的・前近代的・安定的**な結合
友愛家族	・男女の合意と愛情によって形成される ・**民主的・近代的・不安定**な結合

(2) 近代家族論

「近代家族」とは、子どもを中心として、親密性・情緒性という家族感情に支えられた核家族（友愛家族かつ核家族）です。家族史研究は、こうした家族のあり方が、**近代化とともに広がってきた比較的新しいもの**であるということを明らかにしました（ヨーロッパでも200年程度、日本では数十年の歴史しかありません）。

(3) 〈子ども〉の誕生

フランスの歴史家**P.アリエス**（1914～84）は、家族の中での〈子ども〉の位置づけに着目した分析を行いました。

前近代の家族における子どもは「**小さな大人**」であり、体が小さいだけで大人と同様です。家族の一員として生産活動に従事するのが当然とされていました。**近代の家族における子どもは大人とは違った独自の存在**です。子どもは「子どもらしさ」を持ち（子ども服、子ども向けの本）、庇護、愛情の対象とされます。

アリエスは、**中世には現在のような「子ども期」という観念はなく、それは近代化の過程で生み出されたものである**ことを示しました。

確認してみよう

① オグバーンは、家族の歴史的変遷を「制度から友愛へ」と表現し、制度としての家族では、その結合が規範や慣習などの社会的圧力によってなされるのに対し、友愛としての家族でのそれは相互の愛情に基礎をおくとした。区Ⅰ2009

3 (1) 参照 ×

これはE.W.バージェスとH.ロックの主張内容です。制度家族＝封建的、友愛家族＝民主的、という対比になっています。

---

② ライフステージの設定は、生理学的な主題であるとともに、心理学的あるいは社会学的な主題でもある。例えば、社会史家のP.アリエスは、子供時代という範疇が近代の産物であることを主張する。中世においては、子供は、「無垢な存在」として学校と家庭とに囲い込まれた存在であったと彼はいう。
国般2001

3 (3) 参照 ×

「中世においては」ではなく「近代においては」です。アリエスによれば「無垢な存在」としての「子ども」という観念は、近代社会に特有のものとされました。

過去問にチャレンジ

問題1 家族論に関する記述として、妥当なのはどれか。

★

区Ⅰ2013

❶ マードックは、夫婦又は夫婦とその未婚の子女よりなる核家族、核家族が親子関係を中心として縦に連なった拡大家族、核家族が配偶者の一方を中心にして横に連なった複合家族の３つに家族構成を分類した。

❷ パーソンズは、核家族の役割構造を分析し、夫であり父である男性が手段的リーダーの役割を、妻であり母である女性が表出的リーダーの役割を演ずるという役割モデルを提示した。

❸ ウォーナーは、人は一生のうちに二つの家族を経験するといい、一つは、自らが結婚により形成する定位家族であり、もう一つは、その人の意志とは無関係に、選択の余地なくそこに産み落とされ、育てられる生殖家族であるとした。

❹ ブラッドとウルフは、夫と妻の相対的権威と夫と妻が家庭内において共有する権威の程度を組み合わせて、夫婦の権威構造を夫優位型、妻優位型のいずれかの２つに分類した。

❺ バージェスとロックは、家族結合の性格が社会的圧力によって決定される制度家族から、夫婦と親子間相互の愛情と同意を基礎に成立する友愛家族への家族の歴史的変化を指摘し、友愛家族の方が永続性の点から安定しているとした。

【解答・解説】

正解 ❷

基本的な知識の確認になる良問です。

❶ ×　G.マードックの家族類型において、「核家族が配偶者の一方を中心にして横に連なった」家族は「複婚家族」です。

❷ ○　「表出的」は「感情的」というような意味だと捉えてください。つまり、「夫は家族を養う手段（道具）として外で働き、妻は家の中でニコニコしながら感情的に家族をまとめる」という古典的な性別役割分業の図式です。

❸ ×　「定位家族」と「生殖家族」が逆になっています。

❹ ×　R.ブラッドとD.ウルフは、夫の権威が高く夫婦で共有する権威の度合いは低い「夫優位型」、妻の権威が高く夫婦で共有する権威の度合いは低い「妻優位型」の他にも、夫婦間の相対的権威はほぼ同等で夫婦で共有する権威の度合いが高い「一致型」、夫婦間の相対的権威はほぼ同等で夫婦で共有する権威の度合いが低い「自律型」の類型も示しており、**四つ**に分類しました。

❺ ×　友愛家族は夫婦の愛情と同意のみに基づいているために、制度家族よりも**不安定**であるとしました。

問題2 家族に関する記述として、妥当なのはどれか。

★ 区Ⅰ2016

❶ マードックは、核家族は人類に普遍的な社会集団であり、性、生殖、経済、教育の４つの機能を持ち、そこに人類社会における基本的集団として存在理由を持つとした。

❷ モーガンは、小集団にみられる役割分化の一般的パターンを核家族の構造分析に適用し、夫であり父である男性が手段的リーダーの役割を、妻であり母である女性が表出的リーダーの役割を演ずるという性別分業モデルを提示した。

❸ ブラッドとウルフは、現代社会における夫婦の勢力関係が、規範によって規定される制度化された勢力である権威によって規定されるとし、夫婦それぞれがもつ資源の質と量によって規定されるのではないとした。

❹ リトワクは、産業革命による産業社会の展開により、家族が古い慣習や制度から解放されて、愛情によって結びつく集団になったという、制度的家族から友愛的家族への変遷を提唱した。

❺ ル・プレーは、現代産業社会においては、孤立核家族よりも、むしろ相互に部分的依存の状態にある核家族連合が産業的、職業的体系に対して適合性を持つという、修正拡大家族論を提唱した。

【解答・解説】

正解 ❶

基本的な名前とキーワードの組合せを把握していれば正答できる問題です。

❶ ○　G.マードックの核家族普遍説についての簡潔な説明となっています。

❷ ×　これは、T.パーソンズによる家族の基本構造に関する記述です。L.モーガンは、19世紀のアメリカの文化人類学者であり、人類は最初の乱婚の状態から15の形態を経て、最終的に一夫一婦制へと進化したとする家族進化説を提唱した学者として知られています。

❸ ×　R.ブラッドとD.ウルフは、現代社会における夫婦の勢力関係について、規範によって規定される制度化された勢力である権威によって**ではなく**、夫婦それぞれが持つ資源の質と量によって**規定される**としました。

❹ ×　これは、E.W.バージェスの主張に関する記述です。E.リトワクは、❺の修正拡大家族論を提唱した学者として知られています。

❺ ×　これは、リトワクの議論に関する記述です。なお、F.ル・プレーは19世紀のフランスの社会改良家であり、家族を「家父長家族」、「不安定家族」、「直系家族」に分類していますが、公務員試験としてはかなりマイナーな人物です。この3類型を覚える必要はありません。

問題3 家族論に関する記述として、妥当なのはどれか。

★

都Ⅰ 2008

❶ アリエスは、中世では、子どもと大人とが明確に区別され、子ども期が確立していたが、近代になり初めて、小さな大人としての子どもが出現したとした。

❷ バージェスとロックは、家族は、かつては、相互の愛情に基礎をおく友愛によって結びついていたが、現在では、慣習や法律など制度によって結びついているとした。

❸ ブラッドとウルフは、夫婦の勢力構造を夫優位型、妻優位型、自律型及び一致型に類型化し、夫婦の勢力関係は、夫婦それぞれがもつ財などの資源ではなく、権威によって規定されるとした。

❹ マードックは、家族を核家族、拡大家族及び複婚家族に大別し、核家族が人類に普遍的な社会集団であり、核家族の基本的な機能は、性、経済、生殖及び教育であるとした。

❺ ル・プレーは、現代産業社会では、孤立的な核家族ではなく、相互に部分的依存の状態にある修正拡大家族が適合性を有するとした。

【解答・解説】

正解 ❹

定番の論点が並んでいる基本問題です。

❶ ×　P.アリエスによれば、中世では、子どもと大人とが明確に**区別されておらず**、単に体が小さいというだけであって〈子ども〉期は確立していませんでしたが、近代になり初めて、大人とは区別された独特の存在としての〈子ども〉が出現したとしました。

❷ ×　E.W.バージェスとH.ロックは、家族は、かつては**制度**によって結びついていましたが、現在では相互の愛情に基礎をおく**友愛**によって結びついているとしました。

ヒント

なお、ロックのほうはマイナーな学者（社会契約論のJ.ロックとは別人）であるため、試験では「制度家族と友愛家族」を提唱した人物としてバージェスのみが挙がる場合と「バージェスとロック」と並ぶ場合があります。どちらもありだと考えて対応しましょう。

❸ ×　R.ブラッドとD.ウルフは、夫婦の勢力関係は、**権威**によってではなく、夫婦それぞれが持つ財などの**資源**によって規定されるという「資源説」を提唱しました。

❹ ○　G.マードックの核家族普遍説についての簡潔な説明となっています。

❺ ×　これはE.リトワクに関する記述です。

問題4 ★★

家族に関する記述として、妥当なのはどれか。

区Ⅰ2018

❶ グードは、「社会構造」を著し、家族形態を核家族、拡大家族、複婚家族の３つに分け、核家族は一組の夫婦とその未婚の子どもからなる社会集団であり、人間社会に普遍的に存在する最小の親族集団であると主張した。

❷ ショーターは、子ども期という観念がかつてはなかったが、子どもとは純真無垢で特別の保護と教育を必要とするという意識が発生し、17世紀頃までに家族は、子どもの精神と身体を守り育てる情緒的なものとなったと主張した。

❸ マードックは、「世界革命と家族類型」を著し、現代の家族変動である核家族化の社会的要因として、産業化といった経済的変数や技術的変数だけではなく、夫婦家族イデオロギーの普及を重要視する必要があると指摘した。

❹ バージェスとロックは、社会の近代化にともなって、家族が、法律、慣習、権威などの社会的圧力に従って成立する制度的家族から、家族成員相互の愛情によって成立する友愛的家族に変容していくと唱えた。

❺ アリエスは、家族にまつわる感情の変化は、男女関係、母子関係、家族と周囲の共同体との間の境界線の３つの分野にわたって起き、家族に対する人々の感情の変化が近代家族を誕生させたと主張した。

【解答・解説】

正解 ❹

書かれている内容自体は発展的ですが、正解が出せるように作問されています。

❶ ×　これは、G.マードックの家族論に関する記述です。W.グードについて知らなくても、内容がマードックの学説であることは明らかなので、この選択肢は外せるでしょう。

❷ ×　これは、P.アリエスの「〈子ども〉の誕生」に関する記述です。E.ショーターについて知らなくても、内容がアリエスの学説であることは明らかなので、この選択肢は外せるでしょう。

❸ ×　これは、グードの家族論に関する記述です。彼は、産業化という経済的変数・技術的変数のみで核家族化を説明していたそれまでの家族論に対して、夫婦家族イデオロギー（民主主義と両性の平等）も核家族化に強く作用したと指摘しました。グードのこの議論は公務員試験ではマイナーですが、社会学のテキストに普通に載っているマードックの学説と違うことは明らかなので、この選択肢は外せるでしょう。

❹ ○　E.W.バージェスとH.ロックは、共著『家族―制度から友愛へ』の中でこの学説を提示しました。

❺ ×　これは、ショーターの近代家族論に関する記述です。彼は、資本主義や個人主義の影響を受けて18世紀の西欧で生じた「感情革命」（男女間の愛情、母子関係における母性愛、共同体からの私的領域の分離による家庭愛の三つからなる）が「近代家族」の成立に影響したと主張しました。ショーターのこの議論は公務員試験ではマイナーですが、社会学のテキストに普通に載っているアリエスの学説と違うことは明らかなので、この選択肢は外せるでしょう。

問題5　**家族社会学に関する記述として、妥当なのはどれか。**

★★

区Ⅰ 2020

❶ グードは、「子どもの誕生」を著し、絵画や書簡等、多様な資料を用い、ヨーロッパ中世において、子どもが小さな大人とみなされ、子ども期というものが存在しなかったことを指摘した。

❷ E.バダンテールは、「母性という神話」を著し、18世紀のパリでは子どもを里子に出すのが一般的であった事実から、母性本能は神話であり、母性愛は近代になって付け加えられたものであると主張した。

❸ E.ショーターは、夫婦の勢力関係を夫優位型、妻優位型、一致型、自律型の4つに分類し、夫婦の勢力関係はそれぞれがもつ資源の量によって決定されるという「資源説」を提唱した。

❹ ブラッドは、社会の近代化に伴い、家族が、慣習等の社会的圧力によって統制される制度的家族から、愛情を根拠にして成り立つ友愛的家族に変容していくと唱え、このような近代家族への移行を「制度から友愛へ」と表現した。

❺ アリエスは、夫婦と未婚の子どもからなる核家族が、人間社会に普遍的に存在して、性・経済・生殖・教育という4つの機能を遂行する親族集団であるという「核家族普遍説」を唱えた。

【解答・解説】

正解 ❷

正解肢は発展的な内容ですが、他の選択肢が明らかに間違いですので、消去法で正解にたどり着けます。

❶ ×　これは、P.アリエスに関する記述です。「子どもの誕生」という著作名で判別できます。

❷ ○　E.バダンテールによれば、18世紀のパリでは子どもを手もとに置かずに里子に出す習慣が広まっており、経済的に富裕な階層も含めて、ほとんどの母親は自分で子どもを育てていませんでした。しかし、18世紀末から「母性愛」という観念が強調されるようになり、「母親」のイメージが根本的に転換していったとしています。

❸ ×　これは、R.ブラッドとD.ウルフに関する記述です。「夫優位型」、「妻優位型」、「一致型」、「自律型」、「資源説」で判別できます。なお、E.ショーターは、18世紀の西欧で生じた「感情革命」が「近代家族」の成立に影響したと主張した人物であり、彼の学説は❷のバダンテールの主張にも影響を与えています。

❹ ×　これは、E.W.バージェスに関する記述です。「制度的家族」、「友愛的家族」、「制度から友愛へ」で判別できます。

❺ ×　これは、G.マードックに関する記述です。「性・経済・生殖・教育という4つの機能」、「核家族普遍説」で判別できます。

問題6 家族形態に関する記述として、妥当なのはどれか。

★

区Ⅰ2010

❶ マードックは、家族の形態を大別して、核家族、直系家族、複合家族の三つの形態があるとした。

❷ マードックは、核家族について、さまざまに複雑な家族形態を構成する核として存在することはあるが、それ自体の形態で存在することはないとした。

❸ 複合家族は、一夫多妻制や一妻多夫制あるいは集団婚のように、同時に二人以上の配偶者を持つ婚姻形態によって、一人の配偶者を共同に持つことで、二つ以上の核家族が結び付いた家族形態である。

❹ 直系家族は、夫婦若しくは夫婦と未婚の子女によって構成される家族形態である。

❺ 拡大家族は、子どもたちが結婚後も親と同居する大家族の形をとったものであり、家族を夫婦家族、直系家族、複合家族と分類したときの直系家族と複合家族との総称として用いられる家族形態である。

【解答・解説】

正解 ❺

家族形態の理解を確認する問題です。

❶ ×　G.マードックは、核家族・**拡大**家族・**複婚**家族の三つの形態があるとしました。

❷ ×　マードックによれば、核家族は、時代・地域を問わず、**それ自体として単独に**、またはより大きな複合的な家族の構成単位として常に普遍的に存在しています。

❸ ×　これは、複**婚**家族に関する記述です。複合家族とは、直系以外の子どもが結婚しても生家で同居しともに家業に従事する家族形態を指します。

❹ ×　これは、夫婦家族に関する記述です。直系家族とは、男系（祖父ー父ー息子）ないし女系（祖母ー母ー娘）の縦の系譜で同居する家族形態を指します。直系以外の子どもは、未婚の間は同居していますが、結婚すると家を出ていきます。

❺ ○　拡大家族とは、既婚者の核家族がその親たちの核家族と結びつくことで集団内に複数の核家族を持つ家族形態を指します。

問題7 家族形態に関する次の記述のうち、妥当なのはどれか。

★★

国般2006

❶ 核家族とは、一般に夫婦と未婚の子から成る家族のことをいうが、我が国の国勢調査における核家族世帯の範疇（はんちゅう）は、これよりも広く、夫婦のみの世帯や単身者の世帯などが含まれている。

❷ 直系家族とは、親とその跡継ぎ夫婦、さらにその跡継ぎ夫婦、と同居を続ける家族形態のことをいい、直系家族制では、社会的地位や家産などが、跡継ぎによって独占的・優先的に継承される。

❸ 拡大家族とは、親子、きょうだいなどの血縁で結ばれた複数の核家族の連合体のことをいうが、同時に二人以上の配偶者をもつ複合家族については、拡大家族と区別して考える場合がある。

❹ 夫婦家族とは、子がいない、夫婦のみで構成される家族のことをいい、具体的には子の独立した高齢者夫婦だけの家族や、DINKsと呼ばれる共働き夫婦だけの家族などが挙げられる。

❺ 複婚家族とは、夫婦のいずれか一方又は双方が、以前のパートナーとの間にできた子を連れて再婚する場合に生じる家族のことをいい、その構成は複雑で多様である。

【解答・解説】 正解 ❷

夫婦家族・直系家族・複合家族という分類法はややマイナーですが、国家一般職ではよく出題されます。この機会に整理しておきましょう。

❶ ×　「単身者の世帯」は含まれません。国勢調査では、「夫婦と子どもからなる世帯」だけでなく「夫婦のみの世帯」、「男親と子どもからなる世帯」、「女親と子どもからなる世帯」も核家族に含めており、G.マードックの定義よりも広くなっています。ですが、常識的に考えて、単身者の世帯は「核**家族**」とはならないでしょう。

❷ ○　なお、父系の長子が直系家族の相続人となるのが一般的だというイメージがあるかもしれませんが、母系社会は世界中にありますし、末子相続の慣行も西南日本（特に瀬戸内海沿岸や九州）などで見られます。

❸ ×　同時に２人以上の配偶者を持つ家族は「複**婚**家族」と呼ばれます。

❹ ×　「夫婦家族」とは、夫婦もしくは夫婦と未婚の子からなる家族のことです。つまり、**子がいる家族も**夫婦家族に**含まれます**。なお、DINKsとはDouble Income No Kidsの略語で、子を持たない共働きの夫婦を指します。

❺ ×　❸で述べたように、複婚家族とは、同時に２人以上の配偶者を持つ家族のことです。

問題8 **家族に関する次の記述のうち、妥当なのはどれか。**

★★★

国般2003

❶ 定位家族とはある個人にとって生まれ育った家族のことを指し、生殖家族とは子どもを産み育てる家族のことを指す。それゆえ、定位家族と生殖家族が同じ世帯を構成して一つの家族となることはあり得ない。

❷ 核家族とは夫婦と二人の未婚子から成る家族のことを指し、それよりも規模の小さな家族を小家族、規模の大きな家族を大家族という。したがって、家族規模が縮小する傾向は、しばしば核家族化といわれるが、厳密には、小家族化と呼ぶべきである。

❸ 合同家族とは、夫婦が役割分業をせず、家事や子育てなどを共同で行うような役割構造を持った家族をいう。これに対し、夫婦が役割分業する家族のことを分離家族という。近年、我が国でも合同家族が増加する傾向にある。

❹ 直系家族制とは、一人の子どもを跡継ぎとして家族を世代的に継続させるものであり、夫婦家族制とは、家族が婚姻によって成立し、夫婦一代限りで消滅するものである。しかし、直系家族制の下でも、すべての家族が直系家族であるわけではない。

❺ 複合家族制とはすべての既婚子と同居するものである。インドやかつての中国などにみられ、きょうだい間の相互扶助を確保するところに特徴があるが、地理的な移動が困難なため、産業化の進展とともに消滅する傾向にある。

【解答・解説】

正解 ❹

かなり難易度の高い問題です。細かい概念が出ているうえに、内容を論理的に吟味する必要がある点で難解ですし、「あるわけではない」という不自然な語尾の肢が正答という点でも異例です。

❶ ×　前半は妥当ですが、後半が誤りです。自分を養育した父母と同居しつつ（＝定位家族）、自分も配偶者を持って子どもを養育する（＝生殖家族）ことは珍しくありません。このような3世代同居は、定位家族と生殖家族が**同じ世帯を構成して一つの家族**となっている状態です。

❷ ×　核家族は夫婦と未婚子からなる家族一般のことであり、**未婚子の数は何人でも構いません**。G.マードックは、家族人数の大小ではなく、基本単位としての核家族の組合せで「核家族」、「拡大家族」、「複婚家族」を分類しました。また「核家族化」とは、家族構成の変化（典型的には拡大家族から核家族）を表す言葉であって、人数の問題ではありません。祖父母＋父母＋子１名の合計５名の家族は拡大家族ですが、父母＋子４名の合計６名の家族は核家族です。

❸ ×　「合同家族」は、インド・ヒンドゥー教徒の家族形態を指し、息子はすべて結婚後もその妻子とともに生家にとどまり、娘は結婚後に生家を去るという原則に基づいて形成される家族のことです。それゆえ、**複合家族の一類型**であって、家事や男女の性別役割規範とは**関係ありません**。また、夫婦が役割分業する家族を特に分離家族という専門用語で表すことはありません。

ヒント

以上は細かい知識なので覚える必要はありません。普通に学習したうえで試験で見知らぬ用語が出てきたら、言葉の意味から推論しましょう。「分離家族」という言葉が「夫婦が役割分業する家族」というような積極的な意味を持つとは考えにくいでしょう。

❹ ○　家族制度は一定の拘束力を持ちますが、個別事情が異なるので、それが当該社会のすべての家族に当てはまるわけではありません。さらに問題文の内容は論理的にも明らかです。直系家族が１人の子どもを跡継ぎとするのなら、（仮に長男が跡継ぎになると考えると）次男三男や長女次女は家の直系から外れますから、家族の外に出て結婚することとなります。ですがそうなると、次男が結婚して新しく作った家族は、上の世代と切れていますから直系家族ではありません。

❺ ×　全部の家族がすべての既婚子と同居するのは**不可能**です。複合家族は、相続を一子に限定せずに結婚後も複数の子が親と同居して家業に従事する形態ですが、すべての既婚子ではなく「**男子**」に**限定**するのが一般的です。

例えば男女各２名の子が生まれたとしましょう。長男次男が結婚後に同居するのは可能だとしても、長女次女が結婚後も同居するとしたら、その夫は生家を離れることになり、夫の生家は既婚子と同居できなくなります。別々の家で生まれた男女が結婚するわけですから、必然的にどちらかは生家を離れなければなりません（同居できません）。

MEMO

問題9 家族に関する次の記述のうち、妥当なのはどれか。

★★★ 国般2017

❶ 個人が生まれ、教育を受け、成長していく家族のことを定位家族といい、結婚して自らが形成していく家族を生殖家族という。一つの家族は、定位家族と生殖家族の二つの側面を同時に持ち得る。

❷ ライフ・サイクルとは、人間の一生における結婚や子育てなどの出来事が規則的に変化する過程を意味する。今日では、全体の傾向として、個人の生涯史をたどるライフ・コースから、家族生活歴の標準モデルであるライフ・サイクルへと、研究の視点が移行してきている。

❸ 直系家族は、家族を類型化する概念の一つであり、結婚によって家族が生まれるが、その家族は一代で完結するという考え方である。したがって、世代を超えて存続する「家」の概念に注目した夫婦家族とは区別されている。

❹ フランスの歴史家であるP.アリエスは、子供期という概念は生物学的な根拠を持っており、どの社会にも普遍的であることを明らかにした。そして彼は、近代家族を、親密性や情緒性といった家族感情を軽視しているとして批判した。

❺ 我が国では、近年、未婚化が進行している。平成22年に実施された国勢調査によれば、男性、女性共に生涯未婚率は20%を超えている。また、平成12年、17年、22年のいずれの年も、女性の生涯未婚率は男性の生涯未婚率よりも高い。

【解答・解説】

正解 ❶

時事的な内容も含まれている問題ですが、正解肢は問題８の❶をひっくり返した内容ですので、一本釣りができるでしょう。

❶ ○　親子二代で暮らす核家族は、子どもの視点からは定位家族ですが、親の視点からは生殖家族に位置づけられます。

❷ ×　以前は結婚や子育てなどのタイミングへの同調圧力が強く共通性が高かったことからライフ・サイクル論が注目されていましたが、近年は人々の生き方の多様性が増したことに伴い、全体の傾向として、研究の視点がライフ・コースへと移行しています。

❸ ×　直系家族（制）は、男系または女系の縦の系譜で同居し、跡継ぎとなる直系の子に親の財産・地位が優先的に配分され、世代を超えて存続する「家」を**引き継いでいく**制度・慣習です。それに対して夫婦家族（制）は、結婚により家族が生まれ、その家族は**一代で完結**するという制度・慣習です。

❹ ×　P.アリエスは、子ども期という概念は生物学的な根拠に基づくもの**ではなく、近代社会に特有**のものであることを明らかにしました。また、彼は近代になって誕生した「近代家族」は、**親密性・情緒性**といった**家族感情**を**特徴**としているとしました。

❺ ×　2010（平成22）年の国勢調査による生涯未婚率（50歳時の未婚割合）は、男性が20.1%、女性が10.6%です（2015（平成27）年調査では、男性23.4%、女性14.1%）。また、1990（平成２）年の国勢調査以降、女性の生涯未婚率は男性の生涯未婚率よりも**低く**なっています。ここで生涯未婚率の数値自体を覚える必要はありませんが、男性のほうが高いことは把握しておきましょう。

問題10 **家族に関する記述として最も妥当なのはどれか。**

★★★

国般2013

❶ G.P.マードックは、一組の夫婦とその未婚の子どもからなる核家族は人間社会に普遍的に存在する集団の単位であり、性・生殖・経済・教育という人間の社会生活にとって基本的な四つの機能を担うと論じた。

❷ T.パーソンズは、核家族の構造について、夫婦や子どもたちの間で、家族の外部とつながる手段的役割と、家族内部の統合に関わる表出的役割の二つの役割に関する男女別の分担が、状況に応じて柔軟に変化している点を強調した。

❸ M.フーコーは、17世紀のイギリスにおける市民革命以降、個人の生活領域に対する権力の影響が低下し、産児奨励あるいは抑制などの「生に関する権力」も同時に弱体化したことによって、性と婚姻が結び付いた家族が生成したと説いた。

❹ 家族研究に用いられる概念であるライフサイクルとは、人間の一生における各種の出来事の規則的な推移に着目する視点である。大衆社会の成立に伴い、各々の家族の個別性に着目する従来の視点であるライフコースに代わって成立した概念である。

❺ 家族形態の多様化に伴って登場したコレクティブハウジングとは、現代のプライバシー重視の価値観から離れ、人と人とのつながりを求めて、血縁関係のない他人同士が共同で大規模な住宅に居住し、従来の大家族的な共同生活を営むもので、拡大家族の一形態と考えられている。

【解答・解説】

正解 ❶

発展的な論点続出ですが、正解肢は基本的な内容なので一本釣りできます。

❶ ○　G.マードックの核家族普遍説についての簡潔な説明となっています。

❷ ×　T.パーソンズは、核家族の構造について、手段的役割は夫（上位者）と息子（下位者）、表出的役割は妻（上位者）と娘（下位者）が担うものとして**固定化**している点を強調しました。

❸ ×　M.フーコーは、17世紀以降、個人の生活領域に対する権力の影響が**増し**、産児奨励・抑制などの「生に関する権力」も**強化**されたことによって、性と婚姻が結びついた家族が生成したと説きました。

❹ ×　家族研究において、従来はライフサイクルに注目する視点が主流でしたが、人々の生き方の多様性が増したことに伴い、ライフコースに注目する視点が主流となりました。

❺ ×　マードックのいう拡大家族とは、**血縁関係があり**世代の異なる核家族が結合した形態を指すため、血縁関係のない他人どうしが居住するコレクティブハウジングは、拡大家族とはいえません。

2 フェミニズムとジェンダー

学習のポイント

- 国家公務員では定期的に出題されるものの、頻度は低い分野です。
- 要点としては、ジェンダー／セックスの違い、第一波／第二波フェミニズムの違い、シャドウワークの概念を把握しておきましょう。

1 ジェンダー論

(1) ミード

M.ミード（1901～78）は、『男性と女性』などを著したアメリカの文化人類学者です。彼女は、**「男らしさ／女らしさ」は社会によって異なり、必然性はない**としています。P.アリエスや家族史のように、歴史的な変遷をたどることで現在の常識的な社会のあり方が普遍的ではないことを示すこともできますが、地球上のさまざまな社会を観察することでそれを示すこともできます。

例えば西欧では、女性は「か弱い」、「おしゃべり」、「家事に適する」とされていますが、アフリカのある部族では、「女性のほうが頭が頑丈である」と考えられており、水汲みという重労働は女性の役目となっています。そしてその間、男性は世間話をしています。もちろん男女に生物学的な違いはありますが、社会・文化的な違いもあります。ミードは、さまざまな人類学的な事例を示しながら、**社会・文化的な違いと生物学的な違いが混同されて男女の役割が固定されていることを批判しました**。

(2) ボーヴォワール

哲学者J.P.サルトルのパートナーであり、フェミニストとしても知られるフランスの哲学者・批評家**S.ボーヴォワール**（1908～86）は、主著『第二の性』の冒頭で「**人は女に生まれるのではない。女になるのだ**」と述べ、女性が理由もないのに社会的に不利な役割を背負わされている現状を批判しました。

(3) 主要概念

セックス	・**生物学的・生理学的な男女の差異**（雌雄）を示す概念

ジェンダー	・**社会的・文化的に形成される「男女の差異」** ・生まれたときからの人格形成の過程をとおしてジェンダー・アイデンティティが形成される ・セックスの対義語
セクシュアリティ	・**性的能力・感情・状況・嗜好など**を指す概念 ・どの対象に性的欲望を感じるかは、**本能や性ホルモンのみならず文化的に構築される**面も強い
性別役割	・**男女間の特性の差異に基づく役割** ・生物学的な差異だけでなく、社会的・文化的に定義された差異で性別役割が定められることも多い

確認してみよう

① 人間の性別には「女性」か「男性」かという生物学的次元での性別とともに、「女らしい」か「男らしい」かという社会的・文化的に形成される性別もある。一般に社会学では、前者をセックスと呼び、後者をジェンダーと呼ぶ。例えば、「男が理性的で、女が感情的」であるのは、セックスの問題である。国般1999

1 (3) 参照 ×

「男が理性的で、女が感情的」は、セックスではなくジェンダーの問題とされます。ジェンダーという用語を最初に用いたとされるアメリカの性科学者J.マネーは、男女の明確な生物学的差異は、①男性は妊娠させる、②女性には月経がある、③女性は妊娠する、④女性は授乳する、の4点だけだと指摘しています。

② ジェンダー・アイデンティティとは、自分が男であるか女であるかについての自己規定であり、思春期における様々な環境要因によって決まると一般に考えられている。国税2006

1 (3) 参照 ×

ジェンダー・アイデンティティの形成は思春期に限られず、生まれたときからの人格形成の過程で、さまざまな他者との相互的なやりとりをとおして自分が男であるか女であるかの自己規定を形成すると考えられています。

2 フェミニズム運動

フェミニズムは、社会が女性という性に対して強いる軛からの解放を志向して立ち上がった運動・思想です。時代とともにその役割は変容を続けていますが、大きく捉えると次の２段階に分けることができます。

第一波 フェミニズム	・**形式的・法律的平等**を目指した時期（**19世紀～20世紀前半**） ・**婦人参政権運動**など、男性並みの権利を要求
第二波 フェミニズム	・日常生活における**実質的平等**を目指した時期（**1960年代以降**） ・性別役割分業意識（「男は外で仕事、女は内で家事」など）の否定 ・**ウーマン・リブ**（Women's Liberation）**運動**を行う

3 家父長制批判等

家父長制とは、**家長の男性が強力な家長権によって成員を統率・支配する形態**のことであり、M.ウェーバーのいう**伝統的支配の典型例**です（**前近代的な形態**）。ただし、第二波フェミニズムの文脈では、「家父長制」という言葉は「権力の所在が男性にあり、女性を支配・抑圧・差別している」との非難の意味で使われており、**父権制とほぼ同義**です。こちらは前近代にとどまらず、現代社会にも存在します。

(1) フリーダン

B.フリーダン（1921～2006）は、『新しい女性の創造』などを著したアメリカのフェミニストです。

フリーダンは、豊かな中産階級の専業主婦は傍目には幸せに見えますが、本人たちは何ともいえない虚しさに囚われ自尊心を失っていると指摘します。彼女はこれを「**名前のない問題**」と呼び、**女性の自己実現が阻まれていること**がこの問題の原因だと告発しました。

女性を主婦役割と母役割に限定する「**女らしさ」の神話**を打ち破り、家庭の外に出て創造的に仕事をすべきと主張し、第二波フェミニズム運動の中心的な人物となりました。

(2) オークレー

A.オークレー（1944～　）は、『主婦の誕生』などを著したイギリスのフェミニストです。

オークレーによれば、「**主婦」は近代家族にしか存在しない特殊な役割**です。産業革命以前には、女性は職業を持って独立した生計を営んでいましたが、産業革命による工場生産の発達と「婦人労働保護法」の成立によって職業を奪われ、家庭内で家事と育児に専念する無償労働の担い手として期待されるようになっていきました。

(3) シャドウ・ワーク (shadow work)

シャドウ・ワークとは、I.イリイチ（1926～2002）が指摘した概念で、**市場経済を背後で支えている「不払い労働」**を指します。その典型は主婦の役割とされる**家事労働**です（通勤も別の一例）。

炊事・洗濯・掃除や育児・介護・看護などの家事労働には報酬が支払われないですが、人間が生きていくうえで必要不可欠であり、報酬を伴う生産労働を背後で支えています。

(4) マルクス主義フェミニズム

上野千鶴子（うえのちづこ）（1948～　）によれば、資本主義の存続のためには、労働者である男性の世話と将来の労働者予備軍である育児が必要ですが、そうした労働（家事労働）を女性は無償で担ってきました。そして男女の平等を真に目指すならば、家事労働を一方的に女性へ割り当てること（**性別役割分業**）を廃止する必要があります。

(5) リプロダクティブ・ヘルス／ライツ

リプロダクティブ・ヘルス／ライツ（性と生殖に関する健康と権利）とは、1994年に**カイロ**で開催された**国際人口開発会議**（**カイロ会議**）で示された理念で、**性や出産**について**健康**を前提とするとともに、いずれにも**自己決定権を持つ**とするものです。

確認してみよう

① 1970年前後に米国で起こったウィメンズ・リブ運動は、「個人的なことは政治的なことである」というスローガンを掲げ、男性優位の社会構造の変革よりも、女性の政治的な権力を獲得することの重要性を訴えた。 国税・財務2012

3 (2) 参照 ✕

ウーマン・リブ（ウィメンズ・リブ、Women's Liberation）運動は、女性の政治的な権力を獲得することよりも、男性優位の社会構造を変革することの重要性を訴えました。ウーマン・リブ運動は第二波フェミニズムの代表格に当たります。

② シャドウ・ワークとは、景気後退期において夫の収入が低下した妻などが、家計収入を補うために、主婦労働の傍ら、パートタイム労働や派遣労働といった周辺的な労働に従事することをいう。国般2010

3 (3) 参照 ×

シャドウ・ワークとは、市場経済を背後で支えている「不払い労働」を指します。パートタイム労働や派遣労働には報酬が支払われるため、シャドウ・ワークとはいえません。

③ 上野千鶴子は、マルクス主義フェミニズムの立場から、家事労働は、労働には違いなく、主婦がやらないと誰かに代行してもらわなければならないという意味で、有用で不可欠な労働でありながら、女性には法的・経済的な保障が与えられず、無権利状態におかれていると論じた。国税2010

3 (4) 参照 ○

この問題意識はイリイチのシャドウ・ワーク論とも通底しています。

過去問にチャレンジ

問題1 ★

社会における性をめぐる思想や理論に関する記述として最も妥当なのはどれか。

国税・労基2009教

❶ ポジティブ・アクションとは、資本主義社会の発展に伴い女性の社会進出が進んだことを背景に、女性自身が家事や育児の合理化・外注化を推し進めてきた思想や運動を指す。

❷ 第一波フェミニズムとは、おおむね19世紀後半から20世紀前半にかけて各国で展開された、女性の参政権獲得など男女の法的平等の実現を求めた運動を指す。

❸ 性別役割分業とは、労働に対する意識、勤続年数などが男女間で異なることを背景に、会社組織における男女の役割が違うことを当然視する意識やそれに基づく制度を指す。

❹ ジェンダーとは、社会における女性差別を、男女の生物学的・身体的な違いによる所与のものとして女性自身が引き受け、容認している状況を指す。

❺ シャドウ・ワーク（影の労働）とは、同じ労働内容でありながら男性と異なる賃金体系や労働条件を強いられてきた女性の労働の歴史やその背景を指す。

【解答・解説】

正解 ❷

発展的な内容も含まれていますが、正解肢は明確であるため、正答は容易です。

❶ ×　ポジティブ・アクションとは、社会的に不利な立場に置かれている集団に対する積極的な差別是正措置のことです。広義には障害者や少数民族などを対象にした政策も含みますが、日本では特に女性に対する差別是正措置を指します。これまでの慣行や固定的な性別役割分担意識などが原因で、女性が男性よりも能力を発揮しにくい環境に置かれているケースが多いということから、こうした状況を是正するための取組みが進められています。

❷ ○　第一波フェミニズムについての簡潔な説明となっています。

❸ ×　性別役割分業とは、広義には性別による役割の分担を意味しますが、狭義には、夫が外で有償労働に従事し、妻が家事・育児などの無償労働に専念するといった役割分業を意味します。いずれにせよ、会社組織内に限定される概念ではありません。

❹ ×　ジェンダーとは、社会的・文化的に形成される「男女の差異」、社会によって作り上げられた「男性像」、「女性像」といった「社会的性別」のことで、男女の生物学的・身体的な違いを示す概念である「セックス」とは区別されます。また、女性に限定される概念でもありません。

❺ ×　シャドウ・ワークとは、市場経済を背後で支えている「不払い労働」を指します。シャドウ・ワークの典型例は、主婦の役割とされる家事労働です（通勤も別の一例です）。炊事・洗濯・掃除や育児・介護・看護などの家事労働には報酬が支払われませんが、人間が生きていくうえで必要不可欠であり、報酬を伴う生産労働を背後で支えていています。

問題2 ★★ **ジェンダー、セックス、セクシュアリティに関する次の記述のうち、妥当なのはどれか。**

国般2005

❶ ジェンダーとは生物学的に規定された性差であるのに対して、セックスとは社会的・文化的に規定された性差である。後者は社会的・文化的に変わり得るものである。

❷ 近年、同性愛が一つのライフスタイルとして認められるようになってきた。我が国では同性同士の婚姻が法律上も認められている。

❸ セクシュアリティとは、性ホルモンによって規定された性差のことをいう。男性らしさ、女性らしさは、文化とは無関係に性ホルモンによって決められている。

❹ 性別分業とは、広義には性別による役割の分担を意味するが、狭義には女性は家庭で家事や育児などの無償労働に従事し、男性は有償労働に従事するという近代に特徴的な性別分業を指す。

❺ マルクス主義フェミニズムが明らかにしたのは、男性が女性を支配する原理である家父長制は、資本主義と相いれないということである。

【解答・解説】

正解 ❹

❷は時事的な内容、❺は発展的な内容ですが、正解肢が基本的な内容なので選べるでしょう。

❶ ×　「ジェンダー」と「セックス」が逆です。

❷ ×　同性愛が一つのライフスタイルとして許容されつつあるのは事実ですが、日本では同性どうしの婚姻までは認められていません。近年は、同性パートナーシップ条例を制定する自治体が増えていますが、これはあくまで「条例」であって、法律上認められているわけではありません。

補足

なお、フランスでは1999年に成立したパックス法により、一定の条件下であれば、事実婚や同性カップルも通常の婚姻関係と同じように税制面の優遇措置や社会保障給付の権利を受けることが可能となっています。

❸ ×　これは「セックス」に関する記述です。また「男性らしさ、女性らしさ」のほとんどはジェンダーの領域であるため、「文化とは無関係に性ホルモンによって決められている」という箇所も誤りです。「性ホルモン」という言葉が出てきた時点で疑わしいと思ってください。性ホルモンによって規定される性差もありますが、社会的・文化的要因から分析するのが社会学の特徴です。

❹ ○　性別（役割）分業についての簡潔な説明となっています。

❺ ×　マルクス主義フェミニズムは、家父長制と資本主義が**同調**と矛盾を繰り返してきたことを明らかにしています（つまり「相いれない」とはしていません）。

問題3 ジェンダーの社会学に関する次の記述のうち、妥当なのはどれか。

★★★

国般2015

❶ フェミニズムとは、国際連合が、性差別の撤廃と男女平等の促進、経済・社会・文化の発展への女性参加の確保、国際協力と世界平和に対する女性の貢献の増大を目的とした国際連合国際女性年を設定したことを起源とする、男女共同参画社会の実現を目指した運動のことである。

❷ ジェンダー・バイアスとは、女性と男性の間で政治的・経済的・社会的・文化的に格差が生じないようにするだけでなく、性差によるあらゆる感覚や意識の違いについても解消すべきとする考え方を指す用語である。

❸ 隠れたカリキュラムとは、教えられる側の性別によって無意識のうちに教え方が偏ってしまうことを防止するための教育法規のことであり、教えられる側に意識されないよう工夫されたものである。

❹ シャドウ・ワークとは、出産・子育てがしやすい社会の実現のため、被用者が産前・産後の休業や育児休業を取得する際に、その被用者が元々行っていた仕事を職場の同僚等が行うことを指す。

❺ リプロダクティブ・ヘルス／ライツとは、1994年にカイロで開催された国際人口・開発会議において提唱された概念であり、その中心課題には、いつ何人子どもを産むか産まないかを選ぶ自由、安全な妊娠・出産、子どもが健康に生まれ育つことなどが含まれている。

【解答・解説】

正解 ❺

❸・❺が発展的な内容になります。ここでは、❶・❷・❹を確実に外せるようにしましょう。

❶ × フェミニズムの起源については諸説ありますが、少なくとも19世紀には婦人参政権運動など、男女の形式的・法律的平等を目指す思想・運動が展開されていました（国際連合国際女性年が設けられたのは、1975年です）。また、フェミニズムの目的は多岐にわたっており、男女共同参画社会の実現だけに限定されていません。

❷ × 「ジェンダー・バイアス」とは、ジェンダー（社会的・文化的に形成される「男女の差異」）に基づく評価のバイアス（偏り）のことです。例えば、「男性だから、外で働いて妻子を養うのは当然」、「女性だから、家の中で家事育児をするのは当然」という見方が挙げられます。

❸ × 「隠れたカリキュラム」とは、公的には明示されていませんが、暗黙のうちに教え込まれている価値・規範・態度のことです。教える側は平等に教えているつもりでも、教えられる側の性別によって無意識のうちに「男の子は積極的に」、「女の子はおしとやかに」と教え方が偏ってしまう状況が例として挙げられます。

ただ、「隠れたカリキュラム」について全く知らなくても、仮に「無意識のうちに**教え方**が偏ってしまうことを防止する」というのであれば、「教える側」に対して配慮を求める法規のはずで、「教えられる側」は関係ないはずです。

❹ × 「シャドウ・ワーク」とは、市場経済を背後で支えている「不払い労働」を指します。

❺ ○ 「リプロダクティブ・ヘルス／ライツ」は「性と生殖に関する健康と権利」と訳されており、女性の人権に関する重要な概念とされます。

問題4　フェミニズムに関する次の記述のうち、妥当なのはどれか。

★★

労基1999

❶ フェミニズムでは、産業革命以降、近代化＝工業化の進展によって家族単位の可処分所得が上昇していくことに伴い、家事の機械化、外注化が可能となり、その結果、専業主婦の家庭内への従属度が低下したことをとらえ、産業革命によって女性開放が始まったと評価している。

❷ フェミニズム運動とは、1980年代以降、欧米先進諸国を中心に展開された女性開放運動やウーマン・リブ運動の別称であり、平等な法的権利を求めることを中心的課題としていることによって、19世紀から20世紀初頭にかけて各国で展開された婦人参政権運動の延長線上のものと観念される。

❸ 性別役割分業意識とは、いわゆる「男は仕事、女は家庭」という夫婦の役割分担を当然視する意識のことであり、労働の場で女性が相対的に低賃金であることは、学歴、労働に対する意識、勤続期間などが男女間で異なることによる生産性の違いに起因するものであり、性別役割分業意識と結びつけて論じられることはない。

❹ 「ジェンダー（gender）」は、本来、性別を表す文法用語であったが、1970年代以降、生物学的な男女の違いをいう「性（sex）」と峻別して、社会的・文化的に形成される男らしさ、女らしさを表す概念として定着し、性差を「生物学的宿命」から引き離すのに不可欠な概念装置としての働きを担うに至った。

❺ 「影の労働（shadow work）」とは、家事労働など市場経済の外部にあって、市場で交換されないため代価を支払われず、潜在化したままインフォーマルな経済の一環として、市場経済の下支えをする周辺部分に位置する労働をいい、近代以前に広く見られる家内制生産様式における家内労働はその代表的存在とされる。

【解答・解説】

正解 ❹

歴史的な理解も必要とする問題です。なお、❶・❷の「女性**開放**」は本来「女性**解放**」のはずですが、出題時の表記を優先してそのままにしてあります。

❶ ×　フェミニズムでは、**産業革命によってむしろ女性の束縛は強まった**と評価しています。産業化の初期の段階では、女性や子どもが工場労働の主たる担い手でした。それが、工場法（労働者保護立法）の整備などにより、労働市場での女性の地位は低下します（男性のように自由に使えないため）。このことは女性の主婦化をもたらし、女性は労働者としてではなく、男性労働者の世話や子女の教育を担当する役割を与えられます。さらに農業・自営業が縮小し雇用者化が進むことで「男性は外で賃労働をし、女性は家庭で家事労働をする」という形態が主流となり、家庭内への女性の従属度が高まったという歴史があります。

❷ ×　ウーマン・リブ（Women's Liberation）は**1960年代**以降に展開された運動で、一般に第二波フェミニズム運動の最初の一時期を指します。また、この運動は**実質的平等**を目指している点で、**平等な法的権利**（**形式的平等**）を求めることを中心課題とした**第一波フェミニズム運動**（**婦人参政権運動など**）とは**区別**されます。

❸ ×　そもそも男女で進学率に違いがあるのは、「女性に学問は必要ない」という周囲の意識によります。また、転勤が多い仕事に就くのを女性がためらわざるを得ない（労働に対する意識が違う）のも「家族の面倒は女性が見るべきだ」という意識によります。さらに女性の平均勤続期間が短いのも、「結婚して子どもができたら女性は退職して家事・育児に専念すべき」という意識によります。このように、性別役割分業意識は労働市場において女性を不利にする要因となっています。

なお、所定内給与について男女間の格差を見ると、学歴や勤続年数などの効果を差し引いてもまだ女性の賃金水準は男性の約８割となり、性別以外の属性だけでは差は説明できません。

❹ ○　「ジェンダー（gender）」と「性（sex）」についての簡潔な説明となっています。

❺ ×　近代以前の家内制生産様式における家内労働には代価が支払われたため、「影の労働」ではありません。近代以前は産業規模が小さく、家単位で手工業生産していました。その後、問屋商人と呼ばれる大商人が手工業者に原料や道具などを貸し与えて生産させる「問屋制家内工業」が成立しましたが、これも代価が得られる仕事であって、家内労働と現代の家事労働は全く違います。しかし産業規模の拡大により、専用の仕事場を設けて労働者を雇い入れて共同で生産活動を営む工場制手工業に転換したことで職住が分離し、賃金労働と家事労働の分離が進展しました。

第7章

社会調査法

社会調査法

1 社会調査法

学習のポイント

- 調査の区分については、どの試験種でも重要な論点です。
- 調査票作成上の注意点や、標本調査のうち無作為抽出法の意味についても出題が多いです。
- 一方で、標本調査のうち推定と検定については、国家一般職特有の論点となります。

1 社会調査の大分類と歴史

(1) 行政による統計調査（センサス）

① 統計調査の意義

国を統治するためには、国内の様子を知ることが重要です。数千年前からあった人口調査は国力を知るために重要ですし、税を賦課徴収するためには戸籍や土地台帳も必要になります（日本でいえば、租庸調や太閤検地など）。

ヨーロッパでは19世紀以降、統計専門の部局が整備されていきました。このころの自殺統計がÉ.デュルケムの『自殺論』の基礎データとなっています。現在の日本では、**「統計法」に基づき官公庁で統計資料が作成されており、単純集計表などの基本的なデータは一般に公開されています**。

② 国勢調査

国勢調査は日本では1920（大正９）年に始まりました。**10年ごとに大調査が行われ、その間の５年目に簡易調査が実施されています**[1)]。

調査対象は、調査年の10月１日午前０時現在に日本国内に常住する者すべてであり、外国籍の者や住所不定の者も含みますが、国外に出ている者は含みません。**実施本部は総務省統計局**にあります。

1) 実質的に**5年ごとに実施**。1945年の調査は中止されましたが、1947年に臨時調査が実施されました。

⑵ 社会踏査（サーベイ）

社会踏査（とうさ）とは、**社会政策的な目的を伴って行われる社会調査**です。都市貧困層の実態調査など、都市問題に対処するための基礎データを集めています。

⑶ 営利機関の世論調査・市場調査

民間の調査で大規模なものとしては、19世紀末にアメリカの新聞社が大統領選挙の模擬投票を行ったのが最初とされます。その後の大統領選挙を通じて、さまざまな失敗を繰り返しつつ社会調査法の進歩に寄与しました。また、現在でも新聞社や民間企業など、ありとあらゆるところで盛んに行われています。

⑷ 学術調査

学術調査も、上記３種の調査から多くのことを学びつつ発展してきました。

補足

日本で実施されている社会学者による学術調査としてSSM調査が挙げられます。「社会階層と社会移動に関する全国調査」の略称であるSocial Stratification and Social Mobilityの頭文字をとったもので、1955年調査を第１回として、10年ごとに実施されています（最新は2015年調査）。質問紙によって収集された量的データを時系列的に集めています。

第7章 社会調査法

確認してみよう

① 一般に国勢調査（センサス）とは、一国の人口状態を把握するために行われる社会調査を指す。我が国では1920（大正９）年の第１回国勢調査以来、５年ごとに行われている。2020（平成32）年の調査は、国際連合の世界人口・住宅センサスの一環として、国連統計局の指揮下で行われる予定である。国般2000

1 ⑴ 参照 ×

国勢調査の実施本部は総務省統計局にあります。また、すべての調査が５年ごとに実施されたわけではありません（1945年の調査は延期されて、1947年実施）。

② 官公庁が作成する統計資料は、社会調査の一つとして理解される。我が国の中央諸官庁は、「統計法」に基づいて各種の統計資料を定期的に作成して

いる。例えば家計調査、労働力調査、学校基本調査などがそれに含まれる。それらの統計資料は、行政の内部資料に属するもので、一般には公開されていない。国般2000

1 (1) 参照 ×

単純集計表などの基本的なデータは一般に公開されています。ただし、公表されるのは、集計されたデータのみであり、プライバシー保護などの観点から個別の調査票の回答内容は一般には公開されません。

2 調査の区分

ここでは、社会調査の調査法について見ていきます。

(1) 質問紙法

質問紙法は、**調査票（質問紙）を用いて行う調査**で、自計式と他計式に分かれます。

自計式（自記式）とは、**調査される側（本人）が自分で回答を調査票に記入する方法**であり、他計式（他記式）とは、**調査する側（調査員）が対象者の回答を調査票に記入する方法**です。

電話調査	・電話で調査票の内容を説明して、対象者に答えてもらう方法（**他計式**） ・長所：短期間で大量の対象への調査が可能 ・短所：厳密な標本調査が困難
郵送調査	・調査票を郵送して対象者に記入・返送してもらう方法（**自計式**） ・長所：①郵送だけで低コストで広範囲を調査できる、②調査員がいない場面で調査票に記入するため、プライバシーに関わる内容への回答も得られやすい ・短所：①督促効果が弱く回収率が非常に低くなる、②質問内容の誤解や記入の誤りを招きかねない、③本当に本人が書いたかどうかチェックできない
留置（配票）調査	・調査員が戸別訪問で調査票を配り、後に再訪問して回収する方法（**自計式**） ・長所：①調査員の訪問が督促効果を持つため回収率が高くなる、②個別面接調査より低コスト、③プライバシーに関わる内容への回答も得られやすい ・短所：①回収時にチェックするため郵送調査より誤解や誤りを少なくできるが、個別面接調査には劣る、②本当に本人が書いたかどうかチェックできない

<table>
<tr><td rowspan="1">集合調査</td><td colspan="2">・対象者を同じ場所に集め、調査員が説明し対象者が記入する方法（自計式）
・長所：①少ない時間と経費で多くの対象を調査可能、②回収率がほぼ100%、③質問内容の誤解や記入の誤りを少なくできる、④回答の匿名性も確保可能
・短所：①被調査者が地理的に限定される場合しか使いにくいため無作為抽出の調査にはなり得ない、②調査会場の雰囲気に回答が影響される危険性がある</td></tr>
<tr><td rowspan="3">個別面接調査</td><td colspan="2">・調査員が対象者に会って調査票に記入する方法（他計式）
・複雑な質問が可能</td></tr>
<tr><td>指示的面接法</td><td>・調査票の指定に従って質問し、応答内容を調査員が記入</td></tr>
<tr><td>非指示的面接法</td><td>・自由面接法
・相手や状況に応じて自由に質問を変更する</td></tr>
</table>

(2) 観察法

観察法とは、**対象を調査員が観察することによって行う調査**です。

<table>
<tr><td>統制的観察法</td><td colspan="2">・調査対象者の年齢や性別などの属性を同一にするなど、さまざまな条件を統制（コントロール）して観察する方法
・現実社会の分析でこの方法は困難</td></tr>
<tr><td rowspan="2">非統制的観察法</td><td>参与観察法</td><td>・調査対象となる集団の一員として長期間一緒に生活して、内側から観察する方法で、事例調査でよく用いられる
・長所：対象を深く理解可能
・短所：観察に偏りが出る可能性がある</td></tr>
<tr><td>非参与観察法</td><td>・調査者が、第三者として集団外部から観察する方法</td></tr>
</table>

(3) 生活史法

個人または集団の生涯を、**自伝・伝記・日記などをもとに研究者が社会的文脈と関連づけ記録したもの**を**生活史**といいます。これを用いた調査・分析方法が**生活史法**です。

『欧米のポーランド農民』 W.トマス F.ズナニエツキ共著	・**シカゴ学派**の研究 ・**ポーランド**で農業を営んでいた人々がアメリカ合衆国の都市（シカゴなど）に移民して賃金労働者へと転化する過程で生じた変容を、生活史を手がかりに分析した

第7章 社会調査法

ヒント

文献を手がかりに調査・分析するのが生活史法なので、参与観察法などと異なり調査者は調査対象と直接接しません。

(4) モノグラフ法（事例研究）

ある地域や集団の全体的な生活過程を、参与観察によって明らかにしていくのが**モノグラフ法**です（参与観察法の一種）。

『西太平洋の遠洋航海者』 B.マリノフスキー著	・人類学者のマリノフスキーは、ニューギニア島近くのトロブリアント諸島で２年間にわたる調査を行い、そこから機能主義的な文化人類学を打ち立てた（参与観察法は、もとは文化人類学で発達した手法である） ・彼の機能主義理論は、T.パーソンズなどを通じて社会学に影響を与えたが、同時に、調査手法としての参与観察法も社会学に採り入れられていった
『ミドルタウン』 リンド夫妻著	・典型的なアメリカの小都市マンシーの参与観察記録 ・階層による生活様式の違いを明らかにした ・業務階層（ホワイトカラー）と労務階層（ブルーカラー）では、言葉遣いや信念・世界観が異なる
『ストリート・コーナー・ソサエティ』 W.F.ホワイト著	・ハーバード大学の学生であるホワイトが、最下層の単純労働者（イタリア移民）からなる街角の若者グループとともに生活 ・グループ間の対立、メンバーの友情、グループが解体するまでを描く

(5) 量的調査（統計調査）と質的調査（事例調査）

調査法には長短があり、どのようなデータを得たいか、データをどのように処理したいかによって採るべき方法が変わってきます。調査対象の量を重視するか、調査で得られる情報の質を重視するかによって、量的調査と質的調査に分かれます。

量的調査 （統計調査）	・**客観的** ・多数の事例について、少数の側面を把握する（調査対象の数が多く、調査内容が限定的） ・データを数量化して、統計的に処理できる形にする ・質問紙によるアンケート調査などがこれに該当する

質的調査 （事例調査）	・**主観的** ・少数の事例について、多数の側面を全体的に把握する（調査対象の数が少なく、幅広い調査を行う） ・データの数量化できない側面（質的側面）に注目する ・参与観察法や生活史法などがこれに該当する

(6) 質的調査の関連用語

スノーボール・サンプリング	・はじめに少数の個人をサンプル（標本）として抽出したうえで、その人の最も親しい友人を紹介してもらって調査し、さらにその友人の友人を紹介してもらって、というように人脈をたどる形で雪だるま式にサンプルを抽出する方法
ラポール	・調査者と被調査者の間に築かれる一定の友好関係 ・調査を円滑に進めるためには重要とされる

確認してみよう

① 質問紙調査の実施方法には、留置（とめおき）調査、郵送調査、電話調査などがある。このうち、郵送調査法は、調査対象者に調査票を郵送し一定期間の後に返送してもらう方法であり、調査対象者本人の回答が確実に得られることや、他の調査法に比べ比較的高い回収率が期待できる利点がある。国税2011

2 (1) 参照 ×

郵送調査法では、調査者と調査対象者が対面しないため、対象者本人以外が回答する可能性を排除できません。また、郵送調査法は回収率が低くなる傾向があります。

② 質問紙法のうち、面接調査は、調査員が直接対象者を訪問し、対象者から回答を聴き取って記入する方法であり、調査員自ら回答を質問紙に記入することから自計式調査に分類されている。都Ⅰ2004

2 (1) 参照 ×

（個別）面接調査は他計式調査に分類されます。調査対象者自身が記入するのは自計式、調査対象者にとっては他者である調査員が記入するのが他計式です。

③ 国勢調査などの基本的センサスは、調査員が対象者と面接して調査票に従って質問し、回答を調査員が記入する配票調査法で、留め置き調査法ともいわれる。区Ⅰ 2010

2 (1) 参照 ×

調査員が対象者と面接して調査票に従って質問するのは、個別面接調査法です。

④ 統制的観察法とは、調査者が第三者として対象集団を外側から観察する方法である。区Ⅰ 2003

2 (2) 参照 ×

これは非参与観察法についての説明です。

⑤ 参与観察法とは、調査者自らが調査の対象集団の一員として参加し、そこの人々と生活を共にしながら、観察する方法である。区Ⅰ 2003

2 (2) 参照 ○

参与観察法は質的調査に分類されます。

⑥ 非参与観察法は、ある個人の生涯を、個人的記録や生活記録を用いて、調査者が社会的文脈と関連づけて記録する調査法である。区Ⅰ 2008

2 (2) 参照 ×

これは生活史法についての説明です。

⑦ W.I.トマスとF.W.ズナニエツキは、『欧米におけるポーランド農民』において、アメリカ合衆国中西部の農村に入植したポーランド移民が、社会解体と再組織化を経験する過程で、その態度をどのように変容させていったかについて明らかにした。国般2006

2 (3) 参照 ×

ポーランドの農民は、アメリカでは主に都市に移民しました。トマスはシカゴ学派ということで、都市が主題だと判断しましょう。

⑧ 観察法には、統制的観察と非統制的観察とがあり、このうち、統制的観察は、一定の統制と刺激が加えられた時の反応を観察するものであり、その研究例として、リンド夫妻の「ミドルタウン」があげられる。都Ⅰ2004

2 (2)、(4) 参照 ×

「ミドルタウン」は、非統制的観察の参与観察法の研究例です。条件を一律に統制して観察したわけではありません。

⑨ 社会調査の中には、量的調査のほかに、質的調査と呼ばれるものがある。これは、調査者がインタビューやフィールドワークなどを通して調査対象に関するデータの収集を行うものである。W.F.ホワイトのスラムの青年たちを巡る研究『ストリート・コーナー・ソサエティ』は、これに基づくものである。国般2000

2 (4)、(5) 参照 ○

参与観察法や生活史法は質的調査に当たります。

⑩ スノーボール・サンプリングとは、広告宣伝を行って調査対象を募り、それが口コミで広がることで、雪だるま式に大量の調査協力者を獲得する方法である。国般2009

2 (6) 参照 ×

スノーボール・サンプリングは、人脈をたどる形で雪だるま式にサンプルを抽出する方法であり、広告宣伝を行うわけではありません。

⑪ ラポールとは、調査者が観察対象である個人・集団の置かれた文脈を正確に理解した上で、その発言・行動を適切に解釈できるだけの背景知識を獲得していることを意味する。国般2009

2 (6) 参照 ×

ラポールとは、調査者と被調査者の間に築かれる一定の友好関係のことです。

3 標本調査とその分析手法

(1) 全数調査と標本調査

調査票調査のうち、日本で最も大規模なものは**国勢調査**です。これは**日本に居住するすべての人を対象とした全数調査**（悉皆（しっかい）調査）の手法を採っています。国勢調査以外にも全数調査を行う政府統計（センサス）はあるものの、多大なコスト・労力がかかるため、社会調査では一般に、**調査対象とする集団（母集団）から一部の標本（サンプル）を抽出して分析する標本調査**の手法を採っています。

(2) 無作為抽出法と有意抽出法

少ない人数で全体を代表させるには、**無作為抽出**（ランダム・サンプリング）をする必要があります。ジュースを試飲すると、どこを飲んでも成分が同じだから一口で味見できます（ジュース全体が代表される）。しかし、よくかき混ぜていない味噌汁では、上澄みの部分と底の部分では味が違います。同様に、渋谷の街角の100人の属性・意見と沖縄の漁村の100人のそれが同じとは決していえません。人間の分布には偏りがあるからです。そのため、渋谷の街角で100人にアンケートを採った結果が日本全体の代表例とはとてもいえないのです。そこで無作為抽出が必要になります。

無作為抽出法（確率抽出法）では、**研究対象となる母集団のどの構成員もすべて同じ確率で選ばれるように標本抽出していきます**。原理的には、母集団の構成員全員に番号を振り、コンピュータなどで乱数を出し、その数値に該当する標本を抽出すれば、完全な無作為抽出が達成できます（実際は選挙人名簿などから抽出することが多い）。

なお、無作為抽出法は「何も考えないでやみくもにサンプルを選ぶ方法」ではありません。できる限り恣意的な偏りが出ないように、**標本の選び方を統計学的に計画した方式**です。ただし、誰をサンプルに選ぶかは無作為となります。事前に標本の選び方を計画すること（例えば、サイコロを転がして出た数字で標本を選ぶ方法を選択）と、誰をサンプルとして抽出するかまで決めること（サイコロを転がさずに、いきなり任意の個別対象を抽出すること）とは違います。後者のように、**何らかの意図を持って個別対象を抽出する方法**を**有意抽出法**（非確率抽出法）といいます。

(3) 標本調査の特性

標本調査である限り、**抽出した標本の特性が母集団全体の特性とずれる可能性は必ずつきまといます。**

例えばテレビの視聴率調査の対象は、その地域の一部の世帯だけ（数百世帯規模）

に対して行われます。そうすると、仮にプロ野球の試合の視聴率が20％と出たとしても、たまたま野球を好きな世帯が調査対象となったために母集団（その地域の世帯全部）よりも視聴率が高めに出てしまった可能性は否定できません（逆の可能性もある）。**標本抽出に伴って生じるこの誤差**のことを**標本誤差**といいます。

(4) 推定と検定

ただし、一定の手続に則って無作為抽出すれば、どの程度の確率でどの程度の標本誤差がありうるのか、統計学的に推定できます。このように、**標本の特性に基づいて母集団の特性を推定すること**を**統計的推定**といいます。また、**標本に見られる差や関連が標本誤差によるものかどうかを検討する作業**を**統計的検定**といいます。

例えば、内閣の支持率が50％と予想されていたが標本調査したら55％という結果が得られた場合、これが標本誤差の範囲内であれば、たまたま内閣に好意的な人を多く抽出したから高めに出たと判断します。また、標本誤差の範囲外であれば誤差が大きすぎるため、予想自体が誤っていて実際は母集団の支持率は50％より高いと判断します。

(5) 代表値

代表値とは、**ある集団を構成する各個体の観測値全体を代表する値**のことです。

平均値	・各個体のデータを合計して個体数で割った値
中央値（メディアン）	・データを大きさの順に並べて中央にある値
最頻値（モード）	・最も個体数の多い値、最も度数（起こった回数）の多い値

平均値は、中央値よりも極端な観測値の影響を受けやすいです。例えば、{1, 1, 1, 2, 5} というデータの場合、中央値は５サンプルのうち３番目に位置する１、最頻値は３回出現する１であるのに対して、平均値は（1＋1＋1＋2＋5）÷5＝2となります。一方、{1, 1, 1, 2, 100} というデータの場合は、中央値と最頻値は同様に１であるのに対して、平均値は（1＋1＋1＋2＋100）÷5＝21となります。

確認してみよう

① 社会調査は、調査対象の範囲や規模によって、対象となる全部の標本（サンプル）を調査する全数調査（悉皆調査）と、対象の中の一部を抽出して調査する標本調査（サンプリング調査）とに分けられる。1920（大正９）年以来５年ごとに行われている「国勢調査」は、我が国で唯一の全数調査である。国般1998

3 (1) 参照 ×

全国民でなく限定された対象への全数調査は国勢調査以外にも多数あります。例えば「農林業センサス」は、農家や林家など農林業を営むすべての世帯・法人を対象に５年ごとに実施している調査です（農林業関係の世帯・法人の全数調査）。

② 社会調査で調査対象の一部を抽出して調査することを、標本調査（サンプリング調査）という。標本調査においては、通常、無作為抽出（ランダム・サンプリング）という手法が採られる。青少年の意識を調査するのに、東京渋谷駅前ハチ公銅像の周辺で青少年を片っ端から標本にして調査するのは、これに当たる。国般2000

3 (2) 参照 ×

ハチ公前で無計画に標本を集めるのは、無作為抽出に当たりません。「無作為」というのは、どの対象を選ぶのかについて作為を持ち込まないということであって、選び方は統計学的に厳密に計画するものです。問題文の例では、調査の母集団が何に当たるのか特定できず、さらに抽出手続が無作為ではないため、まともな統計調査とはみなされません。

③ 標本調査のうち、無作為抽出法は、ランダム・サンプリングともよばれ、母集団の中から標本を無計画に抽出するものであり、抽出作業は簡単であるが、標本誤差については理論的に計算できないとされる。都Ⅰ2004

3 (2)、(3) 参照 ×

無作為抽出法は、標本を計画的に抽出する方法で、標本誤差を理論的に計算できます。

④ 標本調査における非確率抽出法は、調査者が母集団を代表するような標本を意図的に選び出す方法であり、標本の代表性は保証される。区Ⅰ2008

3 (2) 参照 ×

非確率抽出法（有意抽出法）では、標本の代表性は保証されません。非確率抽出法の場合、抽出された標本が母集団の中で代表的なものなのか、それとも偏ったものなのか、どの程度ずれている可能性があるのか算定不能であり、誤差は計算できません。

---

5 データ全体の特徴を一つの数値で表したものを代表値という。代表値として用いられるもののうち、メディアンはデータを大きさの順序に並べたときに中央にある値のことであり、モードは度数の最も大きいデータの値のことである。国税2011

3 (5) 参照 ○

代表値としてよく用いられるのは「平均値」ですが、メディアン（中央値）やモード（最頻値）にも長所はあり、しばしば用いられます。

4 調査票作成上の注意点

(1) 調査票による調査

調査票（質問票）とは、調査項目・調査内容を質問文の形にして体系的に並べて定式化した用紙・小冊子をいいます。これにより調査を行う場合、その設計において注意すべき点があります。

ここでは特に**ワーディング**の注意点を取り上げます。ワーディングとは**質問内容を文章化する過程やその結果としての言いまわし**のことですが、適切な回答が得られるように、言葉遣いや質問の順序、選択肢の設け方などに細心の注意を払う必要があります。

(2) 避けるべきワーディングの例

完全に価値中立的な言葉や、影響関係が全くない問題文の配列はあり得ませんが、調査票の作成の際には、調査目的に適切な回答を得られるよう配慮が必要です。

難解な言葉	・質問内容を理解してもらえなければ適切な回答は得られない

ステレオタイプな表現	・固定的な評価が定着した表現 ・例えば「官庁職員の再就職」と「官僚の天下り」は同じ事態を指す言葉だが、後者の表現を採るとマイナスイメージが強まり、回答の傾向が否定的に変わることが予想される
ダブル・バーレル質問	**・一つの質問文の中に二つ以上の質問内容が含まれている形式** ・例えば、「あなたは、野球やサッカーは好きですか」という質問文の場合、両方好きか両方嫌いな人は問題ないが、野球は好きだがサッカーは嫌いな人（またはその逆の人）は、どう回答してよいのか困ってしまう
インパーソナル質問とパーソナル質問の混同	**・建前と本音のどちらを質問しているのかが明確でない質問** ・例えば「世の中で重要なのはお金だと思いますか」という質問文の場合、「一般論として」というインパーソナル質問だと受け取る人もいるが、「あなた自身にとって」というパーソナル（個人的）質問と受け取る人もいる
キャリー・オーバー効果	**・質問文の配置による回答誘導効果** ・例えば、「あなたは、原子力発電所をもっと普及させるべきだと思いますか」という質問をする際に、直前に「あなたは、地球温暖化対策のために火力発電所の数を減らすべきだと思いますか」という質問文を置く場合と、「あなたは、原子力発電所のプルトニウムが核爆弾に転用される可能性はあると思いますか」という質問文を置く場合とでは、回答の傾向が変わることが予想される

⑶ 測定の尺度

社会調査では、データを処理する際に調査結果に数値を割り当てますが、データの種類により、**名義（名目）尺度・順序尺度・間隔尺度・比率尺度**の四つの水準があります。

下の段階の尺度は上の段階の性質を持ちます（比率尺度は、観察対象の状態を数値化したものだし、数値の順序に意味はあるし、数値どうしの間隔は等しいです）。また、下の段階の尺度になるほど統計処理はしやすくなります。

名義尺度と順序尺度で得られるのは質的データであり、数値の計算があまり意味を持たないため、**統計的処理が可能な範囲は限られます。**特に**名義尺度では、平均値で特性を見るのは不適切**となります。一方、**間隔尺度と比率尺度で得られるのは量的データ**であり、数値どうしの加算・減算が可能なため、さまざまな統計的処理ができるようになります。

① 名義（名目）尺度

名義（名目）尺度とは、**観察結果に対して、全く任意の順序で名目的に数値を割り当てている尺度**です。社会調査では、統計処理しやすくするために調査データに数値を割り当てます。

例えば質問票で、

あなたの好きなスポーツは何ですか。　1．野球　2．サッカー　3．テニス

と尋ねた場合、野球と答えた場合には1、サッカーと答えた場合には2の数値を割り当てます。

ですがこの場合、**数値自体には特別な意味はありません**。「1．テニス、2．野球、3．サッカー」でも、「1．サッカー、2．テニス、3．野球」でも構いません。数値はただデータ処理のためだけに**名義**としてつけたものであり、**平均をとっても意味がありません**。

②　順序尺度

順序尺度とは、**観察結果に対して、測定される特性の量の大小の順に数値を割り当てる尺度**です。

	健康でない	どちらかといえば健康でない	どちらともいえない	どちらかといえば健康	健康
あなたは健康ですか	1	2	3	4	5

この場合、数値の順序を勝手に入れ替えるわけにはいきません。例えば「1．どちらかといえば健康」、「2．健康でない」、「3．どちらかといえば健康でない」と数値を割り当てたら無茶苦茶になります。このように、**順序が意味を持っている**点で名義尺度とは異なります。

③　間隔尺度

間隔尺度とは、**与えられた数値どうしの間隔が意味を持つ尺度**です。例えば摂氏（℃）とは、温度を測定した数値であり、10℃～20℃の間隔と20℃～30℃の間隔が等しいという点で間隔尺度といえます。ただし摂氏にはマイナスがあるため、0℃はゼロの点を意味しません（温度という性質は消えません）。したがって、「気温30℃は気温10℃の3倍暑い」とはいえず、次で述べる比率尺度にはなりません。ともあれ**間隔尺度になると、平均や標準偏差などの通常の統計的計算は許されるようになります（順序尺度では平均値の計算が意味を持ちません）**。

ただし、統計的計算を可能にするために、本来は順序尺度である「健康度」を間隔尺度とみなして分析することもあります。その場合は、例えば「『1．健康でない』と『3．どちらともいえない』の健康度の差は『4．どちらかといえば健康』と『5．健康』の健康度の差の2倍である」と仮定することとなります（3－1＝2、5－4＝1だから）。

その場合でも、意味を持つのはあくまで間隔であって、「『3．どちらともいえな

第7章　社会調査法

い』は『1．健康でない』の3倍健康」ということにはなりません（次で述べる比率尺度にはなりません）。

④ 比率尺度

比率尺度とは、**観察結果に対して、ゼロの点**（問題としている性質が全く存在していない点）**が存在するように数を割り当てている尺度**です。例えば年収の場合、ゼロの点が存在するし「年収200万円と年収600万円を比べると、600万円のほうが年収は3倍だ」といえます。

確認してみよう

① 社会調査で、質問票を作成する場合には、被質問者の回答を一定の方向に誘導するために、ステレオタイプ化した（社会的に固定化したプラスやマイナスの印象や評価を含む。）表現を用いることが適切である。例えば、「草の根の住民運動」や「うさぎ小屋並みの日本の住宅」といった表現がそれである。国般1998

4 (2) 参照 ×

ステレオタイプ化した表現は避けるべきです。そのような表現を用いてしまうと、回答結果がそのような表現によって誘導されて生じたものなのか、それとも「本来」の回答を表したものなのかを判断することが困難になります。

② 社会調査で質問文を作成する場合には、ダブルバーレル（本来は二連発銃のこと）という質問形式が適切であるといわれる。これは、一つの質問文の中で、関連する二つの項目について同時に質問することを指す。例えば「あなたは現在の職業や収入に満足していますか」という質問文がこれに当たる。国般2000

4 (2) 参照 ×

ダブル・バーレルは避けるべき質問形式です。このような質問をしてしまうと、職業に関する満足なのか、収入に関する満足なのか、どちらについて答えているのかがわからなくなってしまいます。

③ 調査票の質問文のワーディングにおいて注意すべき事項のうち、アナウンスメント効果とは、前の質問が、後の質問に対する回答に影響を与えることを指し、例えば、外国人犯罪に関する質問の後、外国人労働者の受入れに関する質問をするといった例が挙げられる。国税2011

4 (2) 参照 ×

これは、キャリー・オーバー効果に関する記述です。

④ キャリーオーバー効果とは、質問用紙調査などを実施する際に、その直前に発生した予期せぬ事件の強い印象などが、回答の傾向に影響を与えることをいう。国般2009

4 (2) 参照 ×

キャリー・オーバー効果とは、質問文の配置による回答誘導効果のことであって、質問以前の事件による効果ではありません。

過去問にチャレンジ

問題1 **社会調査に関する記述として、妥当なのはどれか。**

★

区Ⅰ 2013

❶ 面接調査法とは、調査対象者に学校の教室や集会室など一定の場所に集まってもらい、質問紙を配布して、一定の時間内で調査員が回収を行う方法である。

❷ 留置法とは、自計式の調査方法であり、調査員が調査対象者を訪問して調査票を配布し、後日再訪問してその回収を行う方法である。

❸ 標本調査における無作為抽出法とは、母集団を代表するような標本を調査者が任意に抽出する方法であり、標本誤差の算定ができないという欠点がある。

❹ 生活史法とは、調査者が調査対象者を含む集団に生活者として入り込み、人々と生活を共にしながら、時間をかけて内側からありのままの姿を観察する方法である。

❺ ダブルバーレル質問は、質問票を用いた調査において、質問文の中に二つ以上の論点や文節を含むものをいい、効率的に正確な回答が得られるため、適切であるとされている。

【解答・解説】

正解 ❷

基本的な知識の確認になる良問です。

❶ ×　これは集合調査法に関する記述です。（個別）面接調査法とは、調査員が対象者に直接会って調査票に記入する方法を指します。

❷ ○　ここで、「自計式（自記式）」とは調査される側（本人）が自分で回答を調査票に記入する方法、「他計式（他記式）」とは調査する側（調査員）が対象者の回答を調査票に記入する方法を指します。

❸ ×　無作為抽出法とは、母集団のすべての個体が等確率で選ばれるようにランダム（無作為）に抽出する方法で、これにより標本誤差が算定できます。それに対して、母集団を代表するような標本を調査者が任意に抽出する方法は「有意抽出法」で、標本誤差の算定ができないという欠点があります。

❹ ×　これは、参与観察法に関する記述です。それに対して、生活史法とは、個人または集団の生涯を、自伝・伝記・日記などを用いて、研究者が社会的文脈と関連させて記録した「生活史（ライフ・ヒストリー）」に基づく調査・分析方法で、文献調査の一種といえます。

❺ ×　ダブル・バーレル質問は、質問文の中に二つ以上の論点が含まれるため、回答者はどちらの論点に回答してよいのかわからず混乱を招くこともあって、**不適切**な質問形式とされます。また、二つ以上の**文節**が含まれるかどうかは、ダブル・バーレル質問と直接関係ありません。

問題2 **社会調査に関する記述として、妥当なのはどれか。**

★ 区Ⅰ 2017

❶ 全数調査とは、悉皆(しっかい)調査とも呼ばれ、調査対象となったすべての要素を網羅的に調査する方法であり、我が国では、国内の人口や世帯の実態を明らかにするために行われている国勢調査が、代表例として挙げられる。

❷ 生活史法とは、調査者自身が調査対象集団の一員として振る舞いながら観察する方法であり、ホワイトの「ストリート・コーナー・ソサイエティ」が有名である。

❸ 留置法とは、調査員が調査対象者宅を訪問して調査票を配布し、後日それを回収する調査法であり、調査対象者自身に質問票を記入してもらうよう依頼しているため、調査対象者本人が記入したか不明であるという欠点はない。

❹ 無作為抽出法とは、ランダム・サンプリングと呼ばれ、母集団に含まれる個体をサンプルとして抽出する際には、調査者が意図的に抽出するやり方であり、確率抽出の原理を用いた抽出法ではない。

❺ 参与観察法とは、手紙や日記などの個人的記録や生活記録を用いて、社会的文脈と関連づけて記録する調査法であり、トマスとズナニエツキの「ヨーロッパとアメリカにおけるポーランド農民」が有名である。

【解答・解説】

正解 ❶

これも、基本的な知識の確認になる良問です。

❶ ○　ただし、調査にかかるコストが莫大なため、大規模な調査対象に対する全数調査は限定されます。

❷ ×　これは、参与観察法に関する記述です。参与観察は、うまくいけば調査対象者が観察されていることをあまり意識せずに済むこと、出来事を調査対象者にとっての意味に即して理解できることなどの長所があるため、調査者が対象者と文化様式を異にし、外部からの非参与観察では実態が理解されにくい場合に特に有効とされます。しかし、ある観察者が対象集団においてそのメンバーとして占めた位置が別の観察者によって再現できない（データの信頼性が十分に確保されない）などの点で限界はあります。

❸ ×　留置法では、調査対象者が質問票に記入する場面には立ち会わないため、本当に調査対象者自身が記入したかどうかを確認することは一般論としてはできません。

❹ ×　無作為抽出法は、母集団に含まれる個体を調査者が**作為なし**に抽出する方法で、確率抽出の原理を用いた抽出法です。

❺ ×　これは、生活史法に関する記述です。

問題3 社会調査の方法に関する記述として、妥当なのはどれか。

★

区Ⅰ 2019

❶ 参与観察法とは、調査者自らが、調査の対象である集団に成員として参加し、そこの人々と生活を共にしながら観察する調査法であり、この代表例として、W.F.ホワイトが著した「ストリート・コーナー・ソサエティ」がある。

❷ 統制的観察法とは、調査対象者や観察方法を統制して観察する調査法であるが、条件を統制することには限界があり、非統制的観察に比べて客観性が低下するという欠点がある。

❸ 留置法とは、調査員が調査対象者を訪問して調査票を配布し、一定期間内に記入してもらい、調査員が再び訪問して回収する調査法であり、回収時に面接をせず調査対象者本人が記入したかどうかを確認できるという利点がある。

❹ 面接調査法とは、調査員が調査対象者と対面して質問し、回答を調査対象者が調査票に記入する調査法であり、調査対象者との間に友好的な関係を成立させることなく、スムーズに回答を引き出すことが必要である。

❺ 雪だるま式抽出法とは、個人の生涯を社会的文脈において詳細に記録したものを資料として研究する調査法であり、この代表例として、トマスとズナニエツキが著した「ヨーロッパとアメリカにおけるポーランド農民」がある。

【解答・解説】

正解 ❶

各調査法の特徴に関する理解を問う良問です。

❶ ○　参与観察法は、非統制的観察法の１類型です。

❷ ×　統制的観察法では、調査対象者や観察方法を統制することにより、観察結果に影響を与える要因を絞り込むことができるため、条件の統制が限定的な場合でも、条件を統制しない非統制的観察法に比べて客観性が**上昇**するという利点があります。

❸ ×　一般に、留置法では調査員がいない場面で調査対象者が調査票に記入する「自計式」のため、調査対象者本人が記入したかどうかは**確認できない**欠点があります。また、留置法では、調査員が調査票を回収する際に、調査対象者と**面接して**調査票の中身を確認する作業をするのが通例です。

❹ ×　面接調査法は、**調査員が**回答内容を調査票に**記入する**「他計式」です。調査の間、調査員が面接し続けることになるため、調査対象者に記入させるよりも、調査の趣旨や回答方法を十分に理解している調査員が記入することで調査もスムーズに進み、誤解や記入ミスを防ぐことができます。また、面接調査法では、調査員と調査対象者との間に**友好的な関係が成立していたほうが**、スムーズに回答を引き出すことができます。

❺ ×　これは、生活史法に関する記述です。それに対して「雪だるま式抽出法」（スノーボール・サンプリング）とは、はじめに少数の個人をサンプルとして抽出したうえで、その人の最も親しい友人を紹介してもらって調査し、さらにその友人の友人を紹介してもらってというように、人脈をたどる形で雪だるま式にサンプルを抽出する方法です。

問題4 ★ **代表的な社会調査法に関する記述Ａ～Ｄとその名称の組合せとして妥当なのはどれか。**

国税2009

A 確実に調査対象者から調査でき正確な回答を得ることができる、高い回収率が得られるといった利点をもっているが、調査員の態度が回答をゆがめたり、人件費等の経費がかさむという短所をもっている。

B 調査対象者に直接会うことができなくても調査が可能であり、また回収時に回答のチェックができるという利点があるが、回答が本人のものかどうか確認できないことや、対象者本人が調査票に記入するため、調査対象者の回答能力に依存する面も大きいという短所をもっている。

C コストが低く、どんなに交通の便の悪いところでも調査できるという利点があるが、回収率が非常に低いという短所がある。また、回答が本人のものかどうか確認できないことや誤記入・誤回答などの問題もある。

D 調査が迅速でコストも低いという利点はあるが、質問数が限定され、込み入った複雑な質問はできない。そのため、聞き誤りの少ない調査には向いているが、掘り下げた多くの質問を聞く調査としてはふさわしくない。また、相手が調査対象者でなくても本人になり代わって回答してしまう可能性もある。

	A	B	C	D
❶	個別面接調査	留置調査	電話調査	郵送調査
❷	個別面接調査	留置調査	郵送調査	電話調査
❸	個別面接調査	郵送調査	留置調査	電話調査
❹	電話調査	個別面接調査	留置調査	郵送調査
❺	電話調査	個別面接調査	郵送調査	留置調査

【解答・解説】

正解 ❷

各調査法の特徴の正確な理解が必要となりますが、組合せ問題であるため、B～Dのうち二つがわかれば、正解肢は導き出せます。この種の問題では、上から順に検討するのではなく、明らかなものから絞っていきましょう。

A　「個別面接調査」が該当します。これは、調査員が対象者に個別に面接しつつ調査票に記入する方法であるため、対象者本人であることを確認できます。また、面前で説明できることから、複雑な質問に対する正確な回答と高い回収率を期待できます。他方で、面前にいることで調査員の態度による回答の偏りを生じさせる可能性もあります。また、個別に面接するということはそれだけ調査員の数が必要になり、調査地に行くための交通費もかかります。

B　「留置調査」（配票調査）が該当します。これは、調査者が対象者を戸別に訪問して調査票を配り、一定期間の後に再び訪問して回収する方法であるため、問題文に示されているような長所・短所があります。

C　「郵送調査」が該当します。これは、調査票を郵送して対象者に記入・返送してもらう方法であるため、日本国内ならどんな遠方の調査でも、かかる費用は原則として、（封筒代＋質問紙・依頼状のコピー代＋切手代）×対象者数、だけで済みます。他方で、対象者とのやり取りは文書しかないために督促効果が弱く、他の調査よりも回収率は低くなります。また、調査員のいないところで被調査者が質問紙に記入するため、本人のものかどうか確認できませんし、留置調査のように回収時に回答内容をチェックすることもできないので、誤記入・誤回答の問題もあります。

D　「電話調査」が該当します。これは、電話で調査票の内容を説明して対象者に答えてもらう方法であるため、調査が迅速という長所があります。他方で、情報を口頭で説明せざるを得ないので、文書調査のように複雑で長い内容を伝達することは困難です。

問題5 社会調査に関する次の記述のうち、妥当なのはどれか。

★

国税・財務2015

❶ 量的調査とは、一般に少数の事例について全体関連的にデータ収集を行い、調査事象を分析する方法である。量的調査を用いた研究の代表例としては、H.S.ベッカーの『アウトサイダーズ』が挙げられる。

❷ 非統制的観察とは、観察方法を除いて一切の統制が加えられない状態で、観察者によってありのままの調査対象を観察する方法である。調査対象者の行動を全体的文脈の中で捉えることが可能とされる点で、統制的観察より観察の客観性・データの信頼性が高い。

❸ 参与観察法とは、調査者自身が、調査対象集団の一員として振る舞い、その中で生活しながら多角的に観察する方法である。参与観察法を用いた研究の代表例としては、W.F.ホワイトの『ストリート・コーナー・ソサエティ』が挙げられる。

❹ 非指示的面接（自由面接）とは、調査票（質問票）などによってあらかじめ定められた形式に従って行う面接法であり、標準化面接、構造化面接とも呼ばれる。非指示的面接では、面接者（調査員）が調査主題について精通していない者であっても正確な調査結果を得ることができる。

❺ 生活史法とは、調査対象となる地域を一定期間観察することにより、その地域の歴史を詳細に記述する方法である。生活史法を用いた研究の代表例としては、E.デュルケムの『自殺論』が挙げられる。

【解答・解説】

正解 ❸

正解肢が明確なので一本釣りできるでしょう。

❶ × これは、質的調査に関する記述です。H.ベッカーの『アウトサイダーズ』は、ベッカー自身がダンスミュージックのバンドの一員として演奏旅行に参加する中でミュージシャンを参与観察した研究として知られています。「量的調査」は、多数の事例について少数の側面を把握する方法です。

❷ × 調査対象者の年齢や性別などの属性を同一にするなどさまざまな条件を統制（コントロール）して観察する統制的観察と異なり、非統制的観察では観察事象の再現可能性や変数の操作可能性が担保されないことから、観察の客観性・データの信頼性が**低く**なります。

❸ ○ 参与観察法についての簡潔な説明となっています。

❹ × これは、指示的面接に関する記述です。非指示的面接（自由面接）は、調査票の形式にはこだわらず、相手や状況に応じて自由に質問を変更する面接法です。ただし、調査員の裁量の要素が大きい分、調査結果のばらつきも大きいとされます。

❺ × É.デュルケムの『自殺論』は、政府の自殺統計を用いた研究の代表例です。生活史法を用いた研究の代表例としては、W.トマスとF.ズナニエツキの『欧米におけるポーランド農民』が知られています。

問題6 ★

次は、社会調査に関する記述であるが、A、B、Cに当てはまるものの組合せとして最も妥当なのはどれか。

国税2010

社会調査は、統計的研究と事例的研究とに分けられる。

統計的研究は、数理統計学的手法を用いて対象とする社会的事象の把握・分析・記述を行う調査方法であり、複数の個体からなる個体群の全体に焦点を当てている。大量の調査対象に関するデータを数量化して、［ A ］に把握し得るという利点を有するが、調査対象の限られた側面しか把握できないことや、数量化し得ないデータを得ることができない、などの欠点もある。

一方、事例的研究は、何らかの個体として切り取られた現象を研究するものである。事例的研究の利点は、数量化し得ない質的なデータをも綿密にとらえることができること、時間的変化を追求することができることなどが挙げられる。欠点としては、少数の限られた事例からしか知見が得られず、したがってその知見の普遍化には［ A ］な要素が欠落しがちであることなどが指摘される。また、事例的研究の一つに、「参与観察」と呼ばれる方法があり、［ B ］の『［ C ］』はその代表的事例として有名である。

	A	B	C
❶	客観的	ホワイト（Whyte, W.F.）	ロンドンの民衆の生活と労働
❷	客観的	ブース（Booth, C.）	ロンドンの民衆の生活と労働
❸	客観的	ホワイト（Whyte, W.F.）	ストリート・コーナー・ソサエティ
❹	主観的	ブース（Booth, C.）	ロンドンの民衆の生活と労働
❺	主観的	ホワイト（Whyte, W.F.）	ストリート・コーナー・ソサエティ

【解答・解説】

正解 ❸

組合せ問題ですので、解答は容易です。

A　「客観的」が該当します。研究者レベルではいろいろな議論がありますが、公務員試験のレベルでは、統計的研究は「客観的」、事例的研究は「主観的」という対応関係で覚えておけば大丈夫です。

B　「ホワイト」が該当します。

C　『ストリート・コーナー・ソサエティ』が該当します。同書は、W.F.ホワイトが、20代半ばにイタリア系移民のスラム街コーナーヴィルに住み込んで参与観察した調査の報告書として有名です。

他方で、C.ブースの『ロンドンの民衆の生活と労働』は、踏査的方法による社会調査の先駆けであり、1886年から十数年にわたって統計的研究方法と事例的研究方法の両方を駆使してロンドン市で実施した全数調査の報告書です。同書は「貧困」、「職業」、「宗教的影響」の3部からなり、特に「貧困」の部分が大きな反響を呼び、後代の研究に影響を与えました。

問題7 ★ **参与観察法に関する次の記述のうち、A、B、Cに当てはまるものの組合せとして妥当なのはどれか。**

国税2008

参与観察法を人類学的フィールドワークの中心的技法として初めて明確な形で打ち出したのは、ポーランド生まれの人類学者［ A ］である。彼は、ニューギニア島の近くにあるトロブリアンド諸島で、延べ2年あまりにわたる人類学的調査を行い、それをもとに記念碑的な著作『西太平洋の遠洋航海者』を1922年に発表した。彼以前にも参与観察的な調査を行った研究者はいたのであるが、［ A ］は、この本の中で、住民の言葉を話し、かつ彼らと行動をともにして行う人類学者のイメージを誰よりも見事な文章で生き生きと描き出すことに成功した。そして、それ以来、参与観察を中心とするフィールドワークは人類学のスタンダードな方法の一つとして考えられるようになった。

参与観察は、人類学の専売特許ではない。現代社会を対象とする社会学の場合も、現場に入り込んで調査活動を行うことを身上とする、いわゆる「調査屋」たちの多くは、参与観察法を主要な技法として用いてきた。特に、都市民族誌の黄金時代といわれる1920年代から30年代にかけて活躍した［ B ］の社会学者たちの仕事は、参与観察法を用いた研究として有名である。

また、アメリカ中西部の都市を調査し、生活費の獲得方法に注目して、人を相手にするか物を相手にするかによって住民を業務階層（business class）と労務階層（working class）に分けた上で、生活費獲得、家庭管理、青少年育成など六つの側面でこの二階層がとっている対照的行動様式を記録したリンド夫妻の『［ C ］』は、参与観察を用いた研究例として代表的なものである。

	A	B	C
❶	マリノフスキー（Malinowski, B.K.）	シカゴ学派	ヤンキー・シティ
❷	マリノフスキー（Malinowski, B.K.）	シカゴ学派	ミドルタウン
❸	マリノフスキー（Malinowski, B.K.）	コロンビア学派	ヤンキー・シティ
❹	レヴィ＝ストロース（Lévi-Strauss, C.）	シカゴ学派	ミドルタウン
❺	レヴィ＝ストロース（Lévi-Strauss, C.）	コロンビア学派	ヤンキー・シティ

【解答・解説】

正解 ❷

まず、Cが「ミドルタウン」であることはすぐにわかるでしょう。その段階で、正解は❷・❹に絞られます。また、Bは、「都市民族誌」ということで「シカゴ学派」となり、❷が正解だとわかります。

A　「マリノフスキー」が該当します。B.マリノフスキー（1884～1942）は、トロブリアント諸島の調査に基づいて機能主義的人類学を提唱し、T.パーソンズの構造=機能主義に影響を与えました。公務員試験の社会学では他に、文化の3類型（物質文化・非物質文化・制度文化）を提唱した人物としても出題されます。

他方で、C.レヴィ=ストロース（1908～2009）はフランスの文化人類学者で、人類学における構造主義の提唱者として知られています。両者はいずれも著名な人類学者という点で共通しているものの、マリノフスキーはポーランド出身で、機能主義を提唱し、第二次世界大戦前に活躍したのに対して、レヴィ=ストロースはフランス出身で、構造主義を提唱し、第二次世界大戦後に活躍した点で異なります。

B　「シカゴ学派」が該当します。社会学におけるシカゴ学派は、W.トマス、R.パーク、E.W.バージェス、L.ワースを代表格とします。フィールドワーク・参与観察という調査方法を広く用いており、都市社会学研究で有名です。

他方で、社会学におけるコロンビア学派は、20世紀初頭ではF.ギディングス、20世紀半ばではR.K.マートンやP.F.ラザースフェルドが代表格です。いずれも数理統計的な調査方法を広く用いており、後者は中範囲の理論に基づいた研究や投票行動研究、マス・コミュニケーション研究で有名です。

C　「ミドルタウン」が該当します。一方、『ヤンキー・シティ』は、W.L.ウォーナーの著作です。ウォーナーは、1930年から1935年にかけて、アメリカの小都市ヤンキー・シティ（仮名）を参与観察し、住民どうしの評価に基づいた相互評価法と、職業・収入源・住居形態・居住地域を指標とする地位特性指数により、地域社会の階層構造を分析しました。

問題8 **社会調査に関する次の記述のうち、最も妥当なのはどれか。**

★

国般2010

❶ 無作為抽出法（ランダム・サンプリング）は、調査が困難な対象を母集団から除外した集まりから一定間隔で標本を抽出するもので、標本誤差の算定が困難であるという短所をもつ。

❷ ダブルバーレル質問は、質問紙による調査において、質問文の中に回答を誘導するような表現を含んでいるものを指し、回答者がそれに影響されてしまう点で不適切な質問形式とされる。

❸ SSM調査は、事例調査やインタビューなどの質的データを時系列的に集めることによって、我が国の階層構造の変動と社会移動を分析することを目的としている。

❹ 参与観察とは、調査者自身が調査対象の一員として振る舞いながら観察する方法であり、対象者の内面まで観察が行き届く、事象を対象者自身にとっての意味に即して理解できるという長所をもつ。

❺ 生活史法とは、フィールドワーク的手法を用いて、大都市スラムの若者や各種マイノリティの生活や文化を細部にわたって記述し体系化を図る手法である。

【解答・解説】 正解 ❹

国家一般職の過去問の中では基本的な問題です。

❶ × 無作為抽出法は、調査が困難な対象も**除外せず**、母集団のすべての対象が当確率で抽出されるようにする方法で、これにより標本誤差が統計学的に算定可能となります。

❷ × これは、キャリー・オーバー効果に関する記述です。他方でダブル・バーレル質問とは、一つの質問文の中に二つ以上の質問内容が含まれている質問形式のことです。

❸ × SSM調査は、質問紙によって収集された**量的**データを時系列的に集めています。

❹ ○ 参与観察法についての簡潔な説明となっています。

❺ × 生活史法は、自伝・伝記・日記等を用いて、個人または集団の生涯を研究者が再構成する調査（資料調査）で、フィールドワーク的手法のように調査対象者との直接の接触はありません。

問題9 社会調査に関する次の記述のうち、妥当なのはどれか。

★★

国般2020

❶ 一般に、個別面接調査、留置調査、郵送調査、電話調査の四つの調査法を回収率とコストの観点から比較した場合、最も高い回収率が期待できるのは郵送調査だが、郵送料が必要となるため、コストの面では他の三つの調査法と比べて高くなる。

❷ キャリー・オーバー効果とは、一つの質問文に複数の意味が存在することによって、調査対象者に困難や誤解をもたらすことをいう。例えば、「アルコールの摂取は健康に害をもたらすので、やめるべきであると思うか」という質問文がこれに該当する。

❸ ダブル・バーレルとは、一つの調査票の中で前に置かれた質問の回答が後に置かれた質問の回答に影響を与えることを意味するが、調査票の構成や項目の順序を変えることにより、こうした影響を完全に排除することができる。

❹ 統計的調査には、母集団全員に調査を行う全数調査（悉皆（しっかい）調査）と、母集団から一部を取り出し全体の特徴を推定する標本調査があり、標本調査の優れた点としては、調査に伴うコストを低く抑えたり、誤答、誤記入、入力ミス等から生じる誤差（非標本誤差）を小さくしたりすることができることが挙げられる。

❺ 無作為抽出とは、調査者が調査対象者を偶然によって無秩序に選ぶ抽出法で、例えば、日本全国の高校生の政治的態度を明らかにするために、原宿駅前を通りかかった高校生から偶然見つけた100人を選ぶ場合、これを無作為抽出と呼ぶことができる。

【解答・解説】

正解 ❹

これも、国家一般職の過去問の中では基本的な問題です。

❶ ×　郵送調査は、コストの面では他の三つの調査法と比べて**安く**なりますが、回収率は**低く**なる傾向があります。

❷ ×　これは、キャリー・オーバー効果ではなくダブル・バーレル質問に関する記述です。

ヒント

ダブル・バーレル質問は、例えば「あなたは、野球やサッカーは好きですか」という質問文のように、「野球」と「サッカー」という異なる二つのスポーツへの好悪を同時に問われるような形式をいいます。また、この問題文のように、「アルコールの摂取は健康に害をもたらす」ということと「アルコールをやめるべき」ということの二つについて問われる形式も該当します。「適度なアルコールの摂取は健康によい」という通俗的な理解がありますから、「アルコールの摂取は健康に害をもたらす」とは思わない人がいるかもしれません。また、仮に「アルコールの摂取は健康に害をもたらす」いう点には賛成であっても、「でもやっぱりお酒はやめられない」という人は多いと思われます。

❸ ×　これは、ダブル・バーレルではなくキャリー・オーバー効果に関する記述です。ただし、調査票の構成や項目の順序を変えても、影響を「軽減」はできますが「完全に排除」することはできません。

❹ ○　例えば、全数調査である国勢調査は、１回当たり700億円ほどの経費を要しています。

❺ ×　無作為抽出（法）は、調査者が統計学的手法に則って計画的に調査対象者を選ぶ抽出法で、「偶然」によって「無秩序」に選んでいるわけではありません。また、挙げられている例も無作為抽出とは呼べません。

問題10 社会調査に関する次の記述のうち、妥当なのはどれか。

★★

国般2002

❶ 一定の社会事象についてデータを収集し、それを解析することを社会調査という。社会調査で収集されるデータは、第一次的なデータと第二次的なデータに区分される。前者は現地調査によるデータを指し、後者は文献調査によるデータを指す。一般に社会調査は、第二次的なデータの収集に主眼を置く。

❷ 社会調査の一つの原型は、人口の全数調査であるセンサスにあるといわれる。我が国では、大正9（1920）年以来原則として5年ごとに行われている国勢調査がこれに当たる。今日では人口以外の全数調査を指して、センサスという場合がある。例えば、農業センサスや工業センサスと呼ばれるものがこれに当たる。

❸ 社会調査には、統計調査（量的調査）と共に事例調査（質的調査）と呼ばれるものがある。これは一つあるいは少数の事例についてデータを収集し、それを分析する方法である。一般に、事例調査によって得られる知見は、主観性を免れない。したがって、今日では、それは科学的な知見とはみなされない。

❹ 社会調査で統計調査を行う場合には、通常は標本調査が行われる。これは調査対象（母集団）から一定の標本（サンプル）を抽出して、調査するものである。その際、調査者が自由に標本を抽出することを無作為抽出法（ランダム・サンプリング）という。例えば、街角でのアンケートがこれに当たる。

❺ 社会調査を実施するに当たっては、調査者に特有の倫理が求められる。一般にこれを調査倫理という。例えば、対象者を傷つけてはならないとか、欺いてはならないといったことがそれに当たる。もっとも、行政上の目的で実施される社会調査においては、このような倫理を堅持する必要はないといわれる。

【解答・解説】

正解 ❷

基本的な問題です。❺は常識で判断してください。

❶ ×　一般に、社会調査は第一次的なデータの収集に主眼を置きます。ただし、生活史法の古典とされる『欧米におけるポーランド農民』のように、第二次的なデータに基づく調査もあります。これは、ポーランド系移民に関する新聞記事・裁判記録・行政機関の記録や、彼ら自身の手紙・日記・自伝などをもとにしています。

❷ ○　例えば、農林水産省が実施している「農林業センサス」は、調査実施年の２月１日現在のすべての農林業経営体を調査対象としています。

❸ ×　事例調査により得られる知見も、科学的とみなされています。統計調査と事例調査はそれぞれ長所と短所を持つため、併用することでより深い知見が得られます。

❹ ×　無作為抽出法では一般に、乱数に従って標本を抽出するため、「**自由に標本を抽出すること**」はできません。また、街角でのアンケートは例として不適切です。

❺ ×　当然ながら、行政上の目的で実施される社会調査も、調査倫理を堅持する必要があります。例えば、統計法第３条、第41条、第43条で「秘密の保護」が明記されており、第57条では情報を漏らした場合の罰則が規定されています。

問題11 社会調査法に関する次の記述のうち、妥当なのはどれか。

★★

国般2006

❶ 参与観察や非指示的面接によってデータを集め、主観的な洞察によって分析をしていく質的調査は、統計的な手法を用いる量的調査と比べて、時間がかかり、科学的な結論も得られない。このため今日の社会調査では、ほとんど用いられることがない。

❷ 調査票を使った量的調査では、一つの質問に対し複数の回答選択肢を用意し、その中から回答者に一つだけ回答を選択してもらう方法がよく用いられる。まれに二つ以上の回答を同時に選択できる形式の質問が用いられることもあるが、これをダブルバーレル質問という。

❸ 量的調査を行う場合、回答者を無作為抽出法で選び出すには、単純無作為抽出法が基本となる。系統抽出法や副次抽出法などの比較的簡便だが精度の下がる方法が、実際の調査で用いられることはあまりなく、時間や費用がかかっても単純無作為抽出法が用いられることが多い。

❹ 無作為抽出標本に基づいて政党支持率などを推定する場合、一定の確率分布で標本誤差が生じる。母比率の推定とは、標本から得られた政党支持率などの比率をもとに、母集団における比率が一定の確率（例えば95パーセント）で、一定の範囲内にあると推定することをいう。

❺ ある集団を構成する各個体の観測値をその集団についての一つの値で代表させる場合、これを代表値という。代表値には、各個体の観測値を合計して個体数で割った平均値や、最も個体数の多い観測値を示す中央値（メディアン）などがあり、平均値は中央値よりも極端な観測値の影響を受けにくい。

【解答・解説】

正解 ❹

❸で発展的な内容が出ていますが、統計的推定を理解していれば❹を選べるはずです。

❶ ×　量的調査と同様に、質的調査も科学的な社会調査法として認められていて、今日の社会調査でも多く用いられています。

❷ ×　ダブル・バーレル質問は、一つの質問文の中に二つ以上の**問い**が含まれている形式の質問です。

❸ ×　対象範囲が狭い・小さい場合は単純無作為抽出法が基本ですが、全国規模の調査では系統抽出法や副次抽出法が多く用いられます。

補足

例えば、日本の成人の社会意識を知るために1万人に調査するとして、日本全国から直接1万人を選び出すのは現実的ではありません。原則的に、単純無作為抽出法では母集団のリストが必要となります。この例では、日本全国の選挙人名簿すべてが必要ですが、それらは各市区町村に保管してあって、閲覧できてもコピーできませんから、全部集めるのはほぼ不可能です。さらに日本全国から直接選ぶとなると、各調査対象者の住所はバラバラですから、特に面接調査の場合、1人調査したら数十km移動となり、1日に数人しか調査できず非常に効率が悪いです。

そこでこの欠点を補うために、実際の調査では何段階かに分けて標本抽出する副次抽出法が用いられることが多いです。例えば、全国を市区町村単位に分け、その中から200地点を抽出します。そして、抽出された市区町村に出向いて50サンプルずつ抽出すれば、合計で1万サンプル抽出できます。こうすれば200か所の役所に行くだけで済みますし、抽出されるのはその市区町村在住の人物だけですから、比較的限定された範囲を調査に回るだけで済みます。

なお、系統抽出法とは、開始番号をランダムに決めた後は、そこから一定間隔で抽出していく方法です。例えば800人中20人を抽出する場合、間隔は40となります。まず、開始番号を1～40の間でランダムに決めます。仮に17となった場合、名簿の17番、57番、97番…の人物が抽出されます。これで、ランダム数を何度も算出する必要がなくなり、作業がしやすいです。

❹ ○　統計的推定についての簡潔な説明となっています。

❺ ×　最も個体数の多い観測値は**最頻値**と呼ばれます。また、平均値は中央値よりも極端な観測値の影響を**受けやすい**です。

問題12 ★★ **社会調査に関する用語についての次の記述のうち、妥当なのはどれか。**

国般2015

❶ コーディングとは、集計作業を容易にするため、被調査者の回答又は資料の各標識をいくつかのカテゴリーに分類し、それらのカテゴリーに対して数字などの一定の符合を定めた上で、個々の回答を符号化する作業のことである。

❷ ワーディングとは、面接の際、被調査者が回答に躊躇などしている場合、回答を促すために探りを入れる補足的な質問のことである。意識を尋ねる質問では、被調査者の考えを反映した正確な回答が得られるが、事実に関する質問に限っては回答に偏りが生じやすい。

❸ パーソナル質問とは、世間一般についての被調査者の意見を尋ねる質問であり、間接質問ともいう。社会規範に関わる質問の場合、被調査者個人の深層心理を掘り下げる質問であるインパーソナル質問とパーソナル質問との間で回答分布に端的に差が現れることが多い。

❹ キャリーオーバー効果とは、被調査者が、調査票の最初に記された回答上の注意事項を詳しく読むことによって、後に置かれた全ての質問に対し、自分の考えなどを偏りなく、正確に答えられるようになることであり、社会調査においては望ましい効果の一つとされている。

❺ ダブルバーレル質問とは、一つの調査票において、同じ趣旨の独立した質問が二つ以上含まれていることを指す。これらの質問に対する回答がそれぞれ異なる場合、どの回答が被調査者の真の考えを反映しているのか明らかでないため、質問を一つに統合する必要がある。

【解答・解説】

正解 ❶

社会調査用語に関する基本的な理解を問う良問です。

❶ ○　このように数値化すれば、コンピュータなどによる処理がしやすくなります。

❷ ×　「ワーディング」とは、質問内容を文章化する過程やその結果としての言いまわしのことです。また第２文についても、「偏り」という言葉が政治的な「偏り」なのか、回答の分散のことなのか、それとも別の意味なのか曖昧なため、正しいとも誤りともいえません。

❸ ×　概ね、パーソナル（個人的）質問とインパーソナル質問の説明が逆になっています。ただし、パーソナル質問は「深層心理」まで掘り下げるとは限りません。

❹ ×　キャリー・オーバー効果とは、質問文の配置による回答誘導効果のことです。質問文の前に特定の事実・意見を示すことにより、それが前提になって回答の傾向が変わることがあります。これは、社会調査においては望ましくない効果の一つとされています。

❺ ×　ダブル・バーレル質問とは、一つの「質問文」の中に複数の質問内容が含まれている形式の質問のことです。複数の質問内容に対する回答がそれぞれ異なる場合、その質問文の回答がどちらの質問内容に対するものか明らかでないため、質問文を分割する必要があります。

問題13 社会調査に関する次の記述のうち、妥当なのはどれか。

★★

国般2016

❶ 参与観察では、インフォーマントと一定の距離を保ちつつ、適切な信頼関係を構築することが重要である。調査者はインフォーマントの話に虚心に耳を傾ける一方、部外者としてインフォーマントとできるだけ距離をとり、生活を共にするといった積極的な関与をしてはならない。

❷ 内容分析は、新聞、雑誌、テレビなどのマス・メディアが発するメッセージを扱う分析手法である。この分析では、メッセージの内容を解釈することが主たる目的になるため、計量的な分析が行われることはなく、客観性よりも妥当性が重視される。

❸ 郵送調査は、面接調査と比べて低コスト、広範囲で実施しやすいなどの利点があるとされている。一方で、実際に回答者本人が調査票に回答しているのかを確認することが難しいなどの欠点があるとされている。

❹ 統計的な社会調査では、調査標本が母集団の構成を正しく反映していることが望ましい。そのため、標本としてケースを抽出するときは、抽出がランダムになる方法を選択せず、母集団の特性を反映していると事前に推論されたケースを高い確率で抽出する方法を使う必要がある。

❺ 統計的な検定では、まず対立仮説の棄却／採択を判断し、棄却されたときは帰無仮説を採択するという手順を踏むこととなる。この手続は、厳密な科学的規準に則っており、採択された仮説は統計的には誤っている可能性がなく、正しいものとして受け入れなければならない。

【解答・解説】

正解 ❸

❷・❺は発展的な内容ですが、正解肢が明確なので一本釣りできるでしょう。

❶ ×　参与観察では、調査者は調査対象となる集団の**一員として**インフォーマントと長期間**一緒に**生活し内側から観察します。

❷ ×　「内容分析」とは、コミュニケーション研究の中で発達した手法で、メッセージの内容を解釈するのではなく、メッセージに含まれるキーワードの出現頻度を数値化するなどして、客観的・計量的・体系的に記述することを重視しています。

❸ ○　郵送調査の特徴についての簡潔な説明となっています。

❹ ×　確かに、調査標本が母集団の構成を正しく反映していることは望ましいですが、通常の統計調査では、標本抽出がランダムになる方法を選択します。

❺ ×　統計的な検定では、まず**帰無仮説**の棄却／採択を判断し、棄却されたときには**対立仮説**を採択するという手順を踏むことになります。また、帰無仮説が採択されたとしても、それは「帰無仮説は間違っているとはいえない」ということだけで、帰無仮説が真である・正しいという帰結にはなりません。

問題14　**社会調査に関する次の記述のうち、最も妥当なのはどれか。**

★★★　国般2011

❶ ワーディングとは、調査票の質問文や選択枝における表現法、言い回しのことであり、曖昧な表現を避けること、評価的ニュアンスを含んだ言葉を避けること、一つの質問文に二つ以上の意味が含まれることを避けることなどが注意すべき点として挙げられる。

❷ パネル調査法とは、質問用紙によって個々の調査対象者の意見や意識を問うのではなく、複数の調査対象者に、ある問題やテーマについて自由に討論させることで、調査対象者の潜在的な意見や判断の基準を発見することを目的とした調査方法である。

❸ 留置(とめおき)調査法とは、調査員が調査票を調査対象者の自宅等に配布し、一定期間をおいて回収する方法であり、メリットとして調査対象者本人の回答が確保できることや誤記入を回避できること、デメリットとして他の調査法と比べ回収率が低くなる傾向があることが挙げられる。

❹ 順序尺度とは、統計的分析のため、職業や居住する都道府県など異なる分類カテゴリーに対し、仮に相対的な序列を表す数値を与えるものであり、度数分布や最頻値などによる分析には適用できるが、相関係数の算出など数値間の計算を要する分析には適用することができない。

❺ 「統計的に有意である」とは、調査によって得られた統計的な数値相互の関係について、それが理論的な仮説に合致した意味解釈が可能な変動パターンを示している場合に、統計的な分析と理論的な説明の一致が確認されたことをいう。

【解答・解説】

正解 ❶

発展的な内容は含まれていますが、正解肢が明確なので一本釣りできるでしょう。

❶ ○　ワーディングについての簡潔な説明となっています。

❷ ×　パネル調査法とは、同じ調査対象に対して繰り返し追跡調査する方法で、時間の経過に伴う変化を直接捉えられるという利点があります。問題文で示されている調査方法は、フォーカス・グループ・インタビューです。

❸ ×　留置調査法では、調査票は調査者の見ていないところで記入されるため、本当に対象者本人が書いたかどうかをチェックできません（家族が代わりに書いている可能性もあります）。他方で、調査者が回収に行くことが督促効果を持つため、郵送調査よりも回収率は高くなる傾向があります。

❹ ×　「職業や居住する都道府県など異なる分類カテゴリーに対し、仮に相対的な序列を示す数値を与える」のは名義尺度です。

❺ ×　「統計的に有意である」とは、ある事象の生じる確率が偶然とはいえない（**意**味の**有**る＝有意な）レベルだということです。ただし、ここでは「偶然とは考えにくい」と判断しているだけであって、理論的な説明そのものの妥当性が示されたわけでも、統計的な分析と理論的な説明の一致が確認されたわけでもありません。

索引

さ

た

な

は

ま

や

ら

わ

〈執筆〉瀬田 宏治郎（TAC公務員講座）

〈本文デザイン〉清原 一隆（KIYO DESIGN）

本書の内容は、小社より2020年12月に刊行された
「公務員試験 ゼロから合格 基本過去問題集 社会学」（ISBN：978-4-8132-9495-5）
と同一です。

公務員試験 ゼロから合格 基本過去問題集 社会学 新装版

2020年12月25日　初　版　第1刷発行
2024年4月1日　新装版　第1刷発行

編著者　TAC株式会社（公務員講座）
発行者　多田敏男
発行所　TAC株式会社　出版事業部（TAC出版）
〒101-8383
東京都千代田区神田三崎町3-2-18
電話　03(5276)9492(営業)
FAX　03(5276)9674
https://shuppan.tac-school.co.jp

組　版　朝日メディアインターナショナル株式会社
印　刷　株式会社　ワコー
製　本　株式会社　常川製本

ISBN 978-4-300-11112-3
N.D.C. 317

乱丁・落丁による交換，および正誤のお問合せ対応は，該当書籍の改訂版刊行月末日までといたします。なお，交換につきましては，書籍の在庫状況等により，お受けできない場合もございます。
また，各種本試験の実施の延期，中止を理由とした本書の返品はお受けいたしません。返金もいたしかねますので，あらかじめご了承くださいますようお願い申し上げます。

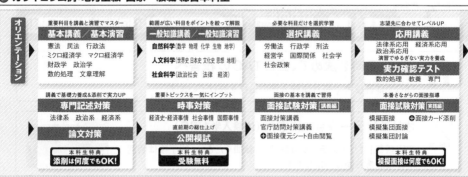

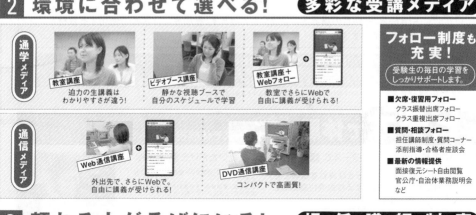

TAC出版 書籍のご案内

TAC出版では、資格の学校TAC各講座の定評ある執筆陣による資格試験の参考書をはじめ、資格取得者の開業法や仕事術、実務書、ビジネス書、一般書などを発行しています！

TAC出版の書籍

＊一部書籍は、早稲田経営出版のブランドにて刊行しております。

資格・検定試験の受験対策書籍

- 日商簿記検定
- 建設業経理士
- 全経簿記上級
- 税　理　士
- 公認会計士
- 社会保険労務士
- 中小企業診断士
- 証券アナリスト
- ファイナンシャルプランナー(FP)
- 証券外務員
- 貸金業務取扱主任者
- 不動産鑑定士
- 宅地建物取引士
- マンション管理士
- 管理業務主任者
- 司法書士
- 行政書士
- 司法試験
- 弁理士
- 公務員試験(大卒程度・高卒者)
- 情報処理試験
- 介護福祉士
- ケアマネジャー
- 社会福祉士　ほか

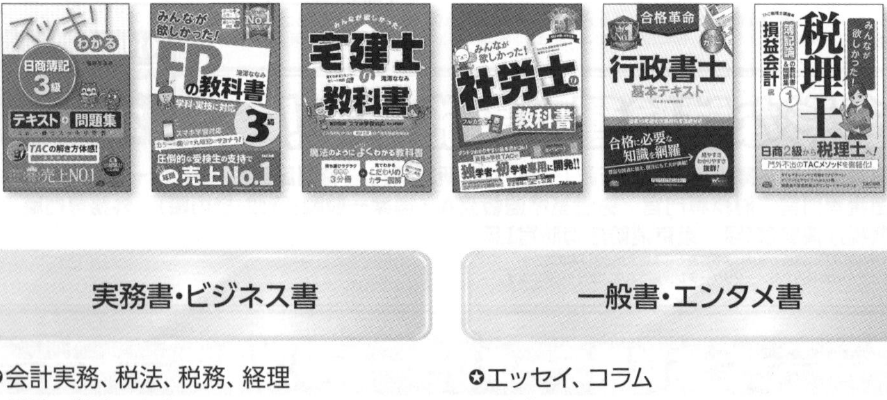

実務書・ビジネス書

- 会計実務、税法、税務、経理
- 総務、労務、人事
- ビジネススキル、マナー、就職、自己啓発
- 資格取得者の開業法、仕事術、営業術
- 翻訳書 (T's BUSINESS DESIGN)

一般書・エンタメ書

- エッセイ、コラム
- スポーツ
- 旅行ガイド (おとな旅プレミアム)
- 翻訳小説 (BLOOM COLLECTION)

過去問学習

『だから「カコモン」で克服!』 A5判
TAC公務員講座

- 「いきなり過去問題には歯が立たない」…そんな方にぜひ使ってみてほしい、学習のポイントやコツ等が満載の、段階的に力つけていける問題集。

全20点
・専門科目：14点　・教養科目：６点

『出るとこ過去問』 A5判
TAC出版編集部

- 本試験の難問、奇問、レア問を省いた効率的なこの1冊で、合格ラインをゲット! 速習に最適

全16点

・憲法	・民法Ⅰ	・民法Ⅱ
・行政法	・ミクロ経済学	・マクロ経済学
・政治学	・行政学	・社会学
・国際関係	・経営学	・数的処理（上・下）
・自然科学	・社会科学	・人文科学

『本試験過去問題集』 B5判 **年度版**
TAC公務員講座

- ３年分の本試験形式の問題を解いて志望試験種の試験に慣れる
- 問題は便利な抜き取り式、丁寧な解答解説付き

・国家一般職（大卒程度・行政）	・東京都Ⅰ類B（行政・一般方式）
・国税専門官	・特別区Ⅰ類（事務）
・労働基準監督官A	・警視庁警察官Ⅰ類
・裁判所職員一般職（大卒程度）	・東京消防庁Ⅰ類

直前対策

『論文試験の秘伝』
A5判
年度版
TAC公務員講座講師 山下 純一

- 頻出25テーマを先生と生徒のブレストで 噛み砕くから、解答のツボがバッチリ!

『面接・官庁訪問の秘伝』
A5判
年度版
TAC公務員講座講師 山下 純一

- どんな面接にも通用する「自分のコア」づくりのノウハウを大公開!

『時事コレ１冊!』
A5判
年度版
TAC公務員講座

- 1テーマ1ページ、まとめと穴埋め問題の構成
- 試験種別の頻出テーマが一発でわかる!

TAC出版の書籍はこちらの方法でご購入いただけます

1 全国の書店・大学生協　**2 TAC各校 書籍コーナー**

3 インターネット　CYBER BOOK STORE TAC出版書籍販売サイト　アドレス **https://bookstore.tac-school.co.jp/**

（2020年1月現在・刊行内容、刊行月、表紙等は変更になることがあります／**年度版** マークのある書籍は、毎年、新年度版が発行される予定です）

書籍の正誤についてのお問合わせ

万一誤りと疑われる箇所がございましたら、以下の方法にてご確認いただきますよう、お願いいたします。

なお、正誤のお問合わせ以外の書籍内容に関する解説・受験指導等は、**一切行っておりません。**
そのようなお問合わせにつきましては、お答えいたしかねますので、あらかじめご了承ください。

1 正誤表の確認方法

TAC出版書籍販売サイト「Cyber Book Store」の
トップページ内「正誤表」コーナーにて、正誤表をご確認ください。

CYBER TAC出版書籍販売サイト BOOK STORE

URL:https://bookstore.tac-school.co.jp/

2 正誤のお問合わせ方法

正誤表がない場合、あるいは該当箇所が掲載されていない場合は、書名、発行年月日、お客様のお名前、ご連絡先を明記の上、下記の方法でお問合わせください。
なお、回答までに1週間前後を要する場合もございます。あらかじめご了承ください。

文書にて問合わせる

郵送先　〒101-8383 東京都千代田区神田三崎町3-2-18
TAC株式会社 出版事業部 正誤問合わせ係

FAXにて問合わせる

FAX番号　**03-5276-9674**

e-mailにて問合わせる

お問合わせ先アドレス　**syuppan-h@tac-school.co.jp**

※お電話でのお問合わせは、お受けできません。また、土日祝日はお問合わせ対応をおこなっておりません。
※正誤のお問合わせ対応は、該当書籍の改訂版刊行月末日までといたします。

乱丁・落丁による交換は、該当書籍の改訂版刊行月末日までといたします。なお、書籍の在庫状況等により、お受けできない場合もございます。
また、各種本試験の実施の延期、中止を理由とした本書の返品はお受けいたしません。返金もいたしかねますので、あらかじめご了承くださいますようお願い申し上げます。

(2020年10月現在)